写作导论

付新民 著

商务印书馆
The Commercial Press
创于1897

2018年·北京

图书在版编目（CIP）数据

写作导论 / 付新民著. —北京：商务印书馆，2018
ISBN 978-7-100-15726-1

Ⅰ.①写…　Ⅱ.①付…　Ⅲ.①写作学　Ⅳ.① H05

中国版本图书馆 CIP 数据核字（2018）第 007239 号

写 作 导 论

付新民　著

商 务 印 书 馆 出 版
（北京王府井大街36号　邮政编码100710）
商 务 印 书 馆 发 行
北京新华印刷有限公司印刷
ISBN 978 - 7 - 100 - 15726 - 1

2018 年 2 月第 1 版　　　开本 787×960　1/16
2018 年 2 月北京第 1 次印刷　　印张 21

定价：56.00 元

自　序

　　不才见到过许多有关写作的书，看起来是越来越知道怎么写了，可事实上越来越没有写作的乐趣，越写越流于程式化，以至于越来越不愿提笔。于是没有所谓规律时我还有感动，有了那些专家们的所谓规律，反倒觉得就像在用文字砌砖，我越来越远离了写作。事实上，将学习性"作文"和原创性的"写作"严格区分，是一种激进的"欲速则不达"的语文教学思想。本书的目的在于突破"应试作文"教学的浅表性和功利性，在素质教育思想的指导下，创新写作教学的新思路，进行科学有序的核心能力训练，以达到全面培养学生人文素养、提升写作能力之目的，从而推动语文教学观念的变化，开创作文导写教学的素质教育新模式，达到应试与素质双优的效果。

　　"五四"以来，"人"的文学一直停留于讨论，没有从写作学、写作技术的角度来细化。在给高一学生开选修课时，我便选择了揭示"人"的文学规律运用于写作的尝试，收到了意想不到的效果，尤其是学生研究性学习大赛选题时，居然有三个小组选择了与我的教学内容有关的知识进一步深究下去，尤其让我感动。

　　我虽然无才去问鼎什么奖，但我希望能够为和我同样彷徨过的文学青年指一个方向，或者至少提供一种思路。鉴于我的学生对写作考试的需求，我并没有在理论上一直纠缠下去，尽可能地让选我的课的学生还能够把某些我认为不必要丢掉的作文分抓住。

我一直记得以前我的语文老师给我讲的这样一个故事。说的是陈景润出名之后，他曾经意味深长地说过，他对以前的高中数学老师沈元印象好像并不是很深，但他非常感谢那位数学老师，因为他告诉过自己，数学王冠上有一个哥德巴赫猜想。兴许我的语文教学就像陈景润眼中的那个数学老师。我也企望多年以后，咱们的学生能够像莫言一样成功。毕竟，作为一名语文老师，我有责任教会学生语文学科的思维方法和技巧，有责任把学科的前沿方向告诉我的学生。

目　录

正告未来的作家们

　　《礼记·乐记》有言："作者之谓圣，述者之谓明。"可见当一个作家的荣光与不易。

　　作家必须充满爱，必须具有同情心和人道主义关怀。在人间，看见人间。作家必须愿意同情受苦受难之人，愿意深入他们的灵魂深处，通过他们的眼睛来看世界；作家还必须有对自我知觉的嗜好，不仅要体验并放大来自感官的快感，更要有灵魂的超越与升华。

　　作家是一个高风险而痛苦的行业。清朝诗人赵翼在《题元遗山集》中说："国家不幸诗家幸，赋到沧桑句便工。"这句话似乎暗含着某种悖论，但从某种意义上说，它又揭示了写作的某些规律性的东西。不同常人的生活经历，不仅给作家提供了深广的写作题材、内容，而且因为感触颇深，才易于将真性情自然细腻地融入创作之中。那些让人费解、饱受折磨和喜怒无常的文学人物，对具有敏感气质人格的作家来说，具有心理疗伤的作用。文学有助于苦闷期作家负面情绪的疏导与宣泄，是作家健康心灵与健康人格的有效保证。从事创作活动的作家，由于时代、社会、个人经历等原因往往经历过相当的"苦闷期"。在这一特定时期，他们的创作都起到了以文学对抗精神疾患的作用，最终达到了对现实的精神超越，从而避免精神崩溃甚至自杀倾向。

　　作家以一种矛盾而奇特的方式保持心理健康和人格健全。创作一方面让作者有了大境界、大胸怀，让作家用童心去打量世界，容易导致人格分裂；另一方面又以奇怪的方式保持微妙的平衡，保证作家心理健康、人格健全。苦闷对一般人来说是有害的，但对内心世界极其丰富的作家来说，却并不是完全的不幸。苦闷和痛苦造成作家心灵的磨难与精神的压抑，但正是痛苦又间接成就了作家，作家为抗拒精神失重而写作，苦闷的情绪一旦转化为创作的动力，就会促使作家体验、挣扎、省悟。正如朱光潜先生所言："悲剧比别的任何文学形式更能表现出人物在生命最重要关头的最动人的生活，它比别的任何文艺形式更能使我们感动。它唤起我们最大量的生命能量，并使之得到最充分的宣泄。"

内心的冲突与苦闷激发了作家的心理能量，这正是艺术创造的重要动力，一切伟大的杰作都可以在疾苦悲哀中得到艺术的根源。中国古代的美学理论和文论一直强调"哀而作诗"和"不平则鸣"、"愤怒出诗人"思想。我国古代之伟大作家，如司马迁、李白、杜甫、苏轼、陆游等都有过相当长的苦闷期，他们的杰作本身往往就是痛苦的结晶。中西方文论都一致认为苦闷是优秀作家与作品的摇篮。

下面再和未来作家们聊聊有关文学的基本认识。

一、文学是时代精神在作家心灵上的投影，是时代感情的记录。

二、文学创作需要遵循其基本规律，对大多数有志从事写作的人来说，要耐得住寂寞，要重视心灵的开掘。

文学创作有三重境界，形如画竹，必先熟视，得成竹于胸中，后乃振笔直遂，以追其所见，如兔起鹘落。创作也要经历眼中之竹——胸中之竹——手中之竹几个阶段：自然之竹经过五官感觉，成为眼中之竹，此时眼中之竹仅为物象；还要通过想象、联想移情于物，方能成为胸中之竹，变为意象；再通过文字媒介与写作技巧，才能变为手中之竹，才能真正变成文学作品。

"胸有成竹"的典故启示我们：在创作时，文学创作是没有多少捷径可走的。首先应训练人的观察力，训练钝化的感官或尚待敏感的感官，然后是训练使写作主体具有良好的想象、联想能力，化意为象、意象转化的能力，最后才是对文字敏感的训练和技巧训练，文学需要等待。

三、倾听内心的声音是一切作家的原动力。文学始终追求一种圆盈的生命形式，一个特立独行、富有创造活力的个体。当时间和空间被人为地挤占，人就会有压迫感，创造因此而窒息。文学既要根植于广袤的大地，更要仰望无垠的星空；既要反映生活的真实，又要体现"白日梦"；既要倾听本能的泉涌，又要神思飞扬；既要拥有日神精神，更要拥有酒神精神。委实说，文学拒绝一切形式的人和自然的割裂、物质和精神的偏执、思维和本能的对立、本体和现象的拆解、理智和情感的剥离。

四、文学说到底是作家精心构筑一个世界。在那里，作家的心灵得到释放、调节、宣泄；在那里，个人鲜活的生命在个体精神世界里摇曳、迷茫、无常、虚无，然后萌生出负债心情，惊觉于生命的轻浮和卑贱。文学形如康河里的荇菜，柔柔、绿绿地在水中招摇，作家游弋其中，自由而快乐。进入缪斯的世界，作家脑海里就会出现那株水草，它静静地漂浮于水底，释放出清新的、自然的、淡淡的味道，轻轻触及我们心灵最柔软最敏感的地方，有迷失，更有真实的自我。

五、当我们追寻文学的脚步时，必须卸下生活的面具，否则就会失去才气和灵感。思想的火花转瞬即逝，而文学会把那些高贵的火花重现，"驿路梨花"。而我们只需擦亮眼睛在无数个童话中寻找自己的梦，看落英缤纷，直到我们可以在晴天看见深紫色的天空，在雨天看见七色光的彩虹。

六、在文学的世界里，我们每个人都是王者。你可以驾驭不同人物的命运，感受生活的演变、忧伤与浪漫，你可以"心骛八极，神游万仞"，任自由遐想超越自然，超越一切生命的局限，把所有复杂的情感演绎得淋漓尽致。让人类最高贵的情感和悠远的呼唤融入时光的血液里，不断诉诸你的笔端。

七、文学以自己的方式抗拒着外在力量对人性的异化，捍卫并实现人的精神价值与心灵自由。一旦人们感觉到自己卑琐、狭隘、荒谬与有限，去追寻崇高、优美、壮烈与无限时，文学的精灵便升腾于人与自然之上。文学离开了人，毫无意义；文学因为有了人，才有了思想，才有了情感、想象和境界。

八、文学直接作用于人的精神生活，追问人生，拷问灵魂，让胸中有一种东西"勃勃欲发"。文学提供了人的存在的一种证明，证明人的存在的各种可能性。通过偶然的事件、偶然的方式和偶然的相遇——灵魂对答，让人们"发现了远离荒谬的种种道路而认识了荒谬自己的道路"（加缪《西西弗的神话》）。

九、文学喜欢用富有弹性与生命力的文字支撑人类的生存。因为文学，现实中的人才获得神的灵光，有了创作的灵感，才得以改造世界，探索世界的奥秘。因为文学，现实中的人才获得了另一片天地，可以自由倾诉，让思想自由飞翔。

思考：

1. 本书的写作目的是什么？

2.《正告未来的作家们》表达了哪几层意思？

写在文学边上

　　人的七情六欲、喜怒哀乐这些生物基础构成了文学的桥梁和纽带，故而古往今来不同时间、不同地点的人在阅读同一伟大经典文学作品时，往往会产生高度共鸣。从某种角度来说，文学就是研究耕耘人心灵的学问，一部文学史就是一个"人"不断被发现、被强调的过程。正如莫言在领取诺奖发表感言时所说，小说家是社会中人，他自然有自己的立场与观点，但小说家在写作时，必须站在人的立场上，把所有的人都当作人来写。只有这样，文学才能发端于事件但超越事件，才能"站在珠峰上"看写作。

　　诺贝尔文学奖堪称世界公认的文学最高奖，它的评价标准从一开初就明确围绕着人而进行——授予"在前一年世界上为人类做出最大贡献的""在文学领域内创作了具有理想主义倾向的最杰出作品的人"。它认为，将人类群体或个体的生存真切细致地表现出来便是上乘之作。肖洛霍夫的《静静的顿河》描绘了战争背景下顿河地区哥萨克人所经历的苦难和挣扎，展现了俄国人民的风俗史、斗争史与心灵史。罗曼·罗兰的《约翰·克利斯朵夫》描写了人类的共同情感，描写了对真理、对爱的探寻，展现了人类力的遒劲；作品渴望和平，厌恶暴力，追求真理，追求宁静致远的超脱境界，表现并剖析了人性中的优劣之处。法朗士作品具有纯粹的艺术风格、襟怀坦荡的人道主义与令人愉快的法国气质。《喧哗与骚动》等现代主义文学由"类"

的文学转向了注重人物内心情怀与哲理的探索。西蒙的《弗兰德公路》《农事诗》清晰、深刻地表现了我们生存环境中的种种残酷与荒谬；戈尔丁小说阐明了当今人类的情况；索因卡创作了富有诗意的关于人生的戏剧；塞拉揭示了人类的弱点；沃尔科特诗的主题探讨了人和上帝、人和社会的关系以及人的孤独，尤其是艺术家的孤独；戈迪默用直截了当的笔触描写在她那个环境中极其复杂的个人和社会关系；库切精确地刻画了众多假面具下的人性本质；耶利内克显示了社会的荒谬与诗人屈服的奇异力量；品特揭示了日常絮谈中的危机，并强行打开了压抑者关闭的心灵房间；勒·克莱齐奥是摆脱束缚、有着诗意般冒险精神、沉醉感觉的作家，是超越并在主流文明之下寻找人性的探索者；莱辛以史诗诗人般的女性视角、饱满的激情、丰富的想象力以及深刻的怀疑精神剖析了一种分裂的文明；米勒以诗歌的凝练与散文的率直，描写了被剥夺者的生命境况；穆勒以诗歌的凝练与散文的率直，描写了失业人群的生活；略萨对权力结构进行了细致的描绘，对个人的抵抗、反抗与失败给予了犀利的叙述。

关于人的写作，西南联大时许文典教授有一个别致的说法：写作就是"观世音菩萨"五字。"观，乃是多多观察生活；世，就是明白世故人情；音，就是要讲究音韵；菩萨，就是要有救苦救难、关爱众生的菩萨心肠。"我以为，这短短的五个字，直击本质，已经把作文与人的复杂关系讲清楚了，就已经把作文的要诀讲清楚了。文学的基本命题就是"观世音"，就是执着于探寻生命的意义，追问人之为人的价值根基。文学需要深刻的人性书写，需要对人的精神的尊崇、心灵的尊重与怜爱，对人的个体关怀和悲悯。对任何一个国家、民族与人群而言，文学都是作为人类的一种希望与寄托而存在的。他们在日常生活的困难、平凡和折磨之中，寻求文学意象和故事的慰藉，并因此而暂离现实，找到希望和生存的勇气。文学是人们最终的寓所。无论现实多么肮脏，世界多么腐败，生活多么残酷，人们总是能在文学的圣殿中重新获得希望与勇气。即使文学像人类历史中的任何行当一样，最后演变成名利场，人们依然会执着于文学的温暖怀抱而无法稍离。

第一章　文学视界中的人学

让写作者站在写作的最高处回望写作。一部文学史就是一个"人"不断被发现、强调的历史。文学是人性之学、人生之学、人情之学，人的文学围绕人的关爱意识、历史意识、抗争意识、追求意识、孤独意识五大内容，围绕人性、人生、人类社会三大悖论展开。文学来源于神话，来源于现实生活。文学需要终极关怀，需要兼容并包的思想。

第一节　为什么文学是人学

如何理解文学是人学，必须从人的经典定义出发来理解。马克思认为，人是自然的、社会的、精神的复合体。人的精神世界是一个独立的、丰富的内宇宙，文学的历史终归是"人"的历史，谈论文学就是谈论人。文学流溢着作者人生体验的灵性和生命搏动的乳汁，它是有温度的。文学是对生命的发现、感悟和体尝，需要满怀慈悲地去关心那些泣血的生灵：文学让人体认自身命运，让生命的热血喷涌而出……生命的叹息、生命的抗争、生命的愤怒、生命的哀怨、生命的孤独和荒诞感……

一、对应于人的自然性，文学是人性之学。文学家高尔基曾说，文学是"人学"。因为文学是人学，所以文学应该表现人类共有的生活和普遍的人性。而人性是全人类共有的，所以文学是世界性的，故而我们看阿 Q，先觉得其深刻地表现了当时国人的劣根性，继而感觉到这是人类的共性，体味到小人物的悲凉和无奈，以及可怜之人的可恨之处。只有了解这些，我们才能更好地探讨生命的意义。必须指出的是，人的自然性并不意味着文学是自足的东西，文学是人在情感上沟通的桥梁，文学本质是自身功能的结果，像文学中的"崇高""优美"这类文学现象只能从"人"学的根源上去理解。① 尤其是像喜、怒、惊、恐、忧这些人的基本情绪，是共同人性的基础。人的吃喝拉撒、生育和死亡、自私来自动物性。难怪犹太箴言录把人性分成四种天使品质，四种低等动物的特点。人像天使一样能直立行走、说话、思考和有见识。同时，人又有动物的自私性，第一种是自我与他我分得清清楚楚，"我的是我的，你的是你的"；第二种是分不清自我与他我的界限，"我的是你的，你的是我的"；第三种是自我消泯于他我中，"我的是你的，你的也是你的"；第四种极端是自我凌驾于他我之上，"我的是我的，你的也是我的"。

被咬了一口的苹果是人性固有弱点的隐喻。作家必须深入作品人物的内心世界，才能以全知全能的上帝心态，揭示人心灵的秘密。比如每个人都有需要的东西，人都好面子，人都喜欢听奉承话。比如《败坏了赫德莱堡的人》（美国作家马克·吐温）中描写了所谓诚实清高的赫镇 19 户头面人物，因为一袋金币，他们穷形尽相，形如小丑，以理查兹夫妇为代表的人物想尽一切办法去占有它，大家相互攻讦、责骂，身败名裂，人性的丑陋到了极点。与其说给作品贴上一个揭露资产阶级道德虚伪性的标签，不如说这是人类的一个普

---

① 叶舒宪．文学与人类学——知识全球化时代的文学研究［D］．四川：四川大学博士论文，2003.

遍性弱点：从亚当、夏娃开始，人就无法抵御诱惑。对于这一弱点，我们不能简单地"扣帽子""打棍子"，然后轻松地躲到一边看笑话，我们并没有这种优越性。如果我们像小说人物理查兹夫妇一样辛苦了一辈子，老来仍旧赤贫，以至于深更半夜还不得不在外打工，那么面对从天而降的财富，你还会心平如镜吗？中国有句古话，学好三年，学坏三天。可见"除了诱惑，我什么都能拒绝"是每个人内心隐藏更深的，甚至是与生俱来的。人从摇篮到坟墓都被教导要诚实，要禁得起诱惑，可是一旦诱惑真正来临，我们仍然不堪一击。我们未必是自己所认为的那样的人，毕竟我们的道德优越感未接受考验。所以，赫德莱堡现象不仅是美国社会的缩影，更是人一生中随时都可能遇到的严峻问题，它早已超越了民族种族的界限。①

二、对应于人的社会性，文学是人生之学。文学会以高贵、典雅的质地滋养我们的人生。文学与人生有着天然的血缘关系，文学是社会的、人生的反映，是作家发自心灵的创造，它为我们提供的是人生的历史，人类灵魂的演变史，它是人类情感的"云盘"。这是一个广阔、深远的心理实验场。在这个虚拟的实验场中，欣赏者展开想象，自由地徜徉、沉醉于古今中外的人生情景中，体验作家写作的时空生活，体验各种人物的各色情感，追索人物的心路历程，探求人生的奥秘和底蕴。具体说来，包括：

（一）人类的自我认识。学过文学史的人都知道古希腊德菲尔神庙上有三句箴言，其中第一句是"认识你自己"。认识自我从此成为了人类觉醒以来文学的一个永恒主题。科学的发展，尤其是分析法的广泛应用，让人类对外界的认识越来越深入，人类也越来越自信。然而对于人自身的认识始终处于灯下黑的尴尬境地。"自我"充满了

---

① 胡山林.文学与人生［J］.河南教育（高校版），2003（11）:10.

矛盾和冲突，哪一个"我"才是真正的"我"？弗洛伊德和马斯洛开启了自我认识的新篇章。心理结构中最原始的部分，即基于生理需要、安全需要的部分构成"本我"，大多处于无意识之中，充满着被压抑的本能、欲望和冲动。社会需求和尊重的需求构成了"自我"，正常的自我感觉由隐藏于内心深处的"内我"与通过行为表现于外的别人眼中的"外我"是一对矛盾，但大家一般能够处理好这种关系。自我实现和自我超越构成"超我"，是主体力量的唤醒和价值最大化。身体对食物、温暖、性的需要注定了内心想要争夺各种相应资源，不愿让渡权利。保护、安全、稳定渴望组织为其提供相应保障的理性又提醒自己必须让渡权利，这是矛盾的存在。爱情、友谊、归属感、渴望得到别人的尊重和承认，这类社会属性渴望与人交往，而自我实现、潜能发挥又或多或少会占用别人的资源，这里也存在冲突与对立。几种需求层次的满足和斗争、纠结，于文学作品中都有着微妙而动人的描述和分析。对"我是谁"的困惑和反思证明了人——"我"的复杂性，千百年来，哲学家在思考，作家也在思考。反映到文学作品中，主人公往往是一个多层次人格因素组成的、多侧面的、有机的、完整的、不断发展变化着的、活的精神体。对人的揭示和描写是文学作品永久魅力之所在。

（二）人生的意义。人为什么活着？人活着的价值在哪里？一旦我们在不经意间或夜深寂寞时想起这个话题时，都显得很沉重。千百年来，多少仁人志士试图解答这个问题，但无人能解。"死生亦大矣"，无论何种文明，无论人类文明如何发展，无论世界怎么改变，人类对生命本质的体验惊人一致。中国传统儒家思想认为，儒者，人需也，满足别人的需要和自身的需要就是存在的价值，所以要"入世"。道家认为，人的价值在于与天地相谐，自然，生命的长度和密度同等重要。佛教认为，吃喝拉撒本身就是意义，就是佛；佛者，人弗也，人要学会放弃各种欲望以减轻人世间的苦痛。历代文学家、哲学家也为此做了积极的探索和思考。莎士比亚、史铁生都有对人生意义问题的探索。从终极视角看，人从出生就开始走向死亡，人生是无意义的，人早晚得死，地球终归要毁灭；从现实视角看，人生是有意义的，存在就是合理。两种意见针锋相对，各有各的道理，形如阴阳互抱，人生的意义就在于"有意义的无意义，无意义的有意义"之悖论。正是因为人本问题的复杂，人生才有永远的困惑和迷惘。否则，答案就表述为有无即可，何谈困惑？面对关于人生意义《等待戈多》般的悖论，当今哲人用"过程论"超越了它。

人活着的价值到底在哪里？西绪福斯因为得罪了至高无上的太阳神宙斯而被罚做苦役，每天做的是单调而重复的推石上山，眼看石头就要到山顶时又会滚落下来，于是他不得不重新出发，这种永远无聊远胜监狱里囚犯的痛苦。肉体痛苦、精神苦楚，无助、无用、无望、无休止让人难受，可是西绪福斯内心充实而坚定，脚步沉着而稳健，每一次石头滚下山去都是重新出发。即令永无成功希望，他也照样敢于笑傲命运，不惧诸神。假如普罗米修斯的肝脏不被啄了，也许他会因不断增大的肝脏而身亡，假如西绪福斯不推石头而选择死亡，一切都将不复存在，人死如灯灭。人生存在的意义，就是在无意义中寻找意义，寻找价值所在，寻找精神家园。即我们必须赋予勇敢的抗争过程本身以欢乐和幸福，此外并无其他意义。西绪福斯既象征了人类命运，也隐喻着人类对命运应该采取的态度。无独有偶，中国神话中吴刚伐桂花树的故事与其如出一辙。吴刚一斧子砍下去，树又愈合了，所以必须不断地砍，用身体的劳苦消解人生的无意义。因此，只要为之奋斗了，你的人生就是有意义的。人从哪儿来不重要，到哪儿去也不重要，无所从来，亦无所去，人生只是一个过程。不必痛苦，苦涩、虚无、恐慌之后，才能真正了解人生的真相，才能有超越的愉悦。人生的苦痛是哲学的苦痛、智慧的苦痛、清醒的苦痛，是受难的英雄般的苦痛，它痛中有快，苦中有乐。这种痛并快乐才更接近人生的真实，更持久和更有深度。我们不用担心这种苦痛会让人一蹶不振，相反，它会让我们增加更多直面人生的勇气，增加承受人生苦难的精神力量，增加我们从容应对人生的智慧与自信。

（三）人生的根本困境。人生的根本困境之一表现为怕死不想死而又不得不死，出生就在走向死亡，无法抗拒。无论你是凡夫俗子还是帝王将相，无论你是一介草民还是大富大贵，好死不如赖活着，服用丹药或放浪形骸都是这种恐惧的表现。人生的根本困境表现之二为人活着就有欲望，佛教教义要求消除这种欲望，认为这是痛苦的根源，极端的表现就是过苦行僧的日子，用身体的苦压制膨胀的欲望，据说鲁迅喜欢冬天穿得很单薄，也有这个原因。当欲望无法满足时，这意味着痛苦，就算满足了，很快也会被新冒出来的欲望所占据，所谓欲壑难填就是这个道理。人生的根本困境之三是人类永恒面对的世界中绝大多数是不可知的。尽管我们认识世界的能力越来越强，但不可否认，可知的仍然是少部分，不可知是永远存在的困境。人生的根本困境之四就是言语的苍白无力，可知亦不可道，人生来注定是社会化的动物，但却无法与他人彻底地沟通，这一方面意味着孤独，另一方面也意味着所有的东西只有自己体会到了才有意义。

上述困境，文学作品里有，现实生活中也随时可能遇到。对于人生的根本困境，作家往往只是提出问题，而难以给出两全其美的解决办法。这不是作家的生活经验、人生智慧不够，而根本原因在于它来自生命、生存、生活本身固有的矛盾。矛盾在，人生的困境就会存在。① 就像史铁生，身体的残疾阻碍了他人生的正常生活状态。

---

① 胡山林.文学与人生［J］.河南教育（高校版），2003（11）:10.

这样，他把更多的时间和精力从关心世界的眼光中转移到了理解和接纳自身上。因而对人生的理解也比普通人来得深刻。

三、对应于人的精神性，文学是"人情"之学。人作为高等生物，具有复杂的情感。七情六欲、喜怒哀乐都自然真切，容易引起心灵的共振。所以在刘心武看来，文学就是研究人类感情学的准科学。麦克杜格尔博士早在1898年就指出，任何动物，其群体冲动只有通过和自己相类似的动物在一起，才能感到心满意足。类似性越大，满意感越强。这就能够解释为什么山中人特别好客，因为山中人烟本来就稀少，加上两眼看得见、抬腿走半天的道路阻隔，他们好不容易才能碰到一个同类。任何人在与最相似的"类"相处时，更能充分地发挥其本能作用，并且容易得到最大的满足，因为那些人类举止相似，对相同事物有相同的情感情绪反应。故而我们能够明白，人是文学描写的唯一目的，文学表现历史环境中人的灵魂、人的情感、人的命运的变化，小说只有集中描写情感才具有打动人心的力量，才能具有长久的影响力。一个作家，应该站在非功利的、跳出阶级思维的立场上来处理笔下的人物、题材。历史教材可以从政治、阶级的角度出发来思考，但文学作品应该站在民间的、个人情感的角度去表现人性，否则便难以成为一流作品。

四、文学是人学的意义。理解了文学是人学，我们就找到了理解所有文学问题的总钥匙。透析西方文学中人的观点的历史嬗变，可以看出西方文学自始至终贯穿着人对自我灵魂的拷问，贯穿着强烈的人文精神与生命意识，深沉、深邃，闪耀着人性的光辉。其实，只要谁想深入文艺的殿堂，不管他是作家也好，文艺理论家也罢，都借助文学是人学这把钥匙。创作家借此写出激动人心的真正的艺术作品，理论家借助它解释文艺上的诸多现象。过去许许多多的文学大师都曾表示过类似观点。而过去所有杰出的文学作品，也都充分证明着这一观点的正确性。

既然文学是人学，那么文学描写和表现的中心对象应该是人。文学的中心是人，一切都是从人出发，一切都是为了人。文学必须以人为描写的中心，文学对象、文学题材都应该关于人，应该是时时在行动中的人，应该是处于各种复杂社会关系中的人。怎样描写人，怎样对待人，是评价作家及其作品的标准。因为人处于社会现实的焦点，乃生活的主人，抓住人，也就抓住了现实生活。只要我们真正写人，写人的个性，就必然会写出这个人所处的时代、社会与当代复杂社会人们间的关系，就必然反映整个社会现实。而在作家世界观中起决定作用的部分也在于他对人的看法，在于作家的人道主义精神。①

文学是人学，最后必然要归结到作家对人的看法、作品对人的影响上。西方文学同步描写人的生存状况、人类文明历史进程。其实，注重探究人的自我生命价值和意义，这也是西方文学演变的深层动因。古希腊—罗马文学反映了欧洲原始社会和奴隶社会时期人的生存状况，他们个性张扬，放纵原欲，重视世俗生活与个体生命价值；希伯来—基督文学体现了浓重的宗教人本意识，超现实生命价值，他们崇尚理性，重视群体本位。东方文学以抒情为主，"桃花潭水深千尺""安得广厦千万间"更是直接表现和彰显人的情感情绪。

必须指出的是，文学领域广阔，不单要描写人，还要描写人之外的物，不单描写社会现象，还要描摹自然景观。用恩格斯的话来说，就是自然的人化和人化的自然，文学之物、写出来的自然是人化了的自然，它们集中体现了人对自身生存环境的态度，它们本身就具有了人的感情。因此，物和自然纳入文学视野，并不影响文学认识

---

① 殷国明.关于论"文学是人学"（之二）——钱谷融先生谈话录［J］.嘉应大学学报，1998（10）:30.

人和反映人的基本性质。

不仅文学的描写对象是人，文学的服务对象也要是人。文学的任务和作用就是要影响人、教育人、美化人，鼓舞和引导人去认识生活，改造现实，提高自己，使人们生活得更美好。总之，在文学领域里，一切都是从人出发，一切都是为了人。[1]文学能使人懂得美、感受美、体验美。文学丰富的内涵与变动不羁的表述，往往成为人们的情感皈依。文学能使人感动，能净化人的心灵。文学描述各种各样的人，多种多样的人生，人们可以藉此认识自己、反省自己，从而提高自己。人们间有一条隐秘的通道，读懂自己就可以了解他人，读懂他人就可以认清我们自己。作家试图告诉我们：文学乃人生的镜子，文学中的人生色彩斑斓。从某种角度来说，文学的历史就是文学的创作史、阅读史、精神流变史；文学中的人文与启蒙、政治与文学、现代与传统、道德与婚恋、历史与崇拜等的纠结，实际展露了人生百像。[2]

当然，文学既然以人为中心对象，以影响人、教育人为目的，在文学创作中就应该肯定"人的本质力量"，就应该体现人道主义。

文学的目的之一就是要帮助人了解自己，提高自信心，发展阅读者追求真理的意向，和身上的庸俗习气斗争，发现个体身上好的品质，并在心灵中激发起羞耻心、勇气，竭力使人们变为强有力的、高尚的，并且使人们能够用美的神圣之精神鼓舞自身的生活。[3]

一方面，文学要达到教育改善人的目的，另一方面要达到反映生活、揭示现实本质的目的，这便必须从人出发，将人作为注意的

---

① 曾继凯．重视发挥文学在思想教育中的积极作用［J］．商情（科学教育家），2008（05）:15.

② 刘献君．文学与人生（序）［J］．武陵学刊，2010（03）:10.

③ 殷国明．关于论"文学是人学"（之二）——钱谷融先生谈话录［J］．嘉应大学学报，1998（10）:30.

中心。文学的核心是人，文学的目的和任务在于揭示生活本质、反映生活发展规律的说法，取消了文学与其他社会科学间的区别，因而也就必然扼杀文学的生命。①

"人学"是作用力的体系。一个在整齐划一的简化式感知和思维习惯中浸染过久的人，会基本上丧失对新奇事物的理解力，何谈对歧异的容忍和尊敬呢？好奇、虚怀若谷、灵活宽容、在接受断言和观点前要求得到证明是避免一元思维、产生真正人的文学的必要态度。

得勒兹曾提出了一个公式：他者＝一种可能的世界之表现。文学带给我们的不是天下大同，而是一个无限可能并存不悖而且能够相互宽容和相互对话的多彩世界。如果用集体压抑个性，会使正常的欲望停止工作，从而使文学失去基本的鲜活，甚至导致出现偏执和盲点、理想化或妖魔化某些东西。毕竟文学是人学。写作的过程应当是高扬人文精神，学做"大写的人"的过程，因此，培养写作者丰富的人文情感是写作训练的首要任务和动力之源。

第二节　人的文学围绕五大内容三大悖论展开

一、文学主要表现关爱意识、历史意识、抗争意识、追求意识、孤独意识五大内容。

（一）关爱是一个微笑，关爱是一个眼神，关爱是一句问候，关爱是一缕春风，关爱是一场春雨，关爱是一泓清泉；关爱的诸多好处决定了关爱意识是文学作品中不可或缺的内容。

全球范围内的战乱、旱涝、地震、饥荒、瘟疫、恶性事故与金

---

① 梅新林.论文学人类学的本体指归［J］.广西右江民族师专学报，1998（03）:30.

融危机；房奴、车奴、孩奴……；毒豆芽、三聚氰胺……；"蒜你狠""姜你军""糖高宗""油你涨""苹什么"……整个人类都处于焦躁状态。从关爱生命角度去解读文学类作品，才会使文学是人学的意味更清晰。作家通过对自己生命的感悟来打量群体的生命状态与生存境遇，会大大激发人们对生命本身的珍视，思索生命的价值与意义，烛照下的生命之光因此而更加绚烂。从生命活动的角度来理解文学，较之社会学视角更贴近文学的审美特质，更合乎生命的表现特征，也更能反映人生命活动的个性审美。①

关爱意识主要表现为：关爱生命，生命的个体对自身有清醒的认识，能够正确地认识生命、珍惜生命、敬畏生命、欣赏生命；关爱人性，用爱来表现人性的美好与丑恶、人生的追求与迷惘、人格的独立与尊严，理解并珍重人的感情，敬佩人类天性中所蕴藏的爱的精神，相信它正是组成伟大人性的本质因素或永恒部分；②关爱社会生存状态和追寻生命终极价值；追求人道主义理想，呼唤正义、理性和人类的良知。

关爱意识具有极高的艺术价值。精湛的心理刻画与描写背后，常常潜伏着作家的人道精神理想、对现实生活的理性思考和对人类终极关怀的人道主义热忱。同情、博爱、理解、宽容与牺牲精神有利于促进人与人之间，以及信仰、文化与民族间的人道的相互尊重和理解。

（二）人类的历史活动都渗透着人类的思想与痕迹，文学概不例外。文学的历史意识首先呈现为文学创作的时间意识。历史的时间包括过去、现在、未来，文学的时间似乎仅有过去和未来。如果从历史意识这个术语本身的结构来看，它又含有政治意识、党派意识、阶级意识、

---

① 何曙.生命的和谐［D］.湖南：湖南科技大学硕士论文，2010.

② 雷庆锐.关爱人性　追求人道——论茨威格小说创作的主题意识［J］.青海民族学院学报，2003（08）:25.

价值意识与终极价值意识等。历史意识影响作家对题材的选择，主题倾向与人物评价、品位构成乃至叙述风格，贯穿在全部的创作中。

文学历史意识不同于历史本身，是情感的真实，符合人的本性的真实。历史真实没有选择性、可能性、主动性。而文学中的历史只是可能、应该，文学家揭示的只能是可能之真实，假设的真，应当的真。对生活的不满、对命运的抗争让文学具有了永恒的价值，大家宁愿相信这种真实。人们除了现实的日常生活，总还要追求一种对现实缺憾的弥补。文学就是这种"谎言里的真实"。文学用虚构的谎言来满足大家生活中的缺憾，换句话说，文学是个人精神的理想化升华。正如略萨所说："小说之所以写出来让人看，为的是人们能拥有他们不甘心过不上的生活。"有价值的文学必须体现历史理念，抓住人们在历史中的缺憾和不满做文章。①

克罗齐说："一切历史都是当代史。"作家自觉认同占统治地位的主流历史意识，在作品中明确地冷静地观察人间，从成千上万的现实事件中选择出最有意义的，再将这些事件整理起来，使之产生强烈的印象，再明确、冷静地将它描写出来。或者在基本认同主流历史意识的基础上，又根据创作主体的当代需要对其进行强化或弱化，这样写出的作品往往被冠以现实主义或批判现实主义作品。如果完全同占统治地位的主流历史意识和"话语"背道而驰，通过象征、意象、意识流等暧昧地体现作者的想法、认识，我们认为这样的表达具有现代主义作品因素，这类作品不反对、不拥护，逃避主流与所有历史意识，这样的作家要么把文学当成一种纯粹的艺术行为，要么完全撇开现实与历史、价值和意识，如同文字游戏，这是

---

① 宗仁发，纪众，曾煜，邴正，朱晶．历史意识与文学创作［J］．上海文学，1994（02）:15.

一种后现代主义历史意识。的确，当作家的历史意识完全被权力意识、历史意识淹没的时候，人物往往非常高大上，不食人间烟火。在作家创作的过程中，当权力历史意识与个人历史意识发生冲突对抗的时候，虚假、造作、滑稽、堕落就暴露出来，社会现实各个层面都可能被当成片断的、异质的和偶然的事物来加以肯定。

在作品中体现历史意识，最起码要辩证地、发展地对待人，不以好坏、善恶、正邪、忠奸等既定观念模式化写人。人性是复杂的，不是好人一切都好，坏人一切都坏，也不是好人永远都好，坏人永远都坏，真实的人物大都是发展变化着的，大多数人物的性格具有明显的二重性，甚至具有多重性。①从审美的角度说，文以载道的历史意识作品过于工具化，基本无吸引力可言，而充满个人历史意识表达的作品则是审美性的，在不同的作家笔下呈现出千姿百态，充满紧张冒险，灌注了作家的激情和才智，可以赢得不同层面的欣赏者的心理共鸣。②

（三）抗争对个人和民族来说，都是不可或缺的。抗争可以说是文学与生俱来的天性，人类的抗争俨然成了文坛一道亮丽的风景线。③抗争意识来源于生命的矛盾意识，包括黑暗与光明、生与死、绝望与希望等。其表现为抗争习俗、挑战社会黑暗、绝不苟从的生活态度与认识立场；表现为灵与肉、理性与欲望、善与恶、神与人的对抗；表现为对那些钢筋混凝土和玻璃幕墙笼罩下被封闭的居所、被管制的时间、被束缚的歌声、被扭曲的人际、被污染的爱情、被毁

①　王畅.作品的历史意识与作家的文学观念——评长篇小说《汴京梦断》（第一部）[J].渤海学刊，1995（02）:15.

②　宗仁发，纪众，曾煜，邴正，朱晶.历史意识与文学创作 [J].上海文学，1994（02）:15.

③　何芬.生存困境中的艰难跋涉 [D].海南：海南师范大学硕士论文，2011.

坏的环境、被分裂的和平的无奈与愤怒；表现为从个人到群类、从国家到种族、从本土到全球的对未来恐怖、前途渺茫的忧虑和失落感；表现为反战意识和恐怖意识。

抗争意识催人成熟，让我们真真切切地认识自己，尤其是领悟到人的尊严、人生的意义，因此形成强大的生命意志力去克服发展路上的诸多困难，并借以不断地升华主体人格、完善道德审美、实现人文关怀、启迪人生智慧，从而照亮生命旅途，完成人生的崇高使命。

（四）无论是什么地域，也无论是什么时代，只要是人，其行为动机都会遵循弗洛伊德的快乐原则，追求意识上的愉悦或是消除意识上的不愉悦。追求意识表现为在各种原始需要的动力支配下，推崇心灵、人格的创作，在艺术作品领域呈现出生命需求的细腻体验和切近人性的直击本质的深邃感。如对爱、友谊等的期待，对自由人生的期盼，对生与死的近距离关注，对自我价值的最大化的追求与探索，对宇宙生命意识的把握，对文化观念的批判与反思等展现出的独特而永恒的价值和魅力。

写作活动的起点始终是一种生命体验。而需求的结果是资源的争夺或理性获取、分配，这样势必带来各种阻碍和考验，从而更加深化生命需求的艰巨性。离了生命追求，便没有文学，因此，作者不但要在个体生命方面追求永恒的焦渴体验，还要对社会、历史、宇宙等事物充满感性与理性的生命体悟和理解；不但要在内容方面寻求各种突破，还要在形式等方面也不断追求完美。

在不断的追求中体悟生命的真谛，在焦渴中体味丰满的感觉，在生命写作中调控鲜活的生命意识。

（五）动物也需要同伴，但孤独意识是高等生物——人才具有的生命体验。这种人类个体性的、偶发性的忧患意识，是感觉自己孤独无助或感觉孤单寂寞的心理状态。如"前不见古人，后不见来者""生年不满百，常怀千岁忧""日暮乡关何处是，烟波江上使人愁""天地一逆旅，同悲万古尘"。孤独意识主要表现为怀才不遇、生不逢时、前途渺茫、失望怅惘、焦虑痛苦带来的孤独感伤；表现为傲立天地之间无依无靠、形单影只、茕茕孑立而无人能解的苦闷；表现为苏世独立、睥睨傲视、曲高和寡，像一个清醒的受难者，"举世皆浊我独醒""一肩挑尽古今愁"的寂寞与孤独；表现为急流勇退、自我放逐；表现为天地人生不过是万物之逆旅，百代之过客也，而浮生若梦，茫茫尘世中每个人都无法逃遁。

孤独意识是一种觉醒的个体生命意识，因为超越了当下，超越了一般人，所以往往给人以崇高感。英国美学家李斯托威尔说："崇高是稳定的存在于精神上或物质上的令人震撼的宏伟里的。它既包括外界事物的庄严宏伟，也包括灵魂的高尚伟大。没有灵魂的高尚伟大，最高贵的艺术作品和自然都必定会永远暗淡无光。"基于自我肯定心理机制的孤独意识，彰显了人的本质力量，可以让我们感受到来自作者主体人格力量的崇高。这样就赋予了作品以超然不群的性格力量，这种崇高感并非来源于我们见到的情境，而是来自我们所体会到的力量。①

孤独意识往往给作品带来深沉的悲凉感。当作者面临理想与现实的矛盾时，生命的尊严和生活的重压让作者产生强烈的自我意识，这种似为"小小鸟"的无奈的生命体验渗透进作品，给其作品带来深沉的悲凉。

二、人的文学围绕现实反映表现人性、人生、人类社会三大悖论。

（一）人的理性与欲望。人性作为文学发展的支撑性力量，在历

---

① 福瑞.试论李白的孤独意识——李白心理探索之一 [J].唐代文学研究，1994（10）:31.

史的变迁中，我们可以清晰地发现其内在逻辑构造。人性是什么？大多数人认为，人性绝不单是个生物学意义上的概念，它更是一个历史性存在。它体现着人类因为实践与客观世界发生必然关系时的渐进行程，既从物质方面体现着人类不断由必然王国走向自由人性的历史变迁，也反方向地体现着文学不断丰富与发展的历程，从精神方面印证着人类所走过的路，体现着自然不断人化以及人类自身不断完善的过程。①

社会资源的有限和人欲望的无限始终是一对矛盾。我们在想有些东西却又不能或不敢得的情况下，人性内部的自然性和社会性始终是一对矛盾，人性在文学中总处于一种不稳定的状态，文学的魅力也正基于此，在于此。从某种角度上说，人性的欲望转化为写作本能冲动，移位、推进、释放、逆反，让语言表现出巨大的能量，这种能量在文学作品中反复出现和演绎，既是写作的意义，也是作家原创力的源泉。

在中国古典文学中，人性有一个逐步消失的过程。"关关雎鸠，在河之洲"揭开了饮食男女的第一页，《静女》《木瓜》《大车》《狡童》等大多奔放自然。之所以郑卫多淫声，是因为频繁的征战，男丁大量死亡，政府为了推动人口繁衍，利用原始风俗，仲春二月桃花汛到三月上巳节提倡自由恋爱。随着教化的深入和渗透，个人和社会的矛盾日趋突出。由于体制的强大，"文以载道"的最终结果靠牺牲个体的尊严和人性来实现和解。因此，个人的价值必须借助集体或团体来加以彰显；个人的自由和个性便消弭于社会的需求中了。随着伦理纲常的加强，中国古典文学中"存天理，灭人欲"观念不断

---

① 韩德信，王晓华. 人性在中国文学中的流变［J］. 山东理工大学学报（社会科学版），2002（12）：30.

被强化，人性中的自然性和社会性长期处在了分裂状态；人性的自然性、社会性在文学作品中，要么基本处于无活力状态，要么处于生理本能畸形发展状态。就像《金瓶梅》大胆露骨地写性一样，绝不是简单地局限于张扬个体、反抗封建制度层面，而是把人的自然性十足地放到了人的生理本能上。

19 世纪末 20 世纪初，国人集体向"西"看，外来文化的视野让他们明白了传统文化对人性的压抑。于是，他们转而从西方思想汲取创作的灵感，人性、人道主义首次摆到了国人面前。在文学中，他们提倡个性解放，抒发性灵情感；提倡恢复人的自然性，尤其是个体性。

步入 20 世纪的中国文学，"人性"已经是文学创作的重要原点。文学始终伴生着人性。但总体而言，20 世纪早期中国文学对人性的耕耘仍缺乏深度。在中国文学中，我们看不到陀思妥耶夫斯基式的灵魂"拷问"。灵魂的剖析远无生动的、个性化的表现，大奸大恶总是脸谱化。由于外在的政治、经济、伦理等一系列阻碍，真诚的自我反省失去了深入人心灵世界的力量。文学运动的结果是人性的社会性因素不断强化，而自然性因素逐渐退却。

"五四"新文学运动，发现人、描写人成为这一时期文学最流行的主题。五四运动的最大成功就在于人的觉醒。以周作人《人的文学》为代表，提出了以进化论为依据，人性是兽性与神性的复合体。在周作人看来，兽性就是人的动物性，而神性则是以兼爱为中心的人道主义。中国的人首蛇身，埃及的狮身人面，法国的人头马，其实都反映了人的这两个禀性。在周作人看来，人生的目的须要发展人的神性，要达到这个目的，必须恢复人的自然本性，强调情感的自然流露，提倡个性解放，反对封建主义，"为人生"和"为艺术"。周作人指出："我说的人道主义，就是立足于个人基础之上的人性。

我们大谈人道、人性，其首要的一点就是要有人的资格，由此而生发出的是'个性解放'要求。"

周作人"个性解放"的提出具有跨时代的意义。个人的发展，人道主义的兴起，动摇颠覆了古典文学塑造的以家族为本位的专制社会机制，从而以个人为本位的民主社会机制得以解放。在创作方法上，"为艺术而艺术"强调浪漫主义，"为人生而艺术"主张现实主义，看起来大相径庭，其实两者统一在人性与人道主义旗帜下，在表现情感、鼓吹自我意识觉醒方面惊人一致。"为人生而艺术"派强调文学艺术为社会，显然不同于中国古典文学中的"文以载道"（文学的教化功能），它主张的是要以情动人，提倡个性解放，恢复人的尊严和价值。

"五四"新文学运动更多地强调了人的自然性，注重个体性张扬，这实际上是针对中国古典文学无视人性问题的矫枉过正。"五四"新文学运动注入人性，对于恢复文学的本质特征、实现文学的社会作用，是具有积极意义的。

20 世纪 30 年代到 50 年代，人性、人道主义在文学创作中大打折扣。人性被阶级性取代，不少文学作品干脆图解政治。这一时期的文学作品，群体性掩盖了个体性，社会性直接取代了人的生物性，因而文学单一化、同质化现象非常严重。失去个性、个人情感、人类生理需求的文学，也失去了温度，失去了生活的现实基础。

70 年代末，随着拨乱反正的开始，人们痛定思痛，开始反思。文学中，人性重新得以苏醒。于是，《神圣的使命》《班主任》《大墙下的红玉兰》《伤痕》等一大批反映人性的作品面世。在这些作品中，作家提出了人性中不仅有人的社会性，还有自然性，在阶级性之上还存在着人类之爱，"主体性""人道主义"开始复活，人生意义与人文价值进一步受到人们的关注。

　　这一时期，人的价值、人的力量、人性之美在文学作品中得到了反映。作品突破了政治情感的传统写作窠臼，把笔触更多地转向了个体和个体的心灵世界，提出了长期被人忽视的个人的生存，人生的价值实现等问题。张贤亮的作品（《男人的一半是女人》）揭示了人的肉体与心灵间的矛盾，批判了时代悲剧对人性的摧残，还从更深层次探讨了人性和社会性间的矛盾与对立。这一时期，年轻的作家们冲破了过去僵死的文学创作模式，独立地表达内心世界，在整体上关照人生意义和人文价值，文学的应有地位得以恢复，人性得到了应有的尊重。

　　进入新世纪，市场经济日渐深入人心，人们越来越沉湎于感官的享乐。物质至上、享乐至上成为了人们生存的源动力。人性、人生意义、人的价值被现世的、现实生活所取代，理想堕落为生理体验、生理官能的满足，生命的内在激情被消解了。近几年，作家们文学创作中更多地贴近现实生活中柴米油盐等生活细节，一度限制了精神的向上飞扬。①

　　人性在西方文学中有大量的表现。古希腊文学犹如一个健硕的儿童，天性得到了保存。之后由于受基督文化的影响，有许多描述罪与罚的作品。譬如《红字》《悲惨世界》《堕落》《黑暗之心》《红与黑》《蝇王》《卢梭忏悔录》《失乐园》，无不表现了浓重的宗教情怀。罪与救赎互相依附，文学作品表达罪时，也都涵盖渴望救赎的主题。②

　　（二）人生的有限与无限。万物有灵，生命的定义是无限广泛

---

　　①　韩德信，王晓华.人性在中国文学中的流变［J］.山东理工大学学报（社会科学版），2002（12）:30.

　　②　李小飞，马宏伟.解读英国文学中的基督教影响［J］.山西广播电视大学学报，2005（10）:30.

的。从宇宙到地球，从草木到人类，再从动物至细菌，生命都有大限，世间没有永恒，无论你是什么人，也不管你有多大能量，都逃不过宿命，都有无法左右和支配的东西。面对山川草木，岁月枯荣，人们有诸多慨叹和无奈。聪明的俄狄浦斯解开了斯芬克斯之谜，当他千辛万苦找到杀死国王的凶手来解救国家时，却意识不到凶手是自己。历史没有按秦始皇的设计"秦二皇秦三皇"地延续下去，他自己因为怕死寻访仙丹反而五十岁就死了。唐太宗李世民想长寿，吃了天竺方士的长生不老药中毒而亡。于是，我们不得不敬畏生命，在对自身命运的支配上，人的能力是何其有限！科学发展到今天，大概再没人会天真地认为我们可以征服世界和宇宙。人类不得不重新承认，信心、直觉和情感，至少与理性有同等重要的价值。

人出生时紧捏拳头，到头来却撒手人寰。面对命运的漂泊不定和变幻莫测，大家每天都在绞尽脑汁规划人生，策划明天，掌控自己，结果流产、失控、出人意料，大家开始欣赏和追逐《我想和你一起浪费时光》。人生就像《等待戈多》，就像推着巨石上山的西绪福斯：滚下来，推上去，又滚下来……我们每个人都在摇着自己的生命之舟，拥挤在有限的水域中碰来撞去，自己以为自己能决定方向，实际上谁也决定不了自己去哪里，看上去只是每个人都在奋力争取着什么，一代又一代地碰撞着，直到沉没到水底，消失了为止。超越与永恒，不过是盲目渴望看见前面的道路而已。

当我们清醒地意识到无法追求生命的长度时，我们转而追求生命的厚度，活得精彩。人生宇宙中，生命来之不易，且又魅力无穷。忙碌的人生就像一架快速奔跑的战车，疾病、痛苦、忌妒、诅咒——都是两旁嗖嗖作响的子弹。作家醉心于关注他人与自我人生、命运，乐于创造那些富于个性魅力与共同命运的人生，无怨无悔。海子、海明威、巴尔扎克，因为写作，他们的生命密度得以加大，闪烁出金刚钻般坚韧的光泽，而被他们赋予灵魂的艺术则更接近于永恒。[①]

　　为了超越，人类开始追求"立言"以永恒。时间是永恒的参照，爱是人类永恒的主题；真善美是人类永恒的价值标准。伟大的艺术必将成为永恒。李煜的"一江春水向东流"，道尽了人世的沧桑。浔阳江舟中妇人弹琵琶曲，竟使江州司马泪湿青衫。杜甫的"无边落木萧萧下"，让人感慨万千。寒山寺的钟声，将张继愁思化成千古绝唱。《枫桥夜泊》破空而来，造就了一位永恒的诗人，一份永恒的乡愁。一代诗仙李太白听蜀僧弹琴，痴迷而进入"为我一挥手，如听万壑松"的境界。

　　（三）人的异化。"异化"是始于18世纪末19世纪初的德国哲学中的一个重要哲学术语。"异化"一词首现于德语，"Entfremdung"就是异化的意思。这一词最早来源于希腊语"allotriosis"，有疏远、分离和陌生化之义。在德语中，"Entfremdung"一词在非宗教的、世俗的使用中还融入了拉丁语"alienatio"与"alienare"的内涵，前一词有陌生、脱离以及权利与财产转让的意思。后一词有陌生化、取走、剥夺、让别人支配、让异己力量统治等义项。后来德文"entfremdung"（异化）被译作英文即"alienate"。[②]

　　异化是科技发展和社会高度分工的产物，人制造机器是为了生活更美好，到头来人反而沦为了大生产流水线上的一个工具。人的物质、精神活动及其产物褪变为了一种外在的异己力量，这种力量转过来又反对、支配与统治人本身。异化反映了人的活动及其产物转化成了统治人本身、与人相敌对的异己力量，从而人由社会历史

---

① 熊必环 . 生命的长度与密度［J］. 应用写作，2010（04）:02.

② 董美英，程家福 . 论现代人类生存矛盾及人的异化［J］. 思想政治教育研究，2007（10）:20.

过程的能动的主体异变为消极的、被动的客体的范畴。①

"异化"一词的提出,是人类对自身发展的哲学反思。人虽然是一种感性的肉体的存在物,是受环境制约的存在物,但人绝不像动植物那样被动地适应自然界或对象,人有自我意识,人身上存在着一种类似于格式塔心理学的完形结构,人是有生命力的激情存在。

异化是人的存在状况和理想状态间的一种固有矛盾。社会化大生产需要秩序、纪律,而张扬个性是人的本能和理想。当社会规则紧箍咒越念越紧的时候,人就会有压抑、焦灼、困惑等心理感觉。而作为个人的独特存在方式的个性,天生向往自由,追求无拘无束,在人的内心深处,都有一朵"水仙花"(narcissus),都有自我膨胀的趋势。放弃一部分自我利益,获得族群的认可仅仅是人确保自我生存必需而采取的方式,在一个层次的需求满足后,更高层次的需求又产生了,人总是追逐自我利益的最大化。超出常人的表现可以凸显个人的优越性,以博得心理的满足;更为重要的是,资源的有限让个体倾向于取得凌驾于群体之上的地位,以获得更大的自由发展空间。从这个意义上来说,异化始终存在,有可能是自己让自己异化,也有可能是别人让自己异化。在一定程度上,个人内在的心理断裂,以及个人在群体面前的主体意志的丧失,归根结底是一种不可逃避的宿命。

或许人性异化更多的是由人性本身及人类的生存所决定的,社会分工只是导致矛盾激化的导火索。

回望整个社会历史进程,异化问题伴随着历史的前进日趋严重。由于原始社会社会发展自身不完善,人的异化并未让人觉察。毕竟原始人群体生活尚处于满足最基本的生存需要阶段,尚无现代意义上的

---

① 王善超,陈志尚.人的本质的异化与扬弃[J].岭南学刊,2008(05):15.

高度分工。一旦人类为了改善自身的物质生活条件，运用理性发明技术、发展工业，人的理性和感性就开始对立与分裂，人就再难有整体感，人的存在感降低了，人成了大生产条件下的一个可有可无、随时可被替代的零件。人性丧失了，人的价值贬低了，自我异化了。①

事实上，人不异化是不可能的，异化固然让我们感到压抑的痛苦，但这也是人类走向文明，维持发展所必须承担的代价。

异化表现为：人的各种器官功能因为发明创造得以延伸。"君子性非异也，善假于物也。"耳机、助听器成就了"顺风耳"，贵州省平塘县大窝凼 FAST 工程成了人迄今为止最大的"千里眼"，各种大型机械、可穿戴设备让我们可以体会无所不能的感觉，发达的航天航空、航运、高铁更是远远超越了古人"一日千里"的梦想。用进废退，在这个科技看似无所不能的世界里，我们倦怠于用脑记忆、用心思考，倦怠于用手写字、用脚走路，总是乐观地认为，科技让人类生活更美好。我们只在乎一件事：钱。不休息没关系，因为有按摩仪器；不规律饮食没关系，因为有保健品……按照这个逻辑思考下去，没有子女亲情不重要，因为有宠物或者电子宠物……那我们是不是还可以推出你不存在也没关系，因为有人替你存在？科技用品真的可以替代我们正常的器官运动，代替我们真切的感受与体验吗？②

精确、精细化、控制是现代化管理的标配。生产被设计，休闲、消费等日常生活也被占领了，每个人都成了格里高尔，成了生产和消费的机器。人与人之间以及人与物之间的正常关系消失了，人与人之间的关系简单化成了物与物之间的关系。为了填满自己的所谓"需要"，人们贪婪地赚钱，不知疲倦地购买商品，不停地消费，金

① 李莉.浅论人的异化［J］.湖南省政法管理干部学院学报，2002（12）:30.
② 李瑞芳.关于人的异化的几点思考［J］.魅力中国，2009（12）:15.

钱成了成功与否的重要标志。深谙人们心理的广告人士已经替我们设计好了欲望，在强烈的暗示和诱导下，我们通过被"需要"而证明自身的存在，沦为了社会这个巨大的生产机器上的齿轮，我们自己钻进了自己精心设计的金鸟笼。统一的着装、统一的节奏、统一的行动让我们沾沾自喜于档次、专业，殊不知，我们不知不觉中都成了装在套子中的人，物化、同质化，连个性化色彩最浓的消遣性娱乐也迅速地同化着、物化着人们的思维。马克思说，人是会制造并使用工具的动物。他在下这个定义时万万没想到，人的创造本质已经变成了个别人的高尚活动。人类的本质、人生的意义逐渐远去，人们自甘于变成一台赚钱与花钱的机器。人文精神以及根植于人文精神上的人文关怀的缺失，使人丧失了人之所以为人的意义。它使各种机构与过程单一化、机械化，身处其间的人们一切都例行公事，丧失了工作和生活的乐趣。①

总之，人类作为人的主体性因为个性发展、工具理性、过度消费逐渐沦丧，进而导致人与他的类本质、他的理想间的异化不断加深。现代化给了我们丰裕的物质生活，但在现代化的浪潮中，现代人类自身却迷失了。②

人类的这种"人"迷失和异化导致了诸多问题。人的生物本能是为了自身的利益、为了物种的延续而被产生的。而异化，作为本能的对立面，是人长期有意地控制本能的产物。自控能力固然可贵，但长期控制本能也会产生巨大的副作用，导致身心分裂。一方面，人的生物本能弱化，主要表现于人的行为活动上，毫无缚鸡之力也

①　官宇.从人的异化到人的全面发展［D］大连：大连理工大学硕士论文，2006.

②　董美英，程家福.论现代人类生存矛盾及人的异化［J］.思想政治教育研究，2007（10）:20.

许不再是针对书生的笑话了；另一方面，人的精神层面出现问题，诸如精神分裂、忧郁、歇斯底里症等患者不断增多。这些问题之所以出现是因为在异化活动中，人的能动性丧失了，异己的物质力量或精神力量的奴役使人无法全面发展，于是走向反面，只能片面地，甚至畸形地发展。

"物物而不物于物"，我们在使用工具的同时，应该强化人的本能，不能让物质生产和精神生产及其产品变成异己的力量。对工具的依赖导致对人的依赖减少，与之伴随的是信任危机、道德危机和金钱至上观，是现代人羞耻感与同情心的普遍缺乏，经济利益几乎成了所有问题的出发点。人情冷漠，利益至上。大家疯狂追求"物质生产和精神生产及其产品变成异己的力量"，导致了道德危机的出现。为了自身的快乐，人们正在变得越来越任性和不负责任。

现代人要想摆脱目前的矛盾与困惑，就必须从哲学层面审视异化以及因而产生的生存矛盾。异化植根于人性本身。故而通过文化，尤其是文学作品才能消除或者至少减轻异化给人带来的苦痛。文化，是由文学、艺术、宗教和思想组成的负责诠释人生意义的领域。在文化、政治、经济三大领域中，文学是最接近于人的本质的。文学主张独创，张扬个性，鄙弃程式化，不同于政治的权力驱动、经济的利益驱动，具有非理性的色彩。更重要的是，文学的唯一旨归是人，是人的解脱、人的发展直至人的最终幸福。因而，文学常常在个人和社会的尖锐矛盾中起一种缓冲作用。社会需要文学来维护自身的稳定，个人仰仗文学来保持心理平衡。

文学不同于政治、经济，社会不能亦不会采取强制性手段压制，或者另外去培植所谓正统意识形态。在人的异化已成为普遍现象的今天，政治、经济又无法从根本上消弭个人和社会间的内在矛盾，所以，用文学的光芒照亮我们的灵魂、安抚我们的内心是非常必要的。

文学的一个重要作用便是将人所感受到的精神压力释放出来，从而减轻异化带来的苦痛，缓冲人和社会间的矛盾，避免对现存秩序造成冲击。物极必反，设若不合理的政治、经济状态僵化不变，文学出于生存的需要和反映现实的需要，功用就可能由缓冲矛盾、维护社会安定走向另一个极端——积极改造人们的思想，推动真正的社会革命，以保护个人权利的实现。①

必须指出的是，异化问题在任何社会状态中都是存在的，只是表现的尖锐程度不同而已。异化不是洪水猛兽，我国在走向现代化的过程中，异化问题也会越来越突出，最为切实可行的解决办法便是依靠文化、文学繁荣来实现人性的舒展，使人在精神的领域得到全面自由的发展。

第三节　人的文学从哪里来，往何处去?

高更有一幅名画《我们从何处来？我们在哪里？我们向何处去？》（见下图），异域神性的画面，把我们带到了渺远的过去。其实，从文明的诞生到死亡，我们都在追问。文学也需要这样叩问历史根脉，寻找立足点，确认方向。毕竟我们面对的是地基不稳、立足不稳的当代文学。

---

① 李莉.浅论人的异化［J］.湖南省政法管理干部学院学报，2002（12）:30.

一、文学从何处来？文学来源于神话，其背后是现实生活。

耶和华用泥土造出亚当，苏美尔神宁玛赫用泥土创造出六种不同形态的人，印度《吠陀》的原初巨人普鲁沙、中国的女娲等皆用泥土作为造人原料。从比较文学角度来看，赋予创造生命的能量，主要源自农耕文化的直观经验：作物是从土地中生长出来的，在人类远祖那里，他们相信土地一定具有孕育生命的潜能。从人类文化学的视野来看，神话中特别提到造人要用"深渊的泥土"，或许深渊本身就是大地母亲子宫的隐喻，那里的泥土蕴藏着最充沛的"力比多"。

从更宽广的视域来看，埃及、希腊、巴比伦、澳洲土著、新西兰毛利人、塔西提岛民、美拉尼西亚土著、达雅克人、萨摩亚人、古印度、菲律宾岛民、美洲印第安人、爱斯基摩人、非洲土著等遍及五大洲的数十同类神话，都指向了抟土造人。或许远初人类观察到土加水和成泥，具有可塑性，故而神话在讲述神用泥土造人时，用的词是"fashion"。造人的工匠拼为"fashioner"，从词源学的角度来说，这表明神造人的方式取法于人用陶土制造器皿的实践。换句话说，具有上万年历史的新石器时代以来制陶术的广泛流行，成为用土造人神话得以发生的现实基础。庄子妙喻"其尘垢秕糠将犹陶铸尧舜者也"（《逍遥游》），正基于制陶术经验基础，和由此而形成的造人神话观念。

神为什么要造人呢？从功利的角度看，苏美尔造人神话解释了造人的动机，因为神没有足够的食物，造人是为了侍奉神的生存需要。站在宗教学的角度看，神话对造人动机的描述实际上为人的祭祀行为提供了充分的理由，人必须定时献祭食物给诸神，因为这是人存在的唯一理由，劳动异化是人与生俱来的宿命。站在生产关系的角度看，人的被创造同时催生出了不劳而获的寄生神。我们不得不承认，人奉为神的现象有一定的普遍性。苏美尔人把谷物神、畜牧神等同衣食之类的事物联系在一起，这可以说是神话思维的深层追忆、遥远回想与颠倒表达。只有把作威作福之神看成人的变相投影，被颠倒了的进化内容才可能被理解。

人只是神的依附性存在，尚没有获得独立生存的理由。死是人的宿命，只有神才享有永生。至于神在醉酒后造出的虚弱不堪的废人，更显得人的被动性与渺小无助，如同神灵手中的玩物，难怪希伯来语中"人"的词根"Enosh"意为"弱"或"病"。人匍匐在神的脚下，始作俑者就是苏美尔人，可他们创造了最早的文明。

苏美尔神话历经千载尘封，失而复得的遗产就这样因造人主题的沉重表达显得格外悲凉而阴沉，而对这些伴着世界文明曙光最先刻写下来的珍稀神话的文本解读增长了我们的知识，开阔了我们的思路，培养了我们的历史感，更能激发我们觉悟人之所以为人的道理，对后来产生的种种类似神话也有了查源知流的效果。[①]

我们不难看出，神话虽然产生于初民的想象，但是其中却潜藏着丰富的原始智慧和深奥的人文意蕴。神话作为文学的源头，用象征的形式向后人传达着文明发生的永恒信息。

对于神话，可以有多种解释。

比如语言学的解释。太阳发出的光我们理解为"射"出万道金光，太阳神阿波罗的标志便是弓箭。"羿"这个字本来就是两支并列的箭，顺着这个思路，我们推断后羿射日神话所反映的可能不是人和自然的对立，而极可能是太阳神家族的兄弟内讧。

可以有仪式学的解释。弗雷泽的著作《金枝》将基督死而复活的核心神话追溯到了远古西亚社会盛行的谷神祭祀仪式，把表演神的死亡和复活的仪式解释为农耕社会原始信仰的产物。

---

① 叶舒宪.苏美尔神话的原型意义［J］.民间文学论坛，1998（06）:15.

可以有心理学的解释。海姆在《梦幻之门》中解释各民族的洪水神话的起因非常有意思，它认为其源于人梦中想排尿。由于此种欲望是普遍的，故而洪水神话遍布所有人类群体之中。从功能上看，洪水神话就是以梦幻转移方式疏导欲望，防止睡觉者尿床。

可以有哲学的解释。神话尽管具有幻想性质，但神话的内容确实涉及严肃的哲学问题，如宇宙的起源、人类和万物的由来、罪恶与惩罚。又譬如俄狄浦斯战胜狮身女妖斯芬克斯的情节，象征着主体的自我觉醒与对传统启蒙仪式的颠覆。俄狄浦斯（绰号"肿脚的"）和苏格拉底一样，不盲从于已有的知识。

还有结构主义的解释。神话针对人类面临共同的生存问题，比如人有生命，不得不走向死亡；比如人源于自然又异于自然，当追溯自己所崇拜的始祖时，却发现自己是始祖乱伦的后裔，等等。它的基本功能就在于化解这些永恒对立的矛盾，超越由此造成的精神困惑与焦虑，恢复心理平衡。[1]

二、文学该往何处去？英国作家约瑟夫·康拉德的创作或许可以回答这个问题——发现原始文化的活力和尊严。

人类在经历了种族间无数次拼杀，牺牲了无数同类之后，才开始意识到不同种族与文化的人，原来都是"上帝的子民"，他们彼此之间并无优劣高下之分，因而是可以和平相处、平等互补的。[2]

（一）文学要弘扬容忍差异、尊崇他者的人类意识。人对同类的任何歧视、残忍与侵害行为，被看成是人性中的兽性遗留的表现，在文学中都当受到道义上的谴责。

文学要消解传统文化的偏见，摆脱"我族中心主义""精英中心

---

① 叶舒宪.神话的意蕴与神话学的方法［J］.淮阴师范学院学报（哲学社会科学版），2002：（03）:25.

② 同上。

主义"的思维和情感定势，尤其是国家图腾的去神圣化之后，才有可能客观公正地面对异族人民和异族文化，才能在帝王将相与杰出人物之外去发掘历史同文化真相。这样，文化的多样性和差异性才能得到关注，文化的交流、互补、综合以及多样化才会出现。

文学家往往充当了打破国族和文化界限的思想先驱者。文学的伊甸园中，原始思维具有自然、神秘、非理性特点，它那不可思议的风格化形式，毫不掩饰的生殖器和性崇拜，对观察视觉的蓄意扭曲等，直接表现为超凡的想象力。从某种程度上说，超现实主义者作为精神的冒险家，不安于现状和平庸的日常生活，为了逃避西方精神贫困，要么向个人内心世界的陌生领域探险与拓荒，要么向现实世界的陌生空间探险与追寻。拉丁美洲那纯朴、真诚、自然的节奏，与大地相依为命、宗教敏感性、集体传统的稳定性等，成为拯救的一剂良药，文学家开始走向异文化与荒远绝域。

（二）文学如同文化，需要碰撞。东方国家原来夜郎自大，随着近现代西方文化"异文化"因征服而强制进入，文化人由原来的拒接和自大，又转而为自卑、膜拜，这一残酷现实让本土知识分子产生文化身份焦虑，产生失落感和错位感，写作者在反思煎熬中苦苦寻觅。随着我们经济的强大，文化的自信也开始增强，故而如今国学兴盛，影响力剧增。我们在本土文化中找到自尊的源泉，所以民族情感所具有的补偿作用与心理自卫特性就显现了出来，跨文化认知价值就自然向本土一方倾斜。世界的目光再次聚焦到了东方。不过世界局势的遽变不以个人或个别民族的意志为转移。那些传统深厚、历史悠久而又相对闭锁的文化，由于全球化的进程而面临巨大的社会转型与思想、观念、情感转型。[①] 文学在这个过程中，对于

---

① 叶舒宪.人类学与文学——知识全球化、跨文化生存与本土再阐释［J］.文学评论，2002（07）：15.

人们缓冲、改造思想和孕育新思想，对于揭示自身弱点与局限，摆脱传统的本土主义束缚，对于差异容忍，获得文化反思与认知能力，对于减少社会震荡与纾解人们痛苦都具有重要作用。文学的"杂交授粉"不仅没有弱化本土文学，反而使自身更繁茂地成长。

（三）文学需要抵御现代化带来的负面效应，如种种心理失衡和精神危机。形形色色的土著文学成了治疗拜物主义、残害动物、歧视性别和蹂躏地球等现代性病患的灵丹妙药。环保主义者在这里看到了人与动物、植物世界的共荣共生；女权主义者从中看到了母性中心文化与性别平等理念；信仰追寻者从中看到了圣洁的精神；价值失落者从中看到了滋养生命的原始魂灵；身心受害者从中看到了疗救的希望；后现代哲学家则从中看到了人类现实困境中永恒的和谐……[①] 阿斯图里亚斯的《危地马拉的传说》给了我们最好的启示。作品以魔幻现实主义的手法，基于玛雅女神玛尔玛特的隐身术，揭示了原始纯朴的人性在资本主义拜金主义的腐蚀下逐渐走向堕落，最后又不得不凭借原始思维或巫术思维来拯救，返璞归真。作品中，四条道通向世界四极，黑绿红白分别代表黑夜、春风、狂欢与福地。扁桃树师傅运用法术把灵魂一分为四，配到相应的四条道上。但没想到黑道灵魂因为爱财如命丧失了本性，嫁给了商人。商人为了纵欲享乐，用它换了个美女。扁桃树师傅了解到黑道灵魂的行径后，决意收回灵魂。最终他找到商人与女奴，结果官差以上帝的名义宣布他们为巫师与邪女，投入大牢。在狱中，扁桃树师傅给女奴文了身，并教以隐身术让她重获自由。小说将原始和理想、现代和罪恶对立贯穿在小说内容和形式之中，反思批判了现代西方文明价值。

---

① 叶舒宪.论20世纪文学与人类学的同构与互动——从超现实主义到魔幻现实主义［J］.中文自学指导，2001（02）:15.

（四）文学需要终极关怀精神。终极关怀就是关心、关注世界和人生中那些最本原、最基础的问题。这是人类"形而上"的精神追求，它源于人类生存的基本困境。有限与无限的根本对立，激发起了人类超越有限、向往无限的强烈渴求，激发起了思考、探索和"无限"相关的那些最原始、最根本的终极问题。终极关怀是一个意义世界，终极问题源自有限但又超越有限。探寻这些问题，赋予其意义，人们能够获得找到人生家园、灵魂归宿的感觉。这是安身立命之本，是我们生存的价值依据和根本性评价标准。所以，终极关怀是人类精神生活中最有深度、最有魅力的领域，值得为之奋斗不懈。终极关怀体现着文学思想的深度，具有强大的精神魅力。领悟这种精神内涵，才谈得上修养与境界。毕竟所谓修养与境界，都是以"深度"为标尺的。在"深度"中，我们才能找到心灵的归宿、人生的家园，才能感受到宗教般的沉静和澄明。"深度"的获得绝不是空话，它是以对关乎人生的一系列终极问题的悟解为前提与基础的。[①]

第四节　辉煌文学旧路的启示

文学大繁荣有其现实的土壤。

一、先秦文学以其特有的开拓精神与丰富想象力，标新立异，具有开拓性意义。文学艺术的起源、文学体裁的产生、思想体系的形成、艺术手法的探索、文学流派的开创都得到了充分体现。

先秦以前，缘事而发，"饥者歌其食，劳者歌其事"，文学普遍具有实用性。春秋战国时期，社会大动荡、大变革、大改组，出现了抨击现实政治的屈原；出现了定是非、决嫌疑的史传散文，出现

---

① 胡山林.文学与人生［J］.河南教育（高校版），2003（11）:10.

了为解决实际社会问题、拯救社会而各陈己见的诸子百家。这一时期，文体以诗歌和散文为主，尽管文学还没有取得独立的地位，也没有真正意义上的专职作家，但风格上表现出了古希腊般正常的文学天性，典雅淳厚，磅礴大气。

究其因，小国林立，难有统一的思想和主张，加之各国出于人才争夺原因，往往都会营造宽松的环境。这一时期，儒家、墨家、法家、道家……百家争鸣。思想家孔子提出了"己所不欲，勿施于人"的普适价值，墨子提出"兼爱""非攻"主张，孟子提出"恻隐之心，人皆有之""民为贵"的观点。这些价值和主张，提供了文学发展的丰厚土壤，体现着人类成员的自我认同和共同利益，体现着人类的自省与对生存欲求的控制。

前文字时代，原始歌谣与神话传说自不必说。即使是文字已产生的殷商时代也无所束缚，对天神无限崇拜的情况下还有武乙之辈敢于射天。周代初崇礼制，《诗经》中的郑风，依然用朴实的语言"饥者歌其食，劳者歌其事"，对大人君子做了无情的嘲讽，对男女爱情做了坦率的表白。屈原算是最有个性的骚客了，离骚者，罹忧也，他宣泄自己的愤懑，一吐心中块垒，全然没有"徵圣宗经"的意思。到了东周，诸侯坐大，天子权威逐渐名存实亡。诸侯异政，百家异说，分裂的政治局面为思想的活跃与言论的自由创造了客观条件。儒家传播仁义道德，道家蔑弃仁义道德，而纵横家干脆以利害关系取代仁义道德。面对旧秩序的破坏、旧制度的式微、频繁的兼并战争，诸子百家针对现实，提出了自成体系的救世良方。为了更有效地传播自己的学说，他们竞相探寻最为适切的表达方式与最美妙的语言技巧，从而形成了各自特有的审美情趣。[①] 因而文学也大放异彩。

---

① 资料引自 http://wenda.tianya.cn/question/575839bca05c573c.

二、文学的第二辉煌当推以建安文学为代表的文学时代。这一时期，纲纪松弛，文学自觉。作家因为身处乱世，社会动荡，政权更迭频繁，改朝换代的速度比翻书的速度还快，作家们既要适应战乱，又要适应改朝换代，一人前后属于两个朝代甚至三个朝代的情况很多见。乱世中文人胆小怕事，消极遁世。面对变幻莫测的政局，他们产生了悲观情绪，觉得人生是短暂的，生命倏忽易逝，"譬如朝露，去日苦多"。余秋雨说："知识分子总是不同寻常，他们总要在政治军事的折腾之后表现出长久的文化韧性。"余秋雨认为，改朝换代对于文人来讲，是一场生命浩劫，因为改朝换代必定是新的统治者推翻上一代统治者，正统思想使得文人总是同情被推翻的一方而鄙视造反之人，这种不合作的态度就容易使他们遭到新朝廷的杀戮。在政治的强势面前，文人往往如同没有壳的蚌一样孱弱，竹林七贤的自我麻醉式的、陶渊明的自我陶醉式的行为，实为消极避祸心态的一种表现。

三、唐代文学的繁荣与之前的文学繁荣有所不同。唐代前期国力强盛、经济繁荣，文化高度自信，思想上兼容并包，文化上中外融合。这样的大环境为文化的发展创造了极为有利的条件。开元盛世之后，安史之乱的灾祸空前，那种杀戮、破坏、颠沛流离、灾难深重的生活又展现在文人眼中。[①]大繁荣与大破坏都被唐代的人经历过了，之后跌跌撞撞地走到中唐。中唐人想恢复中兴，重新崛起，但最终没能振作，社会问题在平淡的局势中酝酿着，后来的藩镇割据、宦官专权与牛李党争，让帝国走向了不可挽回的崩溃。

所以说唐朝的历史发展轨迹是这样，有繁荣昌盛的一段，也有苦难落魄的一段，最后又归于平淡了。唐朝作者经历的历史相当丰富，

---

① 田蕊.唐代离别诗的意象研究［D］.吉林：延边大学硕士论文，2010.

这种丰富的历史并不是每一个朝代都能碰上的，丰富多彩的生活会给任何艺术提供丰厚的土壤，文学也是如此。正是因为人们经历得多了，感受也就多了，于是才想要把感受抒发出来，所以我们看到很多成功的艺术作品和文学作品。

唐朝的立国者是一个被鲜卑化了的汉人家族，他们对文化采取了宽容的态度，没有民族歧视心态，也不会认为夷狄之邦就不如中原。唐朝开国皇帝李渊的母亲姓独孤，唐太宗李世民的母亲姓纥豆陵，而唐太宗的皇后姓长孙，都是鲜卑族人的姓氏。不仅如此，这个家族长期居住在北方，而北方是胡汉文化融合的一个地带，自然也就受到胡族文化的影响。于是整个唐代广泛接受外来文化的影响，从唐人的文学艺术，再到他们的生活趣味，乃至风俗习惯上，都能够看出这种影响。那时候万邦来朝，唐人的习俗和风貌也受到各国各民族的影响。唐太宗说过："自古皆贵中华，贱夷狄，朕独爱之如一。"[①]

敦煌残本记载，唐朝民间举行婚礼的时候，主要仪式都在女方家里进行。《虢国夫人游春图》可以看出，唐朝女性有着很高的社会地位。唐朝崇尚武力，社会风气开放，武则天与太平公主皆很喜欢男装。唐朝社会风气的开放对文学题材的开拓、文学风格的多样化，都具有重要的意义。社会风气开放了，人们的创造力才会强，才会敢说话。唐朝几乎没有文字狱，文禁不严。比方说，唐明皇和杨贵妃之间的爱情故事这个唐代文人比较关注的题材。白居易以对其赞美的态度写下《长恨歌》，"天长地久有时尽，此恨绵绵无绝期"。他认为李杨是值得同情的，歌颂了这种生死不渝的爱情。而李商隐有一首《马嵬》，"如何四纪为天子，不及卢家有莫愁"，说可怜玄宗

---

① 韩大强.文大唐之音 和而不同——论唐代河南作家群体的文学特征及文学精神［J］.信阳师范学院学报（哲学社会科学版），2008（04）:10.

当了四十多年天子，杨贵妃都不能够像平常人家的女儿一样，享受爱情婚姻的幸福，带有批判性的态度。他认为唐明皇为了保全自己，在马嵬驿把杨贵妃勒死，这种帝妃之爱成了宫廷斗争的牺牲品。同样是唐代的两部作品，一个赞美，一个批判。而唐玄宗作为唐朝有相当影响力的统治者，他与杨贵妃的故事能够在本朝被人们按自己之观点演绎，写成文学作品，可见社会风气的开放程度。

宋朝洪迈在《容斋随笔》中讲，"唐人歌诗，其于先世及当时事，直词咏寄，略无隐避。至宫禁壁呢，非外间所应知者，皆反覆极言，而上之人亦不以为罪……今之诗人不敢尔也"。意思是说，唐朝的诗人，没有太多忌讳，想写什么就写什么，甚至是宫闱私生活，也可以畅谈，朝廷不会怪罪。"今之诗人"，当然是宋朝的诗人，他说我们这个朝代相比较而言，就难多了。

士人的人生信仰对文学也有重要的影响。唐代的世人对人生普遍持一种积极进取的态度。"宁为百夫长，不做一书生"，他们想的是，我要出来做官，我要为社会多做贡献，以此来实现我的人生抱负。因为唐朝国力强大，天下太平，为有真才实学的人出来做官提供了多条途径。科举、推荐，做官的机会多了，把大家的积极性都调动起来了。唐太宗曾经把一介布衣马周一下子提拔为宰相，朝廷真正做到了不拘一格降人才，贫寒却有远大抱负的子弟也能够进入官场，进入文坛。这个时候文人的队伍就发展壮大起来了。各种阶层的文人进入到文坛中去，使得文学创作摆脱了贵族化的狭小圈子，创作题材丰富了。唐朝文人的功名心特别重，很想建功立业。唐朝诗人里很少有没做过官的，不论做得成功与否。就连李白这样的人，可以说是唐代诗人里艺术才华最高的一个了，被称为"诗仙"。神仙是什么？神仙应该是淡泊名利、潇洒不羁的。但李白有自己的功名理想，他在诗歌里自比管仲、姜尚、谢安，要建立不朽的功业，再像范蠡一样功成身退。王昌龄的"黄沙百战穿金甲，不破楼兰终不还"，抒写大漠将军功垂青史的决心。祖咏的"少小虽非投笔吏，论功还欲请长缨"，说自己不是投笔从戎的班超，但是仍然有一腔创建边功的豪情。杜甫也有一番政治理想，"致君尧舜上，再使风俗淳"，想要通过自己的努力，辅佐君主建立尧舜时代那种安定的社会。由此看来，唐朝士人这种积极进取的人生观成就了文学中那种斗志昂扬的基调。

总之，唐人恢宏的胸怀气度与对待不同文化的兼容心态，造就出了唐代开放的社会环境，这种环境为文学提供了广阔的发展空间，如同暮春的阳光和雨露一样，滋养了雍容华贵的唐朝文学。

四、到了宋代，一方面，随着社会矛盾错综复杂和国家危机的日益深化，人们的苦闷和烦恼也越来越多，人们对人生的思考越发加深。他们有时感到世俗生活前所未有地令人幸福与满足；有时又备感人生世相的空虚与无奈。这便形成了宋代词人既热情又衰惫、既快意又苦闷、既满足又悲凉的复合型灵魂。因此，抒情特别深刻细腻、韵致特别婉转纤柔的"小词"，便被广大文人作者作为曲尽其情、表现其矛盾心理的最好语言工具。这种心理在宋代词篇中得到淋漓尽致的反映，其中又以恋情和人生虚无的情感为最多。到了苏辛，把诗的境界拓展到词，才走向了宏大。另一方面，宋朝对文化的控制很强，对文人的约束非常严密。就像苏轼，写了一句"根到九泉无曲处，世间惟有蛰龙知"。本来是写树根很直，但却被人硬说成是谋反，搞出个乌台诗案来。在这样一个社会中生活，必定会使得文人噤若寒蝉。有了忌讳，文学创作的整体水平当然上不去。

五、元杂剧与元散曲一起作为元代文学创作最高成就的标志，其繁荣兴盛的原因是多方面的。有诗词已难以逾越唐宋高峰的原因，也有市民阶层形成、需要休闲文化的原因，更有以蒙古族为代表的北方草原游牧文化和中原农业文化的冲突、交流、融合的影响的原因。蒙古族入主中原建立元朝后，民族大交流的特殊政治和历史背景，加上蒙古族的文化特质，形成了元代较宽松的思想政治等环境，客观上为元杂剧的创作提供了有利条件。

六、明清的小说是中国文学的又一高峰。明清战争历时大半个世纪，社会的动荡、国事的倾颓，严酷的现实让很多人被迫失去家园、土地，失去地位、身份，加上旱、涝、蝗、雹、风、沙等自然灾难，作家往往不得不与故乡、土地长期分离，不停地游走、迁徙、漂泊，使他们产生了浓重的异乡情结和生存焦虑。①

第一，因为不得不放弃闭关自守的想法，所以人格大奔放，产生了诸如《西游记》《东游记》（又叫《八仙过海》）之类的作品，产生了行者文化与侠客文化，比如行者悟空、行者武松，他们借助游走（时空转移）奔波来寻求个人出路。

第二，借助游历结构与漫游情节，拓展了小说的信息容量和搜奇述异功能。《水浒传》借助游历结构以贯通不同的叙事单元，串起了一百单八将。《西游记》八十一难充满了奇闻异谈，好奇逐异，宠宝信宝，什么袈裟锡杖、金箍棒、九齿钉耙、金刚镯、芭蕉扇、捆仙绳、宝珠、宝瓶、宝镜、仙草，不一而足。

第三，流氓暴力文化盛行，主人公身份危机。孙悟空没有父母，直立行走困难，拒绝对维护社会秩序做出承诺（从人类文化学的角度看，反映了人类早期的婚姻状况与从猿到人的过程）。《水浒传》活脱脱就是一部暴力美学的盛宴，赢者通吃，暴力至上。这个时代，"韦小宝"之类的痞子可以混得如鱼得水。

---

① 朱大可.酷语和秽语：流氓叙事的三大元素[J].南方文坛,2004（01）:15.

第四，相同的经历导致主题重复，为了避免人物类型化，必然走向典型化。恰如挪威作家哈姆逊在分析易卜生的"问题文学"时所说："人物形象如果太鲜明，就势必会变成一种性格象征，一种人物类型。"①故而千人千面，栩栩如生。

七、清代以降，文学样式主要集中在现实主义诗歌、小说流派的发展上了。

第五节　文学该怎样行走

谈文学最后必然要归结到作家对人的看法、作品对人的影响上。笔者希望文学首先是人学，希望文学能给人一双美丽的慧眼。希望文学思想能自由地闪光，能够架起不同文化、学科、人际间理解和沟通的桥梁；希望文学能让人们勤奋地工作、安静地思考；希望文学能排除现代人害怕、焦虑的障碍，重新找回自我价值。希望文学能关注现实生活，改进人类文化生态和人文环境，多关心人性、人道、民主、人类的前途和命运。

一、文学应当承担起文化整合的重任。归属感是防止社会整体滑落为唯我论的重要一环。民族或个人的唯我论会导致偏执狂与神志错乱，导致歪曲现实，生出仇恨，导致战争爆发与人类互相残杀。现在是一个知识专业化的时代，知识专业化带来的巨大好处可以深化知识的探索与科学的试验，成为发展的原动力。但恰恰也是因为知识之无限丰富与科技飞速发展，导致专业化的出现和深奥语汇的使用，人们的隔膜在加深。专业化在淘汰着大家共处、交流和产生团结友爱文化的基础。知识专业化导致碎片化，导致人类整体破碎

---

① 〔挪威〕易卜生.易卜生评论集［M］.外国文学与研究出版社，1982：63.

成单家独户，或者破碎成技术人员与专家的亚文化圈，语言、法规与日益专门化、片面化信息把人们禁锢在自我的小圈子里，一叶障目，不见泰山。科技已经难以完成文化整合的任务了，文学则不同，它过去、现在与将来都为人类经验的共同分母之一；通过这个分母，我们可以交流与对话，而不必管生计和生命的打算有多不同，不必管各自所处的地理与社会环境的差异有多大。

二、文学可以防止我们的愚蠢与偏见，防止排外主义、种族主义、政党或宗教的狭隘与短视，甚至民族沙文主义，等等。伟大之文学反复证明：全球各地男女应是平等的；男女间确定的种种歧视、束缚与剥削的形式欠缺公正。文学能让人们看清楚：因为种族与文化的不同，人类的遗产丰富多样；人们珍惜丰富性，因为它乃人类各种创造力的表现。阅读优秀作品可以让我们解颐；也可让我们用一种直接且强烈的方式学习，即通过联想体验的方式学习，通过我们的行动、梦想与想象，掌握我们是谁与怎么样，掌握我们独处与在和他人联系的关系框架中是谁与怎么样，在公开出场与隐秘的意识里，我们是谁与怎么样。借用以赛亚·柏林的话说，今天我们只能于文学中寻觅我们是谁与怎么样。在构成人类境遇复杂至极的真正矛盾总和中，只有文学如此全面与生动地展示关系人的知识，其他人文学科，如哲学、社会学、心理学、历史或艺术，都难维护这个整合的观念，因为在知识的病态分工与再分工难以抵抗的情形下，即使哲学、社会学、心理学、历史或艺术也不得不屈服于专业化的淫威，孤立在碎片化、技术化的园囿之上。这些学术语言早就超出了普通男女理解的范围了。然而文学虚构是通过想象来丰富大家的生活的，这种丰富不可能被肢解、被破碎、被压缩，丰富永不消失。①

---

① 〔秘鲁〕马·巴尔加斯·略萨.赵德明译.文学与人生[J].名作欣赏,2006（09）:01.

为此，马塞尔·普鲁斯特才断言："真正的生活，最终澄清与发现的生活，为此被充分体验的唯一生活，就是文学。"

三、文学沟通古今中外。文学在人们间建立友好联系，这一联系超越了时间的障碍，要求人们进行对话，让人们意识到大家有共同的本质，意识到大家都是同一精神家族的成员。文学让我们了解过去，让我们和过去时代的人们成为兄弟；而历史上的人创造了作品、享受了作品并把作品留给了我们；今天我们得以享受这些作品，产生美好的梦想。这一超越时空的集体归属感是人类文化的最可贵成就。

四、文学教人向往美好。当有人问博尔赫斯文学有什么用时，他很厌恶这个愚蠢的问题，于是回答说："没有人会问：金丝雀的叫声或日落的彩霞有什么用处！"的确，由于有了这些美好的事物，生活才不那么丑恶，不那么凄惨，哪怕只是一瞬，如果非要寻找实用性的理由，那岂不是心灵太粗鄙了？不同于鸟儿的啼叫或者彩霞，文学是人类独创出来的，它诞生于意识深处，通过和潜意识协调的力量表现感觉与激情，给人类提供文学延续漫长时间的理由。文学如同飘忽不定的幽灵，作家利用话语，给幽灵赋予外形、肉体、动作、韵律、和谐与生命。这是用语言与想象力制造出来的人工生活，它和另外一种实在的生活共处，两者早在远古时代就和平共处，男男女女都求助于这一想象的生活。

五、文学让语言的掌握更为精细。无论何种艺术分支、学科，都不能代替文学在培养语言交往能力中的作用。人们通过优秀的文学，也必须通过优秀的文学，才能学会正确、深入、严谨与细致地讲话。想象一个没有文学的世界，想象一个不读诗歌与小说的群体。在那不会写字的文明里，在那小人国式的词汇文明中，可能压倒性话语是嘟嘟囔囔的声音与猴子般比比画画的手势，没有什么堂吉诃德式的、卡夫卡式的、乔治·奥威尔式的文学形容词。在那种文明里，会有疯子，会有偏执狂患者，会有因为受迫害而神经错乱的人，也还会有欲望超常、行为放肆的人，无疑也会有以受苦或制造痛苦为乐的两足直立动物。

六、文学为不妥协的精神供给营养，文学庇护那些生活中感到缺乏的人、不幸的人、感到不完美的人和理想无法实现的人。文学把我们从时间与历史的河流中拉了出来，变成一个没有时间概念、不朽国度里的公民。在其中，我们成了另外的人，我们显得更紧张、更富有、更复杂、更幸福、更清醒。小说梦想的生活比起我们醒来时的生活要好得多，要美得多、丰富得多，也更加完美。一旦我们合上文学作品时，幻想又离我们而去，我们又被拉回到了常规生活中。现实结果是如此令人沮丧！原来我们处于被限制的有缺憾的环境中！从这个意义来说，优秀文学永远具有煽动性，是不屈不挠的，是制造混乱的，文学本身并非有意挑战存在的一切，甚至没有这样的意识。文学对人类最大的贡献或许是它提醒我们，即便这个世界浑身有病，现实多存卑劣，处处设限，处处腐蚀我们的理想，道貌岸然的人在撒谎，但这个世界是可以改善的。

七、在塑造公民品性人格方面，文学可谓功不可没（当然话分两说，优秀的文学在暂时安抚人们不满情绪的同时，也能让人们更加适应不幸）。一个民主、自由的社会需要有责任感与批评精神的公民。文学让我们经常审视我们生活的世界，让这个世界往我们向往的世界靠拢，尽管这永远是不切实际的，但这种执拗的精神执拗地追梦，对于培育有批评精神、不被他人操纵、善于独立思考、永远斗志昂扬和想象力丰富的公民，具有重要作用。优美的文学作品会让读者产生一种警觉，警惕现实世界的缺点与问题，但这并非意味着文学作品会煽动社会动乱。当然，这也不是说文学没有效果，难以确认并不意味着它不存在，而是意味着效果产生的方式是间接的、多样的、滞后的，是通过公民的举止与行动产生的，鲁迅也曾想过用文学来改造国民性格。

八、文学的美好让我们对生活感到不满，促使人们思考和社会进步。如果没有对生活的不满，没有对生活的平庸和肮脏的反叛，人类可能还处于原始阶段呢！面对匮乏和无法忍受的生活，如我们屈服，历史可能还停滞不前，个性还没有诞生，科学与技术还没有起步，人权也还没有得到认可，自由也当然不存在。文学就像固执地寻找三条腿的猫，尽管明明知道猫有四条腿；就是自寻烦恼也要以某种方式展开。

九、文学让我们短时间内模拟体验了丰富的人生，让我们更趋于成熟。

堂吉诃德甫一出现，最早的读者都嘲笑这位古怪的幻想家，态度跟小说中其他人物一样。而今，我们方才知道，这位愁容骑士以近乎天真的执着和热情，看似可笑地孜孜不倦于磨房发现巨人与种种蛮干之举，竟然是针对这个苦难世界的一种抗议方式，是试图改变现实世界的一种尝试，是宽宏、豪爽的最高级形式。这样诠释理想与理想主义，不得不让人肃然起敬。

爱玛·包法利是一个讲实际、穿裙子的小堂吉诃德。她狂热地为体验那灿烂、充满激情与奢靡的生活而斗争，她通过阅读小说知道有那种生活，又像蝴蝶那样由于过分接近火焰而自焚。她带我们去周游幻想世界的同时，又让我们睁眼看人性中的陌生方面与秘密，武装我们头脑去探索与理解人性心灵深处的奥秘。

我们一提起"博尔赫斯式"，就立刻疏远了平庸与理性的现实，随即进入一个幻想、严谨与优美的精神状态。每当我们看到手无寸铁的个体被那些机器压迫威胁时，卡夫卡式形容词就会很自然地进入心中，如同老式照相机的拉杆闪光一样，想到给当时世界造成如此多痛苦、不公与滥施淫威的机器来源于独裁专制政权、无情的教会。如果没有这位生活在布拉格的总是处于窥伺状态、备受折磨的、用德语写作的犹太作家的长、短篇小说，我们就不太可能清醒地理解，孤立个人或被歧视、被迫害的少数民族面对独裁专制政权时何其软弱与无自卫能力，因为独裁专制政权随时可以把他们碾成齑粉，让他们像落叶一样消殒，而刽子手们连脸都不用露。乔治·奥威尔影射了 20 世纪独裁专制政权最极端、残酷与全面的专政，控制着社会成员的行为、思想活动乃至梦呓。他在长篇小说《一九八四》中，用冰冷与梦魇般的笔墨，描写了一个屈服于"老大哥"的电幕控制下的群体。"老大哥"是个专制型老爷，他通过恐怖政策和现代科技的有效结合，消灭了自由、自愿与平等。在他治下的世界里，总有些人比别人"平等"；他把社会变成了人类自动化的蜂房，人们都按机器人那样被设定了程序。不但行为要服从政权的设计，而且语言也得以净化，清除掉各种个人主义色彩，清除掉各种发明与主观色彩，语言被改造成一串串无人称的八股套话，这更加重了制度对个人的劳役。既然个人和这个没有自主权、也没有自我的生活群体相连，既然个人是这个从摇篮到坟墓都被"奥威尔式"的噩梦政权操纵的群体成员，那么谈个人还有何意义？《一九八四》中可怕的预言没有化作历史现实，如同法西斯纳粹的专制主义覆灭一样。但"奥威尔现象"这个词依旧鲜活地存在，仿佛提示人们：文明经受过一次最具破坏性的社会政治体验，而正是乔治·奥威尔的小说帮助我们理解了这政治体验的深层结构。

十、文学让我们首先探究人类现象的深渊，首先发现了人类身上具有毁灭与自我毁灭的可怕力量。一个没有文学的世界极可能看不到人类异常行为举止的可怕之处。一个没有文学的世界有可能非常不公正地对待别样的文化、世界。没有文学的世界是没有教养的世界，野蛮的世界，缺乏感情、笨嘴笨舌的世界，无知、愚昧的世界，没有激情与爱情的世界，可被描写成噩梦般的世界。没有文学的世界简直就是个动物世界。①

十一、文学让我们的心灵变得柔软。文学是咱们发明的一种狡猾的方式，目的是自我满足与陶醉，因为那强迫我们永远是一个老样子的不公道的生活侮辱与伤害了我们，因为我们想变得多样，要多到足以安抚我们心中火热的欲望。②

思考：

1. 文学史的经验给了我们什么启示？

2. 人的文学有哪些基本内容？

3. 从作家创作的角度，怎样理解文学是人学？

4. 文学来源于哪里？

5. 文学该往何处去？

6. 辉煌文学旧路给我们的启示有哪些？

7. 按照本书的理解，理想的文学是什么样子的？

---

① 〔秘鲁〕马·巴尔加斯·略萨. 赵德明译. 文学与人生 [J]. 名作欣赏,2006（09）:01.
② 同上。

第二章　人的文学对写作的影响

　　人的情感是写作的生命，面对我们生命的内在需要，发现感动乃是写作原创的心理前提，深度感动联系着我们的生命心理环境，它能持续强化写作信念与写作事业心。我们应该把文学还原到文化背景中去做整体性考察，在文学之外的有关"人"的理论中去寻找文学变革的理论动力。我们须重视写作人的能力训练，尊重人内省的倾向和自由的天性，进行非构思写作。

　　人的文学要求我们重视人，重视人的情感，重视到"人"的理论中寻找文学变革的动力，重视实际状态下的写作思维。

第一节　情感是写作的生命

　　人的文学启示我们，写作教学最重要的是关注人，关注人的情感体验，关注那种深彻到我们生命记忆和原初感动的人生经验积累以及由此生发的写作动力。文学表现的是情感，帮助写作的最好手段便是丰富情感。情感是写作的发动机，奠定了写作的心理基础，同时，情感也给作者良好的语言感觉，增强作者的感受力，让写作者的感觉变得敏锐起来，而人的感官对有特点的细节的把握能让局部更好地表现整体。

一、"多愁善感"是作家的基本心理素质。他们的心思比较细腻，具有对作品人物移情共情的能力。故而多愁善感异常重要，因为这有利于对情感的准确把握。

比如托尔斯泰对《复活》中马斯洛娃的肖像修改了二十多次，因为他要忠于内心的情感。第一次，托尔斯泰片面地强调了她的妓女身份，把丑作为其主要特征："她是一个瘦削而丑陋的女人，她所以丑陋，是因为她那个塌鼻子。"在以后的修改中，托尔斯泰还写了她"脸上带着堕落的痕迹"。但这样写，既不符合她曾吸引聂赫留朵夫的动人容颜，也不能表现出托尔斯泰对这个备受欺凌的半农奴的同情和惋惜。因此，后来托尔斯泰在改稿时强调了他对她的同情，着重把纯洁的美作为主要感受特征："她一头黑发梳成一条光滑的大辫子，有一对不大的但是显得异乎寻常的发亮的眼睛，颊上一片红晕。主要的是她浑身烙上了纯洁无辜的印记。"托尔斯泰反复推敲，有时改成"美的前额，卷曲的黑发，匀正的鼻子，在两条平直的眉毛下面有一双秀丽的眼睛"。有时又写成："长着一张使男人见了不得不回头看一下的富于迷惑力的脸。"这又过分强调了美，而忽略了妓女生涯对她精神上、肉体上的摧残，同时又不能表现作家对这种堕落生活的厌恶和惋惜。经过二十余次修改，托尔斯泰才比较准确地把握了主要特征和主要感受，最后他写道："那个女人……头上扎着一块白头巾，分明故意让几绺卷曲的黑头发从头巾里滑下来。"这就点出了她卖笑生涯的痕迹，即使身为囚犯也还看得出来。作家的厌恶默默地流露出来，下面接着写："那个女人整个脸上现出长期幽禁的人们脸上那种特别惨白的颜色。使人联想到地窖里马铃薯的嫩芽。……她的眼睛显得很黑，很亮，稍稍有点浮肿，可是非常有生气，其中有一只眼睛略为带点斜睨的眼神。她把身子站得笔直，挺起丰满的胸脯。"

这就写出了客观上美与丑的混合，感情上痛惜和厌恶的混合，不但符合她当前的身份和过去的特殊经历，而且表达了托尔斯泰对她的特殊理解和同情。这样，作家的感受就相当准确了。

二、良好的感觉需要有准备的头脑。

感知是情感的基础和刺激物，对情感的把握不可能一蹴而就，需要有意识地训练。一个有相关学科知识背景的人往往比一般人看到的更多，感觉到的更多。刑侦专家能让脚印"说话"，能判断出人的大致性别、身高、体重、年龄等信息，普通人不能。刑侦人员能判断出来人大致死亡的时间和死亡原因，未经训练的普通人则不行。一般人只知药有颜色，业内人士会知道得更细。我国生产的抗菌、消炎药物糖衣为黄色；镇静、镇痛、降压类药物的糖衣为蓝色或者绿色；滋补类药物的糖衣为咖啡色或红色；消咳、止咳、化痰类药物糖衣为白色。一般的人就知道看价格买水泥，内行的人可以通过标号信息知道水泥带 R 为早强水泥，带 p.o 为普通硅酸盐水泥。更专业的人甚至可以通过生产车间烟囱的烟来判断质量的稳定性、可靠性。为什么行业内的人比外行能获知更多的信息？训练之故也。作家理当有着一般人不具备的洞察力。从这个意义上说，每个伟大的作家都是个性鉴别家，都是博物学家。

三、文学的情感是变异了的情感，是作者借助想象而产生的独特心理感觉。

在小说中，一切情感的变异性和统一性都是从性格开始的。性格使宿命因果走向情感因果。性格就是选择，性格使各个部分的情节不再按照时空序列相关联，生活被迫重新组合，情感呈有机联系。小说由于因果链的作用，形象突出，完整性空前地提高。因果性是一种自洽的封闭系统，原因和结果背离就是情节，因果链以外的都为形式的统一性所不容，在情节中都将成为赘疣，而在因果链以内的任何重复部分都因注意松懈而被省略。这样，小说的审美规范就在一条线索上凝聚了起来。

在诗歌散文中同样存在情感的变异与逻辑链。

苏东坡在词中说："我欲乘风归去，又恐琼楼玉宇，高处不胜寒。"他想到天上去，但又怕月亮里的琼楼玉宇太寒冷。实际上这不是寒冷的问题，此番想象，并不因为苏东坡没有理性而失去文学价值。因为文学想象就是让客观对象的形态性质发生变异，使之和主体之间的关系发生变异，有了这种变异，感情才能渗透进去。比如"晓来谁染霜林醉，都是离人泪"，枫叶为什么红啊？是妻子别离的眼泪染的，这不仅是性质的改变，性状变了，就连逻辑和因果关系都变了。本来枫叶红是花青素的作用，是秋天气候的作用，可作者却说是由于悲伤的眼泪和心理的痛苦造成的，这种出奇制胜让诗句得以千古流传。这便是情感想象的奇效。

衡量想象的成功与否，关键在于联想的渠道是否顺畅。联想即由此物想到彼物的心理过程。联想的要点是近和似，联想遵循相似、相近、相反定律，因果联想让联想流畅，而流畅的联想是作家成功的起码条件，是读者能否还原作家情感的关键。

（一）相似联想：根据相类似的特征把不同的事物或现象联系起来。 如，杜牧《山行》："停车坐爱枫林晚，霜叶红于二月花"，由霜叶联想到春花，主要基于秋天的枫叶与二月的春花在颜色上相似。云鹤的《野生植物》："有叶，没有茎；有茎，没有根；有根，却没有泥土，那是一种野生植物，名字叫'游子'。"游子和野生植物在外形上并没有什么相似的地方，但其神，那种"无根""无土"的背井离乡的漂流本质却是相似的。诗人通过奇异的想象，写出了海外游子的思乡之情，感伤之意。又如《绿》中写道："那醉人的绿呀！我若能裁你以为带，我将赠给那轻盈的舞女；她必能临风飘举了。

我若能挹你以为眼,我将赠给那善歌的盲妹;她必明眸善睐了。""带"与"眼"分别显示舞女与盲妹的活力,人们又爱把"绿"视为生命的象征,形态与特征具有一定的相似性,作者巧由潭的绿波颤动,联想到"带"的飘举和"眼"的流转。这样的联想因相似传导顺畅而自然、优美、精巧。我们在写寓情于景或具象征意味的作文时,通过相似联想,便很容易完成由物及人的思维过渡。再如,"梨花一枝春带雨"显然比"玫瑰一枝春带雨"更好,因为梨花是白的,女人哭和苍白有关;玫瑰带雨,红红的色彩和眼泪的悲凉缺乏相似性,联想不畅;桃花带雨也不行,因为桃花艳丽,也很难和悲哀联系起来。

(二)相近联想:事物、现象等因时间、空间上的位置相近,或某种关系上的相近而产生的联想。如由火想到热,由兄想到弟。我们可以说"红杏枝头春意闹",却不可以说"白杨枝头春意闹"。因为红为热色,由红而热,由热而闹,是相近联想所能贯通的,白却很难让人想到春意的"热"和"闹"。《谁是最可爱的人》中有段文字:"亲爱的朋友们,当你坐上早晨第一列电车走向工厂时,当你扛着犁耙走向田野的时候,当你喝完一杯豆浆,提着书包走向学校的时候,当你坐在办公室前开始这一天工作的时候……朋友,你是否意识到你在幸福之中呢?"这一组排比句写的事情都发生在清晨,是因时间相同而生发的联想。李白《清平调》:"云想衣裳花想容",云和衣裳由质地纹彩、花与容貌由形状色泽而产生相似联想;但"云想衣裳"和"花想容"这二者却是在对美的追求这一关系点上产生相近联想,当然从衣裳到容貌也有一定关系相近之处。又如《藤野先生》一文的结尾:"只有他的照相至今还挂在我北京寓居的东墙上,书桌对面。每当夜间疲倦,正想偷懒时,仰面在灯光中瞥见他黑瘦的面貌,似乎正要说出抑扬顿挫的话来,便使我忽又良心发现,而且增加勇气了,于是点上一支烟,再继续写些为'正人君子'之流所深恶痛疾的文字。"

鲁迅从看到"照相"想到"抑扬顿挫的话",这是由照片与说话者皆为藤野引起的接近联想,借以抒写自己对恩师的敬爱,恩师对自己的激励。

(三)相反联想:如果说,相似、相近联想的思维逻辑特点是同向为主的话,那么相反联想则以事物、现象等的性质、方位、形态上的对立相悖为其特点。譬如《从百草园到三味书屋》用充满无限乐趣、令人无限向往的百草园反想到枯燥乏味的三味书屋。相反联想的方面很多,几乎所有强调情境变迁的习作都用得上。最典型的范例莫过于闻一多的《死水》:"也许铜底要绿成翡翠,铁罐上锈出几瓣桃花:再让油腻织一层罗绮霉菌给他蒸出些云霞。"从铜绿、铁锈想到翡翠、桃花,从油腻、霉菌想到罗绮、云霞,最丑和最美的物象由这一相反的思维逻辑而联想到一起。

(四)因果联想:因果联想是由原因想到结果,或由结果想到原因的联想方式。像由"春风"想到"花开""一叶落"而想到"天下秋"。正因为想象有这样的联想程序,其运思过程就有一定的逻辑可寻。这种规律、程序的衔接是相当严谨的,若有不适就会导致想象混乱。

《荔枝蜜》就用了因果联想的写法:"小时候有一回上树掐海棠花,不想叫蜜蜂螫了一下,痛得我差点跌下来。""从此以后,每逢看见蜜蜂,感情上疙疙瘩瘩的,总不怎么舒服。"后来是因为喝了"忙得忘记早晚"的蜜蜂酿造的荔枝蜜,才"觉得生活都是甜的呢";是由于了解蜜蜂用短促的一生"为人类酿造最甜的生活",就像辛勤的农民"为后世子孙酿造生活的蜜"一样,所以"我"才由讨厌蜜蜂,到"梦见自己变成一只小蜜蜂"。作者以此组织材料,达到了较好的表达效果。我们在作文中常要叙述一些和自己喜、怒、哀、乐相关的人和事,如果能运用因果联想进行展开,相信也能取得很好的效果。

第二节　人的情感体验与写作

　　柏拉图认为，艺术家就像旋转镜子的人，"拿一面镜子四面八方地旋转，你就会造出太阳、星辰、大地和你自己"。文学家亦是如此。在整个社会人群中，文人对社会最为敏感，确切地说，作家最为敏感。也正因为如此，确认自我存在状态的欲求比其他社会成员要强烈得多，急切得多，其强烈的情感体验创造着文学。一切文学体裁必须保持情绪的真实。反过来，文学也丰富了人的情感。或者说，文学创作让人的情感更细腻、更丰富。文学乃人类情感与精神生活的创造性表现。古罗马的朗吉弩斯在《论崇高》中曾写道："那些巨大的激烈情感，如果没有理智的控制而任其为自己盲目、轻率的冲动所操纵，那就会像只没有压舱石而漂流不定的船那样陷入危险。它们每每需要鞭子，但亦需要缰绳。"确实，情感一方面构成了真正的中心，而另一方面文学创作确定的情感必须不仅是文学家自己所意识到的与受感动的，只有那些使阅读者也甚为动容的情感体验，才能成为震撼或抚慰阅读者心灵的内在力量。正如贝多芬所言：只有发自内心的才能进入内心；人是有情感的，人类感情除了大家所熟悉的喜怒哀乐外，尚有很多同艺术世界关系密切的情感，如：孤独、惆怅、压抑、空旷、悲壮、崇高、神圣、庄严、荒寒、淡远、宁静、凄清与敬畏等。[①]

　　文学创作要求具有独立人格、情感丰富，作家必须运用独特思维与技能去表现人类丰富的感情。作文就是写作者生命历程的记录，

---

　　① 张宝萍.艺术家的情感因素与艺术创作的关系［J］.时代文学（下半月），2008（04）:15.

是一种私人化活动，它离不开写作者自身对生活的体验、感悟与思考。难怪周国平在谈到写作时这样说："对于我来说，人类历史上任何一部不朽之作都只是在某些时辰进入我的生命，唯有我自己的易朽的作品才和我终生相伴。我不企求身后的不朽。在我有生之年，我的文字陪伴着我，唤回我的记忆，沟通我的岁月，这就够了，这就是我唯一可以把握的永恒。"①

　　写作是生命本真体验的一种自然流露，感动自己的方有可能感动别人。有体验不一定能写出好文章；没有体验，绝对写不出好文章，即便是写了文章，也表达不了真情实感。所以，回到生活中去，在生活体验中实现生命的自我提升，自主作文，方能催化个体言语生命的成长。生活是体验的源头活水，感受生活、深入体验生活是行文的重要步骤。面对朱自清《春》的学习，不妨把学生带到户外，让他们沉浸在春色里，加入到享受春天的队伍中，或者干脆躺在草地上，感受小草的柔软。此时，春风拂面，轻轻的，暖暖的，看着那草地上跑跳的、踢球的、赛跑的、捉迷藏的孩子们，自己也似乎忘记了自我，要睡了，要醉了……这就是古人所说"我与文化，文与我化"的境界。哪怕最蹩脚的老师在如诗如画的环境中，在细雨下、微风里教学生体会杏花春雨江南，在蓝天里、鸽哨中寻觅诗的踪迹，比起最优秀的老师教这样那样的写作方法或让学生冥思苦想要更高明。让写作者参与生活，主动经历与体验，写作者才会关注、热爱生活，发现生活的丰富多彩，做生活的有心人。

　　体验是表达的前提与基础，只有拥有了丰富的体验，拥有澎湃的激情，才能有表达的欲望，作文才能一吐为快。表达的背后是体验，是思想。写作实践经验告诉我们，写作主体于体验中方能有更好的

---

①　陈筝.作文因体验而精彩［J］.时代教育，2014（11）:23.

表达。朱光潜指出："画家想象竹子时，要连着线条、颜色、阴影一起想；诗人想象竹子时，要连着字的声音与意义一起想；音乐家想竹子时，要连着音调、节奏一起想，依次类推。……由创造到传达，并不是由甲阶段走向一个与甲完全不同、不相干的乙阶段。创造一个意向时，对于如何将该意向传达出来，心里已经多少有些眉目了。"这段话告诉我们，体验时既有内容要素，又有形式要素。内容是前提，内容包蕴并指引着形式。从这点来看，应试作文教学只重视技巧、技能之训练是不符合作文教学规律的，尽管这样做可以在短时间内提高学生作文分数，但因没有了内心体验，"皮之不存，毛将焉附？"

朱小蔓说："人的体验对于人的存在、人的自我生命的升华、人的精神的解放具有十分重要的意义。"作文需要诱发生成文章的人，即写作者的情绪状态。写作教学应在面对学生生命内在需要时，及时引导学生打开自己的内心世界，真诚而又自然地表达自己的体验、感受与思考，抒发自我的情感，并在这一自我表达过程中，正确认识自己与分析自己，调整自己的心态与情绪，提升自己的精神境界。[①]

世界精彩纷呈，生活五彩斑斓，但体验从来不会主动撞上学生。体验是非常个性化的东西，这种生活换成别人是感受不到的，学生沉入内在的、流动的精神世界，形成独特的情感色彩与个性色彩，这恰恰是文学出彩的地方。所以作文应当重视体验式教学，重视学生思想积累、情感体验积累与语言积累。不投入情感，再丰富的生活也难以进入我们内心世界。所以关注学生的情感体验，引导学生进行情感体验，就进入了缪斯的殿堂。一叶而知秋，当学生伴随着浓浓的情感去体验生活时，他们可能会形成多种情感体验：也许一次小小的打击他们就会觉得天快塌下来了；看到月缺花残也会有青

---

① 杨会敏．体验式作文教学研究［D］．山东：山东师范大学硕士论文，2004.

春的莫名感伤，甚而至于产生无意义、无价值感或幻灭感；一个微笑也激动，一种消亡也神伤；面对辽阔的大海、灿烂的星空，顿生渺小之感；静听时钟滴答、心跳律动，感叹生命的流逝……就算有点夸张，却也符合文学的逻辑。总之，情感是体验的出发点，写作主体总是从自己的命运和遭遇，从内心的全部情感积累与先在感受出发去体验，去揭示生命的意蕴；而体验的最后归属也是情感，体验的结果又常是一种新的更深刻的把握了生命律动的情感生成。

语言本身就是外化了的情感体验。池田大作说："每一句话都有一颗心在。"言语背后是思维，思维背后是情感。角色体验、文本迁移、原型启发、意象转换写作都是情感唤醒和体验触发的好方法，阅读更是语言积累的重要方式之一。《红楼梦》中林黛玉教香菱学诗，就是阅读体验的最好例证。学习写作就要广泛涉猎，要"设身处地地投入"，要"入乎其内"，把自己摆进去。绝不能"隔岸观火"，要"在一刹那间和这个人物打成一片"，"唯有与人物打成一片，才会使我得到绝对"。

在广泛涉猎和精读的基础上，学生就能获得思想、情感上的体验。正是因为作品本身有意义、有思想、有情感，学生多读、多思，才有了丰富的阅读体验、生活体验，有了思想、情感、语言的积淀，才能催动他们去释放自己的高昂情绪，一浇胸中块垒。作文便不再是空话、套话，而是闪耀着思想光辉的，涌动着真挚情感的，作文语言便不再苍白无力，而是充满了生命的质感。

第三节　写作人的高峰体验

"高峰体验"是美国心理学家马斯洛提出来的心理学概念，他认为人人的心理活动中都有过高峰体验。例如"来自女性的自然分娩与对孩子的慈爱，来自和大自然的交融（比如海滩、森林、群山等），来自某种体育运动，来自翩翩起舞时"，特别是"来自创造冲动与创造激情（伟大的灵感），来自意义重大的顿悟与发现"。总之，这是一种"近乎神秘的体验"，是一种"可能转瞬即逝的极度强烈的幸福感，或甚至是欣喜若狂、如醉如痴、欢乐至极的感觉"（《人的潜能和价值》）。笔者曾在 2003 年第一次体会到类似的极致高峰体验，当时我正在创作长篇叙事诗《故乡河》，沉醉了一个星期之久。那几天，我感觉到即使不施行麻醉，割自己的一块肉也不会有疼痛之感。高峰体验是人的潜能发挥最好的心理状态。

文学写作要讲心境，当文学写作高峰体验到来时，作者高度入神，处于最佳心理状态，这时最为集中地勃发出他的"创造冲动与创造激情"。这种高峰体验有三个特征：

（一）自由感。这种自由指的是其不被外界所干扰和左右，也包括潜意识不被限制。"意志力的干涉似乎只能抑制高峰体验。"（马斯洛《人的潜能与价值》）写作作为一种精神劳动，固然够累够紧张，但作者心情却应是自由的、自如的、放松的。故而马斯洛得出结论："当你们能够善于几近被动地感受时，或当你们抱有信赖感、臣服感抑或道家那种对万事万物随其自然、不加干涉的态度时，你们便处在了最易于形成这种体验的精神状态。"

的确，写作心理往往脆弱、敏感，必须在十分宁静与自如的条件下才能得到保障与保持。假如受到干扰与强制，作者一败兴，就不得不辍笔了。所以作家要么是夜猫子，要么在无人打扰的白天躲到幽僻之处。从这个角度说，文学是孤独浇灌的花朵。优厚的物质条件、各种名利往往都是毒药，让作者难有宁静、自由的心理。作者只有有了心灵的自由，他才能够畅快地写。一旦各种神经元活跃起来，联系起来，各种意识与无意识出入、碰撞，作者的情感、思维、联想便畅行无阻，于是就进入了无为而无不为的写作境界。必须指出的是，身体上的不自由不等于心灵上的不自由。故而琼斯、艾青与方志敏能在监狱里写，海明威能用一只脚站着写，爱尔兰作家布朗先天瘫痪，却写出了《我的左脚》等多部小说。

（二）幸福感。做自己喜欢做的事情，用自己喜欢的方式去做，就容易神情贯注、专心致志、全身心投入；创作达到高峰体验时，写作成了作家的优势兴奋中心，其余一切全部被抑制了。往往伏案一坐，废寝忘食。一旦进入角色，他就成了那个角色。王国维说："入乎其内，故能写之。"此时的写作，有点类似郭沫若趴在日本公园里，赤身裸体要感受祖国母亲的心跳一般。这是一种极度的高峰体验。

心理全部投入，主要指的是情感投入。这时，作者完全为作品左右，甚至出现癫狂的状态。比如福楼拜写包法利夫人服毒时，他的口里亦有了砒霜味，并且感到要呕吐。果戈理写《死魂灵》中泼留希金的花园那一章时，据说"得意扬扬"，"心情非常快活"，一下子跑到附近一个花园去，边舞边唱，连手里的遮阳伞只剩下个伞柄，他依然拣起折断的部分，又接着唱。"这就是艺术家的感情得到满足后的反应。"安年科夫（《一八四一年夏天果戈理在罗马》）写作到了高峰体验之时，情感得到痛快淋漓的抒泄，"痛苦的与不愉快的激情"便会"转化为相反的激情"，这种"复杂的情感转化"就是审美反应的"净化"（维戈茨基《艺术心理学》）。于是，作者"沉浸在一片纯净而完善的幸福之中"，强烈的幸福感便产生了。

（三）最佳状态感。心灵自由，审美沉醉，身心的最佳状态让作者思若泉涌。此时，作者情绪饱满，思接千载，神游万仞，无意识的闸门洞开，其全部聪明才智都集中到了写作上。于是，他豁然开朗，左右逢源，灵感如注，精骛八极，很有力量感和把控感，创造那激动人心的时刻就来到了。

对艺术创作中产生的"高峰体验",王一川做过这样的描述:"人仿佛处于自身潜能、力量的高峰,能'充分发挥作用'。"他觉得这时的自己比任何时候更敏感、更聪明、更有才智、更强有力、更优美。他觉得自己是独一无二的实体,是不可重复的"我"……他甚至觉得自己就是"上帝"。高峰体验意味着自我实现的人正在生成。

作家王朔也深有体会:"其实我这个人日常生活中没有那么聪明,也没有那么机智,但我一旦进入到写作状态,就会比平常聪明数倍,似乎一种潜在的能力也得到了发挥。我可以在这种状态中自我陶醉,或者说这种状况使我个人魅力能够充分展示。"(见《瞭望》1993年第8期)这间接地说明了高峰体验是开发写作潜能的最佳方式。

心理学家奥托以为,"一般健康人只运用了自身潜能的极小一部分","一个人所发挥出来的能力,可能只占他全部能力的百分之四"。由此可见,对文学创作者而言,潜力几乎是无限的,所谓在高峰体验中得到"最好的"或"最大的"发挥,仅指"才华横溢""脱颖而出"而言,并不意味着达到了极限。在马斯洛看来,高峰体验是一种潜能的"自我实现",那心理的幸福感和自由感是窥见真理时的一种替代性满足。茹志鹃在谈及自己的创作经历时说:"我在写每一篇东西之时,哪怕是一篇短的散文,我都在调动着我的一切储备。好像这篇写完后,别的东西不准备写了似的。的确,我在写每一篇东西之时,我都翻箱倒柜,用上所有的储备,哪怕并不是用在文字上。"(《漫谈我的创作经历》)这里说的不单是材料、语言等"物质",还应包括所有的创造能力,故高峰体验中的"自我实现"是一个自觉的过程。潜能发挥受阻、受制,写作必为一种受苦;潜能发挥畅达、无碍,也给文学作者带来高峰体验那无比的痛快和幸福。

既然高峰体验如此妙不可言,那么,我们怎样才能进入高峰体验的最佳心理状态呢？文学写作的高峰体验又要具备怎样的条件呢？

（一）虚静。"虚静"乃一种清纯的心境。庄子把"虚静"作为"天地之本""道德之至"，从而让人达到"天乐"的精神境界（《庄子·天道》）。如何做到"虚静"？庄子以为，那就必须去掉诸如富贵、名利、荣华、姿色等精神枷锁，惟其如此，"胸中则正，正则静，静则明，明则虚，虚则无为而无不为也"（《庄子·庚桑楚》）。

（二）非功利。文学写作乃为一种美的追求，而审美与功利是无缘的。因此，作者就势必"胸正""虚静"，进入无功利的心理状态，方能进入文学审美境界。假如在文学创作之时，作者满脑浮躁之气，执着于尘世的名利、得失，那势必离开了美的基础，也就无法真正写作了。鲁迅小说《幸福的家庭》里那位作者，当他正"欲构思'幸福的家庭'时，劈柴之声，白菜讲价，孩子挨打，太太唠叨，使他静不下心来，最后只有将纸团用力地掷在纸篓里"，剩下一个孤零零的题目。他连写作都不能够了，焉能有高峰体验？女作家何玉茹也说："我一直努力地让自己做一件事，即在喧闹的世界保持一个沉静的心境。我想，也许唯此才可以得到追忆往事的愉悦，才能透视当代人与人之间的真实，唯此才可以预想人类情感的真实发展。"在论述高峰体验时，马斯洛认为"自我实现"体验是一个"无我"的境界。当作者进入"无我""物我两忘"的境界时，他就能沉入作品中去，去与人物同呼吸、共命运，探寻文学之美了。此时，他非常自由与幸福，因而他也就享受高峰体验了。

（三）心理整合。马斯洛认为，"高峰体验也是整合过的与整合着的体验"，高峰体验有赖于心理整合的能力，一切艺术、文学的创造力就是"整合的创造力"（《人的潜能和价值》）。心理整合就是作者诸多心理功能处于开放状态、形成心理贯通的局面。这要求作者在"非功利"与"无我"的前提下，放开所有心理通道，摒弃心理定势，神思浩渺，"什么都可以想，又什么都可以不想"，多种思维一通，辐射、收束、联结、逆反，形象思维、逻辑思维与灵感思维"我中有你，你中有我"。让想象飞越，让表象自由搭配和组合；让情感自由流泻，需汹涌则汹涌，需缠绵则缠绵，自由、自如、自在。由于心理功能开放、贯通，作者的意识无碍，又由于优势兴奋中心的汇集，因而顿悟着、神会着，心理整合的创造就发生了。这就像普希金描述的"情思汹涌"；"幻想的成果纷纷向我涌来"，"思想汹涌澎湃，轻快的韵律迎着它飞奔而来，我的手不由得拿起笔，奔赴指尖，转瞬之间，一行行诗歌流泻得飞快"。

心理整合必须顺应"原初创造力"，其乃本来的、已有的心理和能力。同时，必须开发、发展"二级创造力"，其为后来的、继发的心理和能力。文学写作事实表明：作者不能故步自封，也不能重起炉灶，写作中唯有顺应属于自己天性的心理和能力，而又发展新生的心理与能力，于整合创造中，高峰体验才会真正到来。正如曹雪芹写《红楼梦》的"满纸荒唐言"，便源自对他天性心理的顺应，同时更有对一己情怀的超越，如此整合创造，方有"都云作者痴，谁解其中味"的体验。这"痴"这"味"，不就是他对高峰体验的内省吗？[①]

第四节　写作人的动力探讨

高峰体验无疑是写作者个体最大的写作动力。本处力图从人"类"的层面探讨如何释放引导写作的动力。

一、人是社会的动物，要重视环境营造。中国文学的辉煌旧路

---

① 金道行. 文学写作的高峰体验［J］. 写作，1994（02）:15.

告诉我们，一个宽松的环境无疑会大大地促进文学的发展。要营造一个宽松和谐的氛围，决非旦夕之功，而要经过不懈的努力，并且还得有纪律与法规的保证，方能日见其效。1980年2月23日到29日召开的党的十一届五中全会通过的《关于党内政治生活的若干准则》二十一条，其中第六条就明确规定："由于认识错误而讲了错话或者写了错误的文章，不得认为是反党反社会主义而给予处分。要严格实行不抓辫子、不扣帽子、不打棍子的'三不主义'。所谓'不抓辫子''不扣帽子''不打棍子'，就是禁止夸大一个人的错误，罗织成为罪状，并给予政治上、组织上的打击甚至迫害"，还强调指出："把思想认识问题任意扣上'砍旗''毒草''资产阶级''修正主义'种种帽子，任意说成是敌我性质的政治问题，不仅破坏党内正常的政治生活，造成思想僵化，而且易于被反党野心家所利用，破坏社会主义国家的民主秩序，这种做法必须制止。"《准则》公开发表后，在党内外引起了强烈的反响，受到社会各方面的由衷拥护，文艺家们更是欢欣鼓舞。文艺家的面前展现的是广阔的艺术创造天地，他们可以在这个宽松和谐的环境里自由驰骋了。①

　　二、在"人"的理论中去寻找文学变革的理论动力。应该把文学还原到文化背景中去做整体性考察，我们可以借以分析与发现叙事文学中的人类普遍要素与文化特殊要素，以及描述这些要素在叙述者与读者间相互作用的过程。诚如现代派诗人埃兹拉·庞德告诫年轻的学诗者那样，去寻找一种尚未有人写过的文化吧，诗的灵感就会降临。瓦格纳以痛苦为例，说明痛苦可以是清晰地感受的，但未必独特。因为被主体感受到的东西无法同感受它的主体区别开来。痛苦既是感受到一种状态，亦是感受此种状态的方式，就像快乐、

---

　　①　唐先田.邓小平文艺理论宏观解读［J］.江淮论坛，2000（04）:10.

狂欢、出神等其他心理体验那样，这种体验深藏于个人的宇宙之中，无法直接地予以交流传达。人的思维决定作文之道的根本在意象，只有通过立象，将它体现在语言的或非语言的意象中，把这种感觉的意义置换为一种感觉，成为过程中预期的意义，才可传达于他人。比兴便是引出此类感觉的意义的常用手段，内在的感觉只有通过另一种比喻在他人心中被诱导出来，用生命的、体验的、再想象的方式方能把握它们。①

三、重视感动的作用。

（一）感动乃推动人从事创造性活动的必备情感品质。近代以来，有关人类行为动力的研究成果表明，感动作为人类情感的普遍形式，在日常生活语境、历史文化语境与现实情境中，总是莫名地被体验着，它强力地改变和优化着人的心灵结构，使生命的心理环境独具诗性。

在创作者那里，感动已被个体所收束、沉潜，内化为了原创的主要精神动能。感动是两个动词的组合，"感"是"动"的前提和基础，是"动"的原因背景。"感"因一般甚是复杂，呈现为多因素的集合。"动"是"感"心理活动的展延，是"感"派生出的阶段性成果。此种成果有很多，譬如："感受""感情""感悟""感染""感喟""感发"等。其中，"感受""感情"和"感悟"可视为成果的最高级别，它们业已包蕴了生命中的某次经验或某种收获。"动"具有极大的差别性，总体而言，可分为轻度和深度两个层次。轻度感动呈现为心的波动，包括内心微澜、涟漪、颤动、惊喜、慨叹等，具体指向赞美、钦佩、仰慕、同情等情感。它们在人的心灵留下遗存，只是印记不那么深，容易被人疏忽、遗忘。"蓦然回首，那人却在，灯火阑珊处"，

---

① 叶舒宪.文学与人类学——知识全球化时代的文学研究［D］.四川:四川大学博士论文，2003.

呈现为对美的企慕，这种即时性惊喜，就属于轻度感动的层次。深度感动显现为内心震撼，包括悲悯、虔敬等情感。深度感动不仅导致人的体征变化，伴随着外显行为，而且还会造成心灵的持久运动，在人的心里刻下深层烙印。它有利于改进心灵的面貌，增进心理的深度，成为心灵的财富，这是一种内含一定价值取向的长效性感动层次。威廉·福克纳明白地告诉文学青年们："在重新去学习描写人心目中的永恒真理前，一个文学青年仿佛被人类末日所浸染，眺望着人类的末日那样去写作。"于此，福克纳凸显的是一种浩大深沉的感动，其内核为悲悯与虔敬。在这感动情境里，人的内心似退潮大海，平静安详而又浩瀚无垠。

（二）深度感动联系着个体的生命心理环境，它能持续强化写作信念和写作事业心。

拜伦式的忧郁，川端康成式的苦闷，郭沫若式的迷狂，都与多情深刻地关联着。维吉利奥·弗雪拉说："我写作是为了活着，我写作是为了存在。"雨果·克洛认为："我写作则我生存。"巴金则说："我是在作品中生活，在作品中奋斗。"

1. 感动是生命诗性萌发的起点和具体内容，能加浓、加重、加深生命的诗性。诗性激扬的情境，总伴随着深长的感动。伫立于荒郊高台，我们惊骇于时间的剥蚀，可能想到"彼黍离离"，想到"天地之悠悠"；缅怀往昔，我们感叹历史如烟，"西风残照"；眺望远方，我们可能感受到"大漠孤烟""长河落日"，也可能想起"苍茫大地，谁主沉浮"，或"暮春三月，江南草长，杂花生树，群莺乱飞"。

一旦感动缺席，生命的诗性便萎缩了。倾轧、挫折、猜忌、烦恼、忌妒、矛盾、冲突慢慢蚀化，物质世界肆意诱惑，身体机能日益萎顿，情感的退潮、思想的功利、想象的平庸和意境的苍白让人变得冷漠、僵硬。

2. 感动是写作原创的心理前提，它分为触动、感动和冲动几个环节。

触动是感动的先决条件，乃感动的前奏，感动则是触发的情感部分的延伸和发展。冲动并不是感动的结果，而是感动的一种极端形式。

感动应该是在触动之后（有时和它同步）、冲动之先存在的一种具有接续和生长力量的情感，它虽无触动的突发性和冲动的高潮性特征，但它乃推动情感运动抵达巅峰的基础性、弥散性的情感，丰盈的心灵将人置于爱和美、梦想与追求的诗性状态。难怪杜勃罗留波夫说："诗是以我们内在的感情，以我们内心对一切美丽、善良并且理智事物的向往作为基础的。""向往"由感动激发而成，它乃达成写作冲动的有生力量之一，成为感动中的一种最有色彩、生气与张力的情感质。

写作冲动乃生命冲动形式，它具有强烈性、高潮性、痛快性、短暂性特征，具有生命高峰体验的一般性质。冲动乃原创具有决定意味的建设动能。

3. 日常语境中的感动比较，写作感动在具备其爱和美的特质的同时，还具有三个特性。一是它和个体气质、个性、处境、襟怀相关联，当面对某种共同情境时，不同个体引发的感动差异鲜明。譬如古典诗歌离别情境中的"感动"：《夜雨寄北》体现为"茫茫"，《渭城曲》呈现为"依依"，《别董大》则表现为"开解达观"，而《黄鹤楼送孟浩然之广陵》彰显为"情江同流"。二是它以自我感动作为起点，力求引发人类的心灵共振。个体绝不自足于一己之心旌动摇而能内省感动。排除偶然和私密成分，它还追求共鸣的最大化。三是它还是一种需要节制的感动。人深陷于某种感动往往会妨碍其理性分析和综合，进而影响到对事物性质的评判。故而须将其节制、沉潜，内化为动能，构成写作感动本质。贝纳德·鲍桑葵将事物引发的主观心理感受视为事物的第三级属性。在这一级次里，个体的精神霸权越过了事物自然实在模式的约束，"以人的内在固有的尺度及建构于这个尺度之上的诗意化审美精神去点染、解释由客观事物发出的刺激"。审美是一个心物交融、主客一统的世界，人饱含着巨大热情来展开审美。M.C.比尔兹利曾经问曰："宇宙究竟能给予我们什么？我们可以用宇宙的给予来实现什么？"文学说，宇宙能给予人类无穷无尽的感动和梦，人将其纳入思维的河床，推动精神升腾，最终走向原创。①

四、重视提高"人"的思维能力是改善写作能力的有效策略。

（一）变重演绎式写作为重过程式写作。演绎式的写作过于注重构思预设，剥掉了应有的情感。太强的目的性，太多的分析，太多的直达目标，很容易让一个故事变得枯燥、无趣和苍白。没有过去，没有未来，每一次写作都是唯一的。第一次的创作，不需要研究过往，不需要展望未来，每一次都是纯粹的，这才是文学的魅力所在。每一次过多地思考写作的目的、写作的效果、已知的写作手法云云，都会破坏创作的流畅度。

重视写作过程模式的作文训练的基本维度包含两个方面。

一方面语图互文，像以文载。培养文学写作能力，不外乎立意、立象（像）、意象关系链接等方面，要训练写作者解意、储意、立意的能力，言与意相互转化的能力，感知、辨识、储备象的能力，想象和联想的能力。通过因果关系和类比关系进行意句之间的推理训练、意象之间的融合训练，写作者能抽"象"出"意"并转"意"成"象"，作

---

① 佘佐辰.感动与原创［J］.贵州民族学院学报（哲学社会科学版），2004（06）:25.

文便可做到言之有物,言之有物后便可训练意象关系,做到言而有序。

另一方面以问题为先导的任务驱动思维训练。在写作者由生手向熟练者转化的过程中,写作者设定的目标、形成问题的能力起主导作用。而目标的设定、形成问题由目标导引进行记忆搜索等,不仅仅是写作知识、语言技巧的问题,也与写作者的思维能力紧密相关。把高水平的写作过程视为问题解决的过程,写作者可运用各种问题解决的方法来处理写作任务,教师可以把"目的手段分析法""反推法""制订简化问题的蓝图"等问题解决的方法作为写作的策略,教给学生,以指导学生有效完成写作任务。

形成问题和认知阈限相关,因而丰富写作者的知识内容与经验是提高写作能力的基础。经年累月的写作实践,可使创造性的写作问题解决转变为只需检索一下储存的经验就能解决的常规问题。故经常性的写作训练、写作实践乃提高实际写作水平的有效途径。[①] 比如美国的中学微型文写作就较好地贯彻了这个原则。训练写作者围绕一个清楚一致的目的,通过相对有逻辑感的组织结构,使用适合目的的语言来表现因果关系,详细描述加强情感的深度,支持自己的论证。

(二)将心理学常识引进课堂也有助于提高写作水平,尤其是现代小说或后现代作品创作。在小说家、诗人、剧作家等作家这里,讲述某个故事,塑造某个人物,安排剧情的发展,阐述自己对社会、对人生、对世界,乃至对宇宙的思考,需要来往于真实生活和虚拟的故事之间,耐心地编织一个又一个细节,最终将它串成故事,实现他渴望慰藉自己和他人的心灵,或者对社会提出正见的目的,他需要很长很久的耐心,需要不那么着急地把自己想要表达的内容说

---

① 张肇丰.当代西方写作过程模式的研究与发展[J].心理科学,2003(03):20.

出来，甚至他可以选择晦涩不明地表达。选择写作的作家理应具备一部分对心理的了解，不管是有目的的学习的还是自发地偶然获知的。当然他呈现自己的人物和故事的时候，仍旧最好将这些心理学的内容抛开，自由地投入写作中去，同时忘记"正确的写作方式""正确的写作规范"是什么。

第五节　文体演进的动力

文体的发展有没有规律？回答是肯定的。

是什么力量影响着、决定着文体的演变呢？简要说来，不外乎这么几个因素：（一）人类社会发展变化需要；（二）人类科技水平的提高；（三）祖辈传统的继承与外来的影响；[①]（四）富有才华的作家的深刻个性化体验；（五）人类口语的吸收与运用。

在原始时代，由于生产力低下，人们对很多自然现象无法解释，更谈不上掌握自然规律，因而产生了敬畏，把自然界的各种变化归之于神的意志和权力，以消除自己的群体不安。在他们的心目中，一切不能被征服的自然现象都被形象化、人格化了。古希腊神话中有许多动植物神，以色列文化中所有无法或难以解释的现象都是上帝的杰作。原始先民看到一些部落首领具有常人之不及的禀赋与能力，便依据生产劳动或生活中的英雄人物形象，创造了许多有关神的故事，比如伏羲、女娲，这便是神话的起源。在人类早期，由于人类征服自然的力量很弱，所以在人与天斗、与自然灾害斗、与豺狼虎豹斗的过程中，体力、勇气、胆识就成了审美崇拜的中心，于是有了英雄塑造。美女爱英雄，最早应该来源于人们为争取生存、

---

① 潘晓泉.文体演变的内在动力［J］.江淮论坛，1990（04）:15.

提高生产能力而产生的认识自然、支配自然的积极要求。神的形象把原始劳动者的愿望与世界万物的生长变化都蒙上一层奇异色彩。神的形象大多具有超人的力量,是原始人类的认识与愿望的理想化。[①]神话反映了原始人对宇宙、人类本身的思考及解释。神话是人类早期借助想象和幻想把自然力和客观世界拟人化的不自觉的艺术创作。

由于原始神话故事丰富、短小,有一定的故事性,加上已经积累了一些经验与题材,春秋战国时期,写作者根植于现实条件下对古代神话的引用和加工,促进了寓言的发展(寓言讽刺的一般都是弱小的国家、人物或动物,或许是避免不必要的麻烦)。神话往往具有寓言的因素,有的甚至接近了寓言的雏形。

随着社会生产的发展和认识水平的提高,人们有意识运用联想、想象去表现从生活实践中生发、领悟出来的思想认识、经验总结,渐渐形成了以动物为主角的、寄托着教训或哲理的文学样式——寓言。之所以寓言的主角一般都锁定在动物上,是因为原始人的生活和动物极为密切,动物不仅直接影响着靠渔猎维持生活的人们的经济生活,而且进入了他们的精神生活中;并且,在远古时代,人的力量比野兽要弱小,所以在人类的意识里,野兽中如老虎、狮子、狼、狐狸等是具有超人的力量和智慧的。不能征服的就通过想象来完成另一种征服,给人类带来巨大危害的动物形象被某些民族当作神来崇拜,于是以动物的形状或属性表现神的故事产生了。后来由于生产力发展,捕猎、驯养野生动物的劳动增多,人类的意识也由对动物的恐惧和崇拜中解放出来。人类在熟悉动物生活,细致观察它们的形态、习性时,发现动物与人之间的某些相似之处,于是便通过

---

① 张京华.“山川群神”新探 [J].湘潭大学学报(哲学社会科学版),2007(11):15.

想象赋予了动物某些人的性格，把动物"人格化"，借以展现自己的理想，传达要说明的事理，这就是寓言。

先秦时期，由于诸侯国之间的竞争和权力集团思想控制的弱化，加上社会生活要求大量的交际，具有实际内容和便于人们接受的恣肆奇诡、纵横雄辩的散文便应运而生。

在《且介亭杂文》中，鲁迅认为，诗歌起源于生产劳动。我们的祖先原始人原是连话也不会说的，然而为了共同劳作，必须发表意见，才渐渐地练出复杂的声音来。假如那时大家抬木头，都觉得吃力了，却得不到发泄，其中有一个叫出"杭育杭育"，那么，这便是创作；大家也要佩服、应用的，这就相当于出版；倘若再用什么记号留存下来，这就成了文学；他当然就是作家，也是文学家，是"杭育杭育"流派。鲁迅在这里通俗地揭示了诗歌产生的过程。当然，"杭育杭育"还不是真正意义上的诗歌，但是，只要这种呼声被语言所代替，或者与一定的语词、语言相结合，成了一种具有节奏性、音乐性的语言艺术，只要它被群体所应用与公认，文学中最早的一种文体——诗歌就正式生成了。①

离骚体的产生可以说得上是诗歌的一个伟大进步。其地域的影响不可小觑。为了加深大家关于地域对人影响的认识，我们不妨把视野放得更开阔一些。比如尼格罗人为了适应高度湿热的环境、免受日光灼晒，皮肤黝黑，卷发、鼻孔大，嘴唇外翻，汗腺发达；欧罗巴人为了适应欧洲酷寒的气候，延长鼻孔呼吸道距离以使空气更暖和，鼻梁变得高而窄，鼻管前突；蒙古人为适应半荒漠和草原地带的大陆性气候，防沙、防面部开裂，面部脂肪厚，眼睛开缝窄。

楚地瑰丽奇伟、光怪陆离的山川风物，人神杂糅、巫风盛行的

---

① 沈国芳．文体发展三律论［J］．南京师大学报（社会科学版），1994（10）：30.

民情风俗是楚辞产生的客观前提。楚人信鬼好巫，"巫"的愉悦性、合规律性、舞祀性暗合了诗歌的节奏和写诗的目的，巫词里埋着诗的幼芽。风味独特的楚声、楚歌为楚辞的产生提供了丰富的养料。沧浪之水清兮，可以濯我缨，沧浪之水……散发着丰富的想象、奇谲的意境、大胆的夸张，富于幻想和激情。至今我们到湘楚之地凤凰古城你还可以听到唱"好来唱得乖哟，唱得桃花朵朵开，桃花那个朵朵开，俏妹我等你来"的甜美深情的楚歌。

楚辞也是文化交融的幸运儿。从楚地的文物和文化来看，东方有祖先，帝高阳之苗裔兮，祝融（火神）、东皇太一、东君；西北有熊性（苗认为熊即雄也）；西边王称为若敖、诸敖、莫敖（敖广在东海，可能暗示着沧海桑田的变化）。周原（甲骨卜辞 H11:83）云曰："今秋楚子来告⊗后⊗"；放射性同位素碳 14 鉴定为 1055±90B.C，此物记载的可能是楚先祖鬻熊投奔西周的原始记录，由此可见，当时楚地已经和中原文化有了成文的交流记录。

加上楚国的经济条件要比北方优越，楚地最强大的时候，人口 500 万，占战国总人口的 1/4，版图面积达 100 万平方公里，物产丰富，人们比较容易谋生，楚人有时间、精力从事更复杂的物质生产与精神活动。

奇特的情节，异域的风光，强烈的情感，让日常的东西在想象的光芒下显示出了非同寻常的效果。原始的活力，狂放的意绪，无羁的想象，巫文化的夸张、冥想和神秘色彩更是直接影响了《离骚》的风格。

天才作家屈原由于受到楚国文化、民间歌乐和巫曲等影响，开创了以"骚体"为代表的楚辞，它以六言句为主，创造性地运用兮字体，灵活多变，便于自由抒情，同《诗经》比起来，其句法的扩展和篇幅的延长是诗经体的一大拓展。屈原主动探求、尝试，脱离了诗是社会的反映、是民众情绪的代言的窠臼，率直地吐诉个人的忧愤，而由此造成了韵文历史上的新转机。（按郭沫若的说法，兮字体是五言诗、七言诗的鼻祖。兮实化则六言成了七言，虚化则五言。）

汉赋是我国古代文学从自在、自为向自觉发展过程中非常重要的一种文体。由于汉帝国的强盛，统治者偏好提倡大、全、气势、力量的审美意识，加上先秦诸子散文尤其是纵横家说辞、俳优讽谏之语等，使得篇幅较长，结构宏大，善用铺陈、夸张手法，辞藻富丽，倾向于歌功颂德的汉大赋大行其道。这种特性除使偏爱它的帝王感到欢愉和满足之外，很少能使有才华、有洞见、有个性的作家真实而强烈地表现主观情思，反倒是让作家常处于创作心手失衡的矛盾痛苦中。

东汉末年，社会在不断的动荡中，黄巾起义摧毁了汉代400年的统治，也摧毁了一向作为宫廷护法的礼教。智者的复活冲破了汉赋的沉闷束缚，为文坛带来了五言诗，诗行的变长原是为了接近生活语言。平民乐府诗的"三字节奏"自然就正式代替了宫廷文学的四言"二字节奏"。但是，要从四言诗直接飞跃到七言诗，诗行一下子就长出近一倍来，难免不容易习惯。五言诗比四言诗只长出一个字来，既在上半行继承二字音节，又在下半行展开三字节奏；既有突破，又不离传统太远，这是便于接受的。

可以说，五言诗掀起了一个时代巨浪，为文学语言通俗化提供了当时最有力的形式。诸如《孔雀东南飞》与《古诗十九首》，一方面说明着文学语言继承了先秦的解放道路向前推进，另一方面又说明诗歌传统的复活。五言诗的飞速发展，让诗歌再次跃居文坛主流。它的出现，同时也激活解放了一向保守的四言，一时产生了大量的四言诗；也偶然复活了骚体诗，启发了更为成熟的七言；改变了为宫廷铺张歌颂的汉赋、为个人抒情的骚赋，出现了"四六"的体裁。

与此同时，汉赋文体由于惯性继续发展，促进了魏晋时期骈文的产生。南北朝时期达到了鼎盛，到唐时已形成了固定的格式。其特点是讲究声律，追求对仗，惯于堆砌典故，雕琢辞藻，是魏晋那个"文学自觉时代"的产物，是作家有意识地创造富有文学色彩的作品的具体体现。[①]随着骈文的繁盛与形式的定型僵化，其渐渐丧失生机和活力，直到唐韩愈、柳宗元大力提倡先秦古文运动，才让"新型"古文坐上文学的正宗席位。

魏晋南北朝之前，诗的格律与声韵还没有形成大家共同遵守的规律，只是由作者按个人的内容需要与声韵感觉来进行写作。到了魏晋时期，由于受到了天竺梵音学的影响，我国声韵学得到了长足发展。齐梁的周颙与沈约总结了汉字的发音规律,提出了"四声""八病"之说，使诗歌创作由自然的声律发展到讲究、追求声律，作诗要注意平仄与韵律，形成了格律诗的主要内容。[②]

唐诗的兴盛与繁荣与声韵的成熟有关，当然更直接得益于唐代的经济繁荣和社会变化。刘勰在《文心雕龙·时序》中提出："文变染乎世情，兴系乎时序"，强调了社会历史变化对文体兴衰的制约作用。唐代经济发展提供了文体发展的物质基础与社会需要。唐代的诗歌走向顶峰，与诗赋开科取士、唐帝的提倡有莫大关系。在侍从、奉和与应制中，诗风"婉媚"艳丽，多用丽辞典故，以夸耀各种各样渊博的学问。代表当时诗风的是"上官体"。随着则天即位，优遇文人与艺术家，这一时期文化界呈现出活跃的气象。武后朝出现的陈子昂引导新诗界，他提倡必须清除诗歌的形式主义，恢复富于思想内容的汉魏诗精神，他还亲身实践这一主张，写有《感遇》

---

① 潘晓泉.文体演变的内在动力［J］.江淮论坛，1990（04）:15.

② 段文生.《水浒传》律诗研究［D］.辽宁：辽宁大学硕士论文，2013.

三十八章。全篇以古体写下的《感遇》，时而感叹时政，时而语含讥讽，有时则以抒情的笔调歌咏新鲜情景，明确地表现出诗人的个性。这些诗作一扫齐梁体诗的脂粉香，被认为是风格劲健的优秀作品。以李杜为代表的诗歌流传下来的诗就将近 5 万首，比从西周到南北朝 1600 多年留下来的诗篇还多两倍多。

中唐诗坛崛起了以元白为代表的诗派。这派诗人重写实、尚通俗。两者虽背道而驰，但实质却均为创新，殊途同归。晚唐社会衰败，政治黑暗。诗坛又涌现出了一批优秀的诗人，如杜牧、贾岛等。晚唐诗歌的集大成者当属李商隐。义山诗艳而不靡、凄美浑融、情调幽美、意象朦胧，其杰出代表为以无题为中心的爱情诗。

玄宗开元年间，各国的使臣、商人、艺人、留学生等，集中到都城长安，为中国的传统文化加入了新要素。被称为"词"（又称"诗余"）的新体歌曲，也在这一时期因受西域音乐的影响而产生了。

宋代诗人可从唐诗这座高峰中发现无穷的宝藏，但这座山峰也给了宋人沉重的心理负担，他们必须另辟蹊径，方能走出唐诗的阴影。然而，极盛之后难以为继，宋诗的创新具有极大难度。于是音韵更自由、容量更大的词在宋代迎来了其全盛期。词在形式上的最大的特征就是句式长短不一。这种形式的韵文，在前已经见于六朝以来的乐府诗中，因诗句有长句短句，"长短句"一词逐渐被作为词的别称。"诗余"取得了词的正宗地位。

最典型的代表是柳永和苏轼。柳永出身南唐之地，为应举来到汴京，然而随即因耽于酒色而数次落第。后来，好不容易及第，仁宗因为"偶失龙头望"叫他奉旨填词，他破罐子破摔，干脆混迹于妓女堆中，结果落魄而死，还是妓女们凑钱安葬了他。柳永遭到上层白眼，但在民间享有绝对的声望。他采用民间素朴的流行歌唱技法，多用慢词，频繁地使用口语，为宋词带来了新的拓展。由此展开而成的词作，婉委细腻，有着过去那种重视简洁与含蓄的韵文中从未见过的奔放与絮絮绵绵。11世纪后半期，由于苏轼的出现，词境更是扩展到了"无情不可容，无事不可言"的程度。

汴京失陷，许多人成为被逐出故乡的流亡者。人们心胸中激烈的悲愤之情与民族意识被唤醒了，绝响已久的豪放词便呼之欲出。其中最重要的词人是辛弃疾，他生长于金统治下的山东，加入反抗压迫政权的义军而战斗，后来返归南宋。他是个性格刚毅而富于文武的全才，然而因为祖辈事金与义军身份，遭到当权者和主和派的憎厌而不遇。他的词作因寄托有备尝殆尽的亡国之痛与收复中原的悲壮心愿而极尽激烈豪放。

进入13世纪，蒙古帝国兴盛起来，与金抗争。宋理宗交结元朝以讨伐宿敌金国，结果损人不利己。金灭亡后，宋直接受到了更为强大的元的压力。不久，元军越过扬子江，侵入了南宋的领土。面对民族危机，多数的文人词人消沉于风流韵事之中，他们低吟浅唱，尤其尊崇白石道人的词风，以擅长咏物而被称赏为"咏物派"，其绮丽的描写也仍暗暗流露出亡国的哀音。

起源于先秦两汉的神话、寓言、史传、宗教故事孕育着小说艺术因素。叙事技术的发展促成了魏晋志怪小说的出现。到了唐代，佛教为了传播，与道教竞争，僧侣将佛经中的道理与佛经中的故事多用讲唱的方式表现，这些故事内容通俗易懂，写成稿本后就是变文。变文以散文讲述故事，而以韵文重复歌唱所讲述过的内容，有助于加深听众的印象。变文对唐代文人创作，特别是传奇的创作，具有相当的影响。经传的通俗化、故事化，导致了小说叙事能力的日趋成熟，唐传奇文学由此兴盛起来。

中国古典小说经过唐宋元三代的酝酿、准备与发展，无论是在艺术方法、情节，还是在人物塑造、结构与语言诸方面都积累了相当丰富的艺术经验。宋代市民阶层开始出现，他们居住在城市，有钱有闲，于是为了适应这一部分人的需要，具有口语特点的、为说书人准备的话本小说开始出现并繁荣。明代文人模仿宋代话本体制、形式，创作了拟话本。说书的技术也更为成熟，出现了每章节故事相对完足的章回体小说。加上明清两代的统治者对知识分子采用笼络与高压两手政策，一打一拉，许多文人心有余悸，便不再在诗文创作中触及现实政治。文人墨客只好将创作潜力转移到小说创作上，客观上加强了小说创作的力量和空间，为明清时期小说的繁荣打下了坚实的基础。[①]

在明代，作品中的典型人物由于充分利用了口语的长处，就连性格描写和曲折的心理微妙之处也表现了出来。出现了不少公案（侠义武勇、出名的审判官）、灵怪（神魔、妖术）为主题的小说，而清代则是烟粉（言情故事、世情故事）、讽谕（讽刺、训诫）之类。到了清代后期，以《红楼梦》为代表的小说终于登上了古典文学发展的最高峰。

由于蒙古族的嗜好，在元代急遽流行的是戏曲。那些描写生计落魄的戏曲具有文人对生活的深切体验。作为观众的人民大众兴高采烈地接受了这一新娱乐形式，热情地为之喝彩。戏曲在文学上的成就，特别是在大都时代所反映现实之深、反讽色彩之浓，在文学史上有着格外深远的意义。"净"代表花脸；"旦"日出地平线，充满阳刚美却代表女性角色；"生"为女性的专利，代表的却是男性角色；"丑"是中国戏剧里的小人物或反面人物，却往往给人带来无限的欢乐。

甲午战争的坚船利炮让谭嗣同、夏曾佑等人首先举起"诗界革

---

① 赵梅枝.明清俗曲兴盛发展的历史原由［J］.音乐创作，2009（09）:08.

命"的旗帜,将新的语言、新的思想输入到旧体诗形式中,结果因为随心所欲地将佛经、圣经的词汇及洋名词用于诗中,使诗变得难以索解。对此,黄遵宪提倡诗歌的平易通俗化,主张"我手写我口"。"五四"时期,由于白话文入诗,具有现代意义的诗歌得以呈现。受西方的文学思潮和理论的影响,现代文学大繁荣,诗歌、小说自不必说,单是周家兄弟,就天才而个性地探索了杂文、小品文等。由于鲁迅的提倡和"五四"新文化运动反封建思想的斗争的需要,反映中国社会具有相当深度和广度的杂文得以迅猛发展和成熟。杂文逐渐以一种独立文体的面貌出现在社会公众的面前,在中国现代文学史和中国现代思想史上成为一座光辉的丰碑。周作人则受晚明短小隽异的小品文的启示和时代激发,以幽默的方式和戏剧性的情节,活泼、轻松的语言,用小品文写出无伤大雅的一些休闲趣事。

现当代作品流派纷呈,主要受到了时代、政治、西方文学流派和作家倾向的影响。诗歌方面,从第一代白话诗人胡适到郭沫若的理性回归情感,从以汪静之为代表的质真、单纯的湖畔诗,到主张节制地抒情的冯至,从主张"三美"规范新诗的新月派,到具有都市还乡病的现代派诗歌,从时代的鼓手田间到用歌射击的七月派,从多元化的九叶派到艾青的归来者诗,从叛逆的火种朦胧诗到拒绝现实的顾城,从北岛英雄式的悲壮到焦灼无根的海上诗群,从摧毁崇高的莽汉主义到灵魂革命的欧阳江河,再到诗歌的殉道者海子,到《我想和你一起虚度时光》的李元胜,不一而足。

小说方面,硕果累累。出现了站在时代高峰的现实主义大师鲁迅,他自觉地在小说中体现民族、历史发展的崇高责任感,描写重点对准普通的中国人,着重表现他们的思想和精神状态。他的小说中体现了一种强烈而清醒的反封建意识。这一时期,出现了以探讨社会、人生问题为主要内容的问题小说与以农村生活为题材、具有较浓乡土气息和地方色彩的乡土写实小说。出现了以表现自我、重自我抒情为主要特征的"自我小说"流派和往往把革命生活简单化的"革命小说"流派。20 世纪 30 年代，各种社会矛盾加剧，出现了对中国现代社会做全景式观照、分析，揭示其本质与基本规律的社会剖析派。还出现了受西方现代艺术启示并在日本新感觉派小说直接影响下形成的"京派小说"，它们不再满足于单纯描写外部现实，而是重视直觉，强调主观的感受，将主观感受和感受客体合而为一。之后出现了以赵树理为代表的植根于山西农村的"山药蛋派"，形象展现了农村阶级关系、人际关系与部分社会习俗变革。

当代小说基本与时代同步，反映时代情绪。有反映民主革命为主的革命历史题材小说；有反映了建国后社会生活的农村题材小说；有控诉时代悲剧，有着不平、躁动和激愤、哀怨的"伤痕文学"；有不再满足于控诉，试图站在一个较高的历史高度来观察和思考以往教训，求得对历史有一个再认识的反思文学；有率先面对变革的现实，及时表现"四化"建设中的斗争、挫折、困难与希望的改革文学；有借鉴西方现代主义创作方法，在小说艺术的创新上大胆探索、大胆求变的探索小说；有透视民族文化心理的某些方面，寻找民族生命力的根须的寻根小说；有以温馨的笔触点染市井人生的文化底蕴，以悲悯情怀容纳"小人物"的喜怒哀乐，给人以醇厚美感的市井小说；有对知青生活缅怀、对农民问题探讨独到和对人生真谛求索的"知青"小说；有以强烈女性意识与女性特有的审美感受、艺术视角和笔法，通过对女性命运的观照和思考，对细腻的女性内心世界描绘，展示女性在争取自身解放、人格独立的道路上艰难跋涉精神历程的女性小说；有以写实为主要特征，但特别注意现实生活的原生态还原，真诚直面现实，直面人生，具有新的开放性与包容性，善于吸收、借鉴现代主义各流派在艺术上的长处，追求一种更丰厚、更博大文学境界的新写实主义小说；还有着力表现人们在新条件下精神和现实的错位，反映改革中出现的阵痛对人们心灵冲击和影响的现代派小说。

在西方，原始文学崇尚野性，农耕文学以伦理道德来约束野性，而草原文学则借助文学艺术，用审美的感染力来消解野性。当臣民的野性成为社会的最大不安定因素时，粗疏的文化不足以控制人的野性时，国家就不得不乞求宗教，基督教文学就应运而生。中世纪，西方的英雄崇拜被骑士崇拜代替，直到《堂吉诃德》出现，才使骑士成为被嘲弄的对象。15世纪，欧洲有了火炮武器之后，英雄、大力士、骑士急剧贬值，以武为特质的人物对人不再有吸引力，也不再是理想的人格。随着人的命运从上帝和群体转移到个人的手中，主体意识便凸显出来。金钱、权力、物质对人形成了强大的诱惑，人生的意义开始变得模糊不清。作家最先感知到这种变化并用意义引领人，19、20世纪的文学流派如浪漫主义、现实主义、超现实主义、象征主义、唯美主义等不是作家的随意表现，而是换着角度写人的内心世界的需要。

必须指出的是，文体可以帮助我们理解和解释文学现象，但其最多能告诉写作者该往哪里去而非如何去，这也是我们为什么要提倡文学应为人学。研究生成文章的人，研究写作者的心理状态才是有效的写作训练。

第六节　写作教学的发展轨迹

写作教学是人的一种自觉的活动，其理论的变化表征着教学者对文学本身的不同体认。写作教学要取得良好效果，必须尊重人内省的倾向和自由的天性，必须非构思写作。

一、回顾写作教学历史，20世纪初才开始有了现代意义上的写作教学。由于白话文的推广和对传统的否定，中国作家开始有意识地摆脱古代写作形态。叶圣陶的《作文论》、梁启超的《中学以上作文教学法》等书的架构，基本上是按"西洋文体论——西洋语法学、修辞学"构建的，而且多以"文体论"为主。梁启超的《中学以上作文教学法》共七个部分：提纲（谈文章作用与文章种类）、记述文、记静态之文、记动态之文、记事文、论辩文和教授法。全书中心为"文体论"。梁启超重点讲解的是"记述文""论辩文"写作训练方法，尤以"记述文"为重点。这一时期局面固然繁荣，"理论"却严重匮乏，当然更谈不上"理论高潮"。[①]

50年代至70年代末，属于"写作知识"的拓展与系统化时期。"写作知识"脱胎于苏联文艺学的"作品构成论"，由八个部分组成：绪论（总论）、主题、题材、结构、表达方式、语言、文风、修改，俗称"八大块"。"八大块"从性质上说是"文本主义写作学"。这种认识有很大的片面性。它的缺陷在于静态化、平面化。它更多地是从"文本"角度研究作者、创制、读者等因素，理论视野不开阔，论述力度不够大。

到了80年代，研究视点由"文本"转向了"作文过程"，避免了"八大块"视野狭窄之弊。这一时期从现代写作实践中抽象出来了写作理论：写作的本质、规律、特点等"根本问题"；写作的"准备阶段""行文阶段"和"完善阶段"等过程得到了重视，把白话"文章作法"时期抛弃的传统写作理论重新捡拾了起来。这表现在以下几个方面：一是陆机、刘勰等古代文论家在关于"物—意—文"的

---

① 万奇.20世纪中国写作理论概览[J].广播电视大学学报（哲学社会科学版），1998（08）:15.

论述中抽象演绎出了写作的本质属性——"双重转化性"。即"现实生活与客观事物向认识'主体',即作者'头脑'的转化"与"作者观念、感情向文字表现的转化"。二是立足"怎样写",吸收"传统话语",如"聚材取事""命题炼意""谋篇布局"和"定体选技"等,凸现了汉语写作的特点。三是置专节研讨传统写作理论比较重视的"得其机遇""贯通文气""遣词造句""修改润色"等问题,显示了现代写作学的民族性。这个时期出现了"现代写作学"新理论框架:本质论——过程论——技巧论——文体写作论。本质论重在揭示写作的特点和规律,并把写作同时代、文风、读者与作者联系在一起进行"观照";过程论把写作过程解析为"采集——构思——表达——修改"四环节,并指出作者需要具备的智能;技巧论是写作学的重要组成部分,写作学是技术科学。写作基本规律类似郑板桥画竹过程中"眼中之竹——胸中之竹——手中之竹"三阶段。先由'物'(客观事物)经过人的感知,在人脑中转化为"意";然后把有关"意"的概念、表象等进行创造性想象孕育成内在的意象、形象与雏形构建,然后用书面语言把构思的成果变为文章。

可是,表面繁荣的背后亦有隐患:一是"专著"和"教材"合一。这种撰著方式有它的长处,即兼顾专著的"学术性"与教材的"可授性",而问题恰恰就在这里。如果视为专著,那其可授性削弱了学术性,"论"不足达到"形而上"的高度;如果视为教材,则它的学术性又削弱了可授性,"述"不够,不具有"形而下"的可操作性。

20世纪90年代至21世纪初,现代写作学又有了新的进展。基础理论研究开始出现集成式著作。如金长民的《现代写作学基本原理》,对80年代以来现代写作学研究成果进行了全面的综合,形成了"新八大块":绪论,外物篇——写作基石,作者篇——写作之主导，感知篇——写作的起点，运思篇——写作的关键，行文篇——写作的实施，成品篇——写作的结晶，读者篇——写作成品的流通。值得一提的是，马正平的《写的智慧》（共 5 卷）对写作理论做了系统的梳理。这一时期，实用写作研究有了质的飞跃，操作理论研究开始系统化。重在激发学生写作兴趣的《题型写作教程》，经教学实践检测，效果较为理想。

近年来，由于过分强化应试，中国写作出现了一些奇怪现象——为考试而教。由于长期预制板式教学，学生的写作已日趋僵化。比如天空永远蔚蓝，哪怕污染让我们已看不到蓝天；比如秋天总是秋风送爽，丹桂飘香，哪怕秋雨绵绵……①

于是，新八股作文就诞生了。文章开头是一长段排比，第二段开始讲故事，第三段则是一句话点题。要么开头总是描述天气，接着便是我在这样的环境里做了件什么事，结尾再感叹一句，这是一件什么事。三段结构，一点没有自己的理解，只有一堆看起来很华丽的排比和感叹。这种"三段论"式"预制板"作文，情节老套，搭配一成不变。

由于考试这根指挥棒，加上预制板作文的易教易学，作文教学顺理成章地"偏离了本色"。参加过阅卷的人都知道，速度那么快，一定的结构与形式是吸引老师目光的必要条件。取悦阅卷者的作文自然滑向了肤浅、平庸和刻板。

目前，不少中学的写作教学理论还停留在 20 世纪七八十年代的水平，一方面是因为这种理论比较适合教师分模块教学，另一方面还没有探索出特别有效的写作运用知识。写作教学就像用懒蛇做腰

① 万奇 .20 世纪中国写作理论概览[J]. 广播电视大学学报（哲学社会科学版），1998（08）：15.

带，用力过猛，怕蛇醒了自己被咬一口，松了又怕裤子掉下来，于是写作教学进入了一种刻板化或者道德化的状态。

很多作文"不辨男女，不说人话"。要么作文千人一面、万众一"意"，甚至把胡编乱造当成写作的"捷径"，真实的情感被许多学生从作文中放逐出去，"我"没有了；要么作文变成了丰富、完整、立体的"资料搜集"，学生只是作为一个资料员在炫耀他们搜集的成果。

二、非构思写作提出了写作教学的背景及意义。

（一）写作教学其实就是教人重复对比思维，教人如何驾驭和引导情感。由于情感发动需要时间，这就决定了需要重复；由于情感往往比较直观，这就决定了其主要表现形式为对比。这让我们马上想到了中国古代的"章法"理论——"起""承""转""合"它是一个放之四海皆准的规律。《庄子》也有类似的说法，"寓言十九，重言十七"，庄子说他的文章十分之七是重言，也就是反复地说，这就是重复和对比（从另一个意义上说，对比其实就是反向的重复）。

认识了写作的深层结构后，我们就很容易地看到被深层结构所决定的表层文本结构规律遵循"渐进"和"平列"的原则。于是，我们写文章只要针对确定的主题、基调，从各个角度反复渲染、增强即可。这种简单的思维模式既照顾了写作的一般规律，又一定程度上方便教师教学，如果推广，一定程度上可以减少预制板式作文对写作的戕害。因为这种写作思维像生命形成那样是复制化、节奏化的自由生长，它有自己独立的生长方向与逻辑指向。

（二）写作发展到一定程度，会高度自动化为"非构思写作"。说起"非构思"，笔者想到了十多年前和恩师马正平老师的一番对话。当时我在选修他的《人间词话》研究时，提到了我在金沙江边看到很多花岗石，它们在快速冷却时非常无序，这就像我们的写作，其实很多时候是混沌的，没想到马老师也正在思考这个写作问题，还送了我一套他的写作专著，至今铭感五内。马老师的"非构思"写作与诺贝尔经济学奖得主哈耶克的"自发秩序原理"实现了高层理论对接与互补。

作文是一个系统工程。材料、立意，包括结构，都是同时生长的，有进度的差异，但并无质的区别。在非构思理论提出之前，"知行递变论"是构思的，虽然也强调生成性，但理论上并无重大突破。而当"材料吸附""结构生成"环节被抽掉之后，立意——行文——修改的三阶段理论才浮出水面，于是宣告非构思理论构建的成功完成。这里的非构思论体现为，写作主体中的"行"与"形"（形式）是对写作主体的"知"——心灵背景、境界、立意等目标、理想的复制。因此，写作是自我的复制性生长："行"从"知"中生成、生长。这就是为什么说"知行递变"论的产生，形成了写作混沌学——分形论、写作生长论的哲学基础。

构思是对"结构"之思，乃空间性静态的，而非构思则是时间性生成的。自由、人性的非构思写作学仍要有"构"（名词：结构），只不过这种"构"是自我生成的，不是人为"构造"（动词）的。

几千年发展，尤其是20世纪西学东渐以来，中西方学术界都把写作过程集中表述成"材料——主题——构思——表达"之模型。而其中"构思"的核心任务就是对文章结构的理性化、线性化的思考和空间化安排（即所谓"谋篇布局"）。就像工业产品的生产制作那样。而"非构思"的概念与理论就是要否定如此理性化、线性化、空间化和凝固化的过程，因这过程压制了写作主体的自由表达。"非构思"的"韵味"也正在这里。用后现代主义哲学的话来讲，西方的构思论写作过程论对自由活泼的写作行为过程进行的是二元对立、等级优先的现代主义分析，这样做是用理性的构思去压制了感性自由的行文表达，从而教育人们理性的构思重要，而感性的语言表达并不重要。

"构思论"在写作的初级阶段是有一定存在理由的，因为这时写作者的非构思写作的前提条件（思维习惯）没有形成，他是不可能进行非构思写作的。非构思写作不是写作的类型、文章的类型，而是写作的阶段与境界。毫无疑问，人性化的、处于生命自由境界的非构思写作是人类迄今为止最为理想、向往的写作境界。因而，写作者的目标就是从构思化写作向非构思写作转化、升华。^①非构思的核心、要旨不是不"思"（酝酿、思考），而是主张"不构"（谋篇布局与提纲设计）。况且，主张不"构"（动词之不构）不等于说文章无"构"（名词的结构），就像农村有的家庭冬天倒洗脚水，是"非构"的，因为长期朝着一个方向泼水，石板都有了一条槽，后来水一倒，自然就形成了一个流水路径，自然就构了。文章有结构，那是阅读文本的分析，而非写作中对预成的既定结构（名词）的细化、展开与依赖。总之，说文章有"构"（名词），那是就阅读、分析、评价的视野与角度而言，说写作过程无"构"，那是从写作思维的角度与视野而言，因此，我们应该在话语视角上对这种混淆进行分辨。^②

列夫·托尔斯泰说过，在落笔时，他还不知道人物在五分钟之后会怎样。他是边写边完成构思的。而对"五分钟以后人物是怎样行动的都全然不知"的托尔斯泰来说，他的长篇小说要重写好几遍。在这里，生长论是一个事实，但重写好几遍亦是一个事实。"非构思"就是文章内容的自我生长。但是，有两种"非构思"，或者说有两种

---

① 王露．走向自由：非构思写作学与自发秩序理论比较研究［D］．四川：四川师范大学硕士论文，2006.

② 吴朝娅．非构思写作的自由写作［J］．成都纺织高等专科学校学报，2006（07）:30.

"自我生长"。一种是经验化科学的"非构思"，另一种是非经验化的"非构思"。所谓经验化的"非构思"亦即"纯粹的自我生长"，这是一种不经过非构思写作学训练的自由写作、随意写作。所谓非经验化之"非构思"写作是经过非构思写作学训练而形成的"由技进道"的自由写作、随意写作。"纯粹的自我生长"的自由写作行为具有"非构思写作"的结果、现象，但不具有非经验化的"非构思"写作过程。后者是通过写作思维学（赋形思维、路径思维）与写作措辞学长期严格训练形成的写作思维、措辞习惯与无意识，写者正是藉此进入了非经验非构思的理想化写作状态。[①] 由于这种自由写作是在写作思维、写作措辞、写作文化、写作策略等支配下的自觉监控和选择，因此，写者往往是"来之能战，战之能胜"，修改较少，成功率高。相反，"经验化非构思"的自由写作完全是感性的自由写作，是没有渗透理性的感性（思维模型）监控，因此，难免在自由写作的时候偏离写作目标与理想，因此才造成了非构思写作中的"托尔斯泰"现象——重写好几遍或者反复修改。也正是因为这样，必须强调对写作者进行写作文化、写作禁忌、写作思维的训练，最后形成习惯性的写作思维操作模型，这样才是科学的非构思写作的理想境界。

非构思写作学一定程度上避免了作文"不辨男女，不说人话"，揭示了作文生长的神秘面纱。"想到什么写什么"的实质是非构思，只是，要看是怎样的"想"和"写"。经验化的"想到什么写什么"，是随意写作和意识流写作，而借助与思维操作模型的建构训练之后的"想到什么写什么"，是具有可教性、实操性的当代作文教学之路。非构思写作教学是将写作思维（模型技术）内化，从而达到"从心

---

① 马正平.非构思写作学宣言——后现代主义之后当代写作学观念、原理与方法（下）[J].海南师范学院学报（人文社会科学版），2002（05):30.

所欲而不越矩"的自由创造的写作境界。

必须指出的是，发泄学生的各种感性情绪，进行所谓"非构思"写作是一种很危险的作文训练方法。一是思想上的危险，二是生理上、心理上的危险。前者让我们进入非理性情感发泄式的表达，后者则可能导致严重的心理疾病。

（三）非构思写作是一种混沌写作。

创作有三种状态：糊涂、明白、混沌。超越糊涂是明白，超越明白是混沌，混沌最难。糊涂出垃圾，明白出作品，混沌出境界。一定意义上说，糊涂是"不似"，明白是"似"，混沌在"似与不似之间"。以画来比拟，糊涂是涂鸦，明白是工笔，混沌则是写意。以行为来比喻，糊涂是盲人骑瞎马，明白是朗日出游，混沌则是雾中飞翔。

糊涂是面上泥，人人只恐去之不速；明白是技能，亦是功夫，需要学，亦可学而致；混沌是禅，不可学，只可悟。糊涂时，天地一团漆黑而不自知；到明白时，方能看出糊涂的可笑。此时却又最易自满，以为天地在我手，宇宙在我心，只我才是个写诗的大王、做文的圣手，文章之妙，我全了然；再到混沌时，如能见出明白的不足，即便进了一步，却反惶惑，不知混沌之外，还有什么？

混沌是说不得的，开口即错。勉强说来，它是明白和糊涂的化合物。说化合物不一定准确，但却绝不能说混合物；你中有我，我中有你，这个"有"是氢二氧一的化合，有氢有氧，却不可分，一旦分开，就不是"水"了。

糊涂时不用说，一般写不出什么好作品，连制造合格产品都难，但偶尔却能写出一篇惊人之作，高手看了，称赞得了不得，写手却如坠云里雾中，不知道好在什么地方。因为糊涂和混沌有相似的地方，偶尔误打误撞，说不定有一锤子正好击打到关节处。

明白写作就不同了，这时他明白应该怎么写，而且在动笔之前就知道作品的好坏，一出手，至少也是合格品，发表是不成问题的，用点力，就能弄出精品，然而，在明白阶段，却永远写不出真正的杰作。流传千古的经典，只能在混沌阶段产生。想要找证明，读《红楼梦》就能体会出来。

明白写出的作品，无论作者玩什么花样，都逃不过评论家的眼睛，能被看穿看透；即使精致到极处，也只仿佛德高望重的老科学家绞尽脑汁制造的机器人，能动、能听、能看、能说、能干活，人人称奇，但没有生命，顶多"似人"。而混沌作品，不论作者还是评论家，都说不清、说不透、说不完；看似简单，表面稀松平常，没有人称奇，却是活泼泼的生命。孙犁先生说，创作的最高境界是无技巧，大约就是指的混沌阶段。

思考：

1. 人的文学对写作有何启示？

2. 影响新的文体创生的原因有哪些？

3. 写作教学的理论经历了哪些阶段？

4. 如何理解非构思写作？

第三章　写作人的基本常识和要求

　　所有的作家都是作者，但并非所有的作者都是作家。我们还原作家的成长历程，让写作者像作家一样思维。一个作家的成长往往需要浓郁的文学氛围、独特的个性、敏锐善感的气质和独立思考的能力，以及一定文学功底和对文字的敏感度等。当然，作家的习惯和癖好让其可以更心无旁骛地写作，嗜好有助于作家以自己独特的方式观察和思考世界。要有意识地训练对有特色的文字产生直觉的敏锐感，培养将文字信息还原成有画面感的人、事、物等的能力。除此之外，自觉而持续的情感和思维活动可还原并进入文章情境，有助于训练其联想力、想象力、思考力，全面建构青少年阅读写作心理。文学流派是在文学发展过程中自然形成的，了解文学流派和文学史可以更清晰地看到文学的过去乃至未来。每一个人都拥有一个由童年经验所构造的内心世界，童年世界是作家的记忆宝藏，是成就作品风格的一个重要因素，唤起童年就像挖开了记忆的宝藏。

第一节　写作人的基本要求

　　我们首先需要明确写作人和作家的区别。

　　写作人就是所谓作者，法国哲学家福柯有一篇著名的论文《作者是什么？》，文中有一个观点是所有的作家都是作者，但并非所有的作者都是作家。

　　若高度概括作者与作家的区别，我们大概可以说：作者是描述生活的人，而作家是创造生活的人。也就是说，作者拿起笔来组织下语言，就可以称其名焉，乃是因为其入门门槛低：只要能够清晰明确、生动形象地描述自己的所见、所闻、所思、所感，则庶几矣。套用一句广告语来形容——作者不生产美，他们只是大自然的搬运工。

　　相反，作家之所以常人难以企及，则在于他们的文字"源于生活，而又高于生活"。读他们的文字，你仿佛感觉自己到了另一个世界。原先习惯的光景已然支离破碎，而在作家笔下建构的意境里，你会看着月儿从水面升起，身上带着失落的太阳的泪滴；你会讶异这泡影般的新环境，彷徨于本没有的路，依稀听见美丽的花朵喃喃着；这时你会有些害怕，有些四顾心茫然，回望"长咨嗟"，于是你向前飞奔，想要逃离，不觉间来到了一个岔路口，你忽然想起清晨，那时，你也如此伫立，眼前的树林里分出两条路，而你选择了人迹罕至的一条……

　　现在的电脑字体繁多，很容易用下载的"王羲之体"打出一篇《兰亭序》。可是看着它，我们却会感觉食之无味。因为这只是对《兰亭序》的忠实的描述、复制，而右军的原作却有着他的感情、意境和世界。是否"成一家之言"，这既是书法和字体的区别，也是文学和文字的区别；是作家和作者的区别，更是艺术和描述的区别。

　　回归现实，以什么标准来衡量作家呢？当作家的第一个标准，就是具备一定的语言功底和拥有个人化的语言风格。这标准并不高。但凡认真写、写得多，又有些天赋的人都能达到这一步。语言功底就是笔力如何。比如同样是作家，巴金、老舍、沈从文、鲁迅等先生的则常人莫及。这第一个标准只是第一道门槛，很多人都能到这个门槛，但称不上作家。

这就引出了作家的第二个标准:有情怀的精神寄托,成一家之言。有些人把自己的文字当作商品,读者爱看什么写什么,什么书好卖写什么,这样是算不得作家的。真正的作家应当将自己的文字看作自己的精神寄托,具有爱憎分明的态度抑或兼济天下的情怀。就算是为了生计,也尽力兼顾之。比如金庸为《明报》写武侠,古龙为了生计写武侠,但两位大师对自己的作品要求也高得很,创造了一个无与伦比的武侠世界,将中国人骨子里的侠骨柔情演绎得绚烂多姿。作品就是作家的羽翼,一位作家应当珍惜自己的作品,爱惜自己的羽翼。

发前人之未发,达前人之未达,则是作家的第三个境界了。能臻此境界的作家,大抵都是将文字当作毕生追求。可是境界的高低,思想的深浅,既需要天赋才能,又需要后天培养,套用一句古话"书山有路勤为径",只要下功夫,每个人都可以成为作家。

明确了作家的标准,我们再来讨论成长为一个作家所需的条件。

一、一个作家的成长,往往离不开浓郁的文学氛围

氛围是一种类似于磁场的场,在这种场中,个体间将产生微妙的关联和相互作用。氛围是创造力、行为内驱力的诱因,是生命被唤醒的重要标志,美国心理学之父威廉·詹姆斯研究表明:一个受到情感场激励的人,比起没受到氛围影响的人来说,所发挥的作用相当于激励前的三四倍。一个作家要成长起来,往往离不开浓郁的文学氛围场。

古代中国文学光辉灿烂。唐代举国喜欢诗歌,这种特殊的场使得众多的诗人和诗作得以产生。宋代演绎为词作,故苏轼、辛弃疾、姜夔等大家辈出。西方文学亦如此类。被誉为"短篇小说之王"的法国作家莫泊桑,其作品以布局结构之精巧、典型细节的选用、叙

事抒情手法以及行云流水般的自然文笔，给后世作家提供了楷模，对后世产生了极大影响。莫泊桑就成长在一个文学氛围浓郁的环境中，他的母亲除了亲自教他读拉丁文，启发鼓励他写诗以外，还想方设法让福楼拜做儿子的老师。后来，在福楼拜的严格要求和精心指点之下，莫泊桑成功地走上了文学之路。莫泊桑还经常和福楼拜、左拉、保尔·阿莱克西（1847—1901）、昂利·塞阿（1851—1924）、莱昂·埃尼克（1851—1935）、于斯曼（1848—1907）、伊万·屠格涅夫、都德等聚在一起交流。各种文学社团、研究会的成立和运行有利于文学氛围的营造。

二、在文学创作中，作家的个性气质占有十分重要的地位

（一）个性气质让作家具有独特的感受力，这种感受力影响作家的选材范围，影响构思中的想象、情感活动，进而影响作品的内容和风格。

亚里士多德认为，黑色胆汁型忧郁气质决定卓越精神。莎士比亚的天生忧郁气质在剧本《哈姆雷特》中得到了充分体现，弗洛伊德弟子恩斯特·琼斯证实了萨翁在作品中化装表演了"俄狄浦斯情结"（恋母情结）。中世纪的占星术更充实了此种忧郁论，他们认为忧郁者具有内省、智慧和深邃的特性，这种特性的人往往被称为先知。诗人思维的缓慢、内敛、冷峻同距离人类最遥远、运行最缓慢的土星非常相似。巴洛克时期，英国学者罗伯特·伯顿对忧郁有了更系统的论述，他认为忧郁性格的人耽于自我专注、孤独和沉思，他们往往不满现状，可又不是积极的实践者，他们不喜欢浮嚣喧闹的日常环境，可又不爱参与世俗的集体活动，无法从事快速高效的劳动与工作。现代著名文论家本雅明就十分重视忧郁和艺术的关系，明确反对"明晰"与"单纯"，甚至认为是"一种谎言"。他发现普鲁

斯特、波德莱尔、卡夫卡具有土星气质，甚至在歌德身上也发现了土星般的性格特征。美国著名作家桑塔格认为，知识分子、艺术家与殉道者往往都具有土星气质。在她看来，因为忧郁的性格经常被死亡的阴影所纠缠，故而忧郁的人最为敏感，阅世最为深切。她认为，忧郁的人精神容易集中，头脑极富创造性。

文学的"慢"节奏证实了土星气质对艺术家非常适合。忧郁气质的艺术家特别迷恋细小或残存的事物，迷恋象征、隐喻与寓言。忧郁气质的艺术家对痛苦格外敏感，具有精神探索兴趣、内在矛盾、情绪失恒、生命呈现出梦幻色彩与神秘气息的文学艺术特质。忧郁气质构成了文学作品的生理基础；我们不妨认为，正是这种精神气质，决定了文学的基本性质。①

（二）作家个性气质影响作家审美趣味，审美趣味影响作家的兴趣与倾向，兴趣与倾向影响作家对作品题材选择的主观偏好，进而影响作家的独特风格。比如，梁晓声特别关注农村题材；池莉却特别集中于城市题材；而海岩却偏好公安类题材。可见，作家创作存在着各自所特别专注的题材区，而这选择是受作家的个性气质所制约的。他们在各自的创作区域内把握了与自己个性气质相契合的一面，因而获得了独到的审美发现，也因此形成了自己作品的整体风格。

（三）性别也影响作家的风格。女性作家往往有着女性温柔、细腻、敏感、善解人意的性格，因而形成了探索女性心理的审美趣味，其作品也大多是明显的女性化题材。比如李清照，她的词主要是写离情别绪，写自己对生活的热爱，表达自己对丈夫的真挚感情，词的风格温婉细腻，简约空灵。张爱玲、王安忆的作品也处处显示出

---

① 林贤治.中国文学呼唤精神还乡［J］.中国现代文学论丛，2008（08）:31.

女性所特有的敏感、细腻。

（四）即使同一性别的作家因为个性气质不同，审美趣味也往往大相径庭。诗人屈原人格高尚，执着于自己的理想世界，其《离骚》以香草美人歌颂美善和高洁，以荒秽与恶臭来鄙视丑恶和虚假，优美动人，体现出了浪漫主义风格。曹操则胸怀壮阔，积极进取，其作品多抒发人生的建功立业，风格宏大壮阔、气象非凡。[①]作家个性气质的差异，又使他们在创作中形成了不同的语言风格。王维性喜安静而又自甘寂寞，崇尚佛教，"外儒内佛"构成了他的双重人格；因其心境空明，其诗呈现出了"空山新雨后，天气晚来秋"之空灵和绝美，所以空明境界与宁静之美，也就构成了王维山水田园诗的主要特色。

杜甫因为世代奉儒守官，加之痨病在身，性格比较沉郁。与他的个性气质绝然相异的是李白，气宇轩昂，行为高蹈，情感大开大合，以豪放不羁的个性气质著称，他不仅是"十五观奇书，作赋凌相如"的作家，还曾路见不平"手刃数人"，喜欢恣情快意地生活、漫游。仕途得意时，他"仰天大笑出门去"，失意后又大呼"大道如青天，我独不得出"。这个天才诗人，兼有游侠、策士、隐士、酒徒等复杂气质。正是李白这种激烈的、时刻都不能安定的个性气质，使他喜爱奇峰绝壁、天外飞瀑，非《梦游天姥吟留别》《蜀道难》等古风类体裁不足以表现其独特的气质个性也。再譬如同写友情，李白"我寄愁心与明月，随君直到夜郎西"，杜甫却道"故凭锦水将双泪，好过瞿塘滟滪堆"。[②]由于二者个性气质的不同，作品表现出来结果是

①　汪宁漪,童李君.论作家个性气质与文学风格的关系[J].南华大学学报(社会科学版)，2005（12）:15.

②　李云霞.作家的个性气质与创作的关系[J].陕西广播电视大学学报，2002（12）:30.

一个飘逸，一个沉郁。

现代散文大家鲁迅和周作人，虽为亲兄弟，但气质风格明显不同。哥哥鲁迅个性激烈、执着、深沉、含蓄。他的文章是投枪，是匕首，严厉批判，毫不留情。其个性之强可见一斑。这也从侧面说明了鲁迅看重战斗精神、悲剧精神的审美趣味。就连鲁迅的散文也都选取批判现实、惊醒国民的题材。^①弟弟周作人则为人谦和，待人真诚和气，强调恕道；反映在其作品中则表现为他很看重趣味，选择花鸟虫鱼类闲适性题材进行创作。他早期的散文总是充满情趣，显得不温不火，非常闲适，洋溢着中庸、通达、清朗之趣。

（五）作家创作个性的形成与发展虽和先天禀赋气质有关，但也受到客观社会历史地理条件的制约与影响。"文学家是时代之子"；杜甫忧国忧民的情怀与沉郁厚重的风格，鲁迅"韧战"的思想，"横眉冷对千夫指，俯首甘为孺子牛"的情感与他那犀利、尖锐、冷峻的杂文风格，诚然同他们各自的气质、个性息息相关，也是与他们各自所处的社会历史地理状况相联系的。东北的学生写出来有黑土味，陕西的学生写出来有黄土味，江南的学生写出来就烟雨濛濛的。故此我们可以这样说，风格是作家创作个性的体现，时代和地域则是培植创作个性的气候与土壤。^②

三、敏锐的观察能力是写作人的基本素养

作家的官能往往都比较敏感，观察得越仔细，写出来的就越独到，越有魅力。易卜生为了深入观察市民生活，年老之时，他还常常坐

---

① 汪宁漪，童李君.论作家个性气质与文学风格的关系[J].南华大学学报（社会科学版），2005（12）：15.

② 张凤梅，聂艳华.曹丕"文气说"阐微——兼论对文人创作的影响[J].内蒙古电大学刊，2007（05）：10.

到咖啡店里，假装拿报纸看新闻，暗地里却偷偷注意各种顾客的神貌、动作，倾听他们谈话。喜剧大师莫里哀在台上为滑稽多智的演员，但离开舞台却有些木讷；他的袖筒里经常藏着一个笔记本，到商店里常待在一旁一言不发，只留心偷听买东西的人谈论的话题，将它们私下记录起来。就因为这个癖好，朋友们给他送了个绰号——"静观人"。苏联作家阿·托尔斯泰写作时，喜欢在写字台的角落摆一面镜子，为的是方便随时从镜子中观察自己脸上表情像不像笔下人物的表情。

　　说到敏锐善感，莫泊桑敏锐的观察令人咋舌。自从他师从福楼拜之后，每逢周日就带着新习作，从巴黎长途奔波到鲁昂近郊的福楼拜住处，聆听福楼拜对他前一周上交习作的点评。福楼拜要求非常严格，首先要求他敏锐透彻地观察事物。莫泊桑在老师的引导下，逐渐变得善于发现别人没有发现过与没有写过的特点。后来，在谈到作家应该细致、敏锐观察事物时，他深有感触地说："必须详细地观察你想要表达的一切东西，时间要长，而且必须全神贯注，才能从中发现迄今还无人看到和说过的那些方面。为了描写烧得很旺的火或者平地上的一棵树，我们就需要站在这堆火或这棵树的面前，一直到我们觉得它们不再跟别的火焰与别的树木一样为止。"有一次，福楼拜还建议莫泊桑骑马出去跑一圈，一两个钟头之后回来，把自己所看到的一切记下来。莫泊桑按照这个办法锻炼自己观察力达一年之久。此外，福楼拜还让他听街上马车声来训练观察力。1880 年，莫泊桑的成名作《羊脂球》发表了，它使莫泊桑一鸣惊人，读者称他是文坛上的一颗新星。从此，他一跃登上了法国文坛。①

---

　　① 　资料引自百度百科：http://baike.baidu.com.

四、独立思考能力是成就作家的灵魂

一种纯粹靠读书学来的真理，与我们的关系，就如假牙、蜡鼻子、假肢甚或人工植皮。而由独立思考获得的真理恰如我们天生的四肢：只有它们才属于我们。

——叔本华

独立思考是指靠自己想出来的，不借助外界帮助的思考。

没有受过教育的孩子会独立思考的，只要他觉得合理，他会根据自己的自然感受去做一切。然而随着人的成长，外部压力越来越大，尤其在他遭遇挫折，处于劣势时，一切都在否定他，其实他有可能只是没有确切把握而已。情感、权威、教育的改变，偏执的舆论往往把一个人天生的独立思考能力渐渐抹去，沦为盲从的奴隶。独立思考才会令一个人看清自己的路，才会有所创造，才会更果断地抉择。独立思考，不是反对谁，而是要认清事物的合理性以及自己的需求，自己去把握，去做取舍。

思想独立人格才能独立，独立思考是一个作家宝贵的素质。文学艺术应揭示社会黑暗，揭示不公正，也包括揭示人心灵深处的阴暗面，揭示人性中恶的部分。莫言在其长篇小说《生死疲劳》后记中最后说道："哪怕只剩下一个读者，我也要这样写。"是的，该怎么写就怎么写。在写小说时，作家可以"贼胆包天""色胆包天""狗胆包天"。

独立思考就是要时刻用自己的触角去感受世界，根据自己的感受判断、决定。独立思考，是自己把握事情，并承担意外的风险。船停在港湾里最安全，但那不是造船的目的。

西方哲学史上有这么个著名故事：有一天，罗素问大哲学家穆尔：

"谁是你最得意的门生？"穆尔毫不犹豫地回答："维特根斯坦。""为什么？""因为，在我所有学生当中，只有他一个人在听课时总流露出迷茫的神色，老是有一大堆问题要问我。"后来维特根斯坦的名气超过了罗素。有一回，有人问维特根斯坦："罗素为什么落伍？"他回答道："因为他没有问题了。"①

独立思考和批判精神是人成熟理性所必须的。中华五千年，教育之根底是让人"信"，所谓道德普及正是这样。美国的语文书也有这共同点，譬如爱国主义、人道情怀等。不过还是有几点不同，就是不让人去"信"，而是让人去"疑"。张中行先生举例：英国的课本上讲拿破仑被英人打败，德国书本则说是德国打败的。有人就问罗素，让我们孩子相信谁呢？罗素回答也很有意思：让英国孩子读德国读本，德国学生看英国的教材。无论何时大家都不再轻易相信什么，教育就有成效了。不管这个故事是否真实，却讲了这样一个道理：教育乃让人学会怀疑、通晓独立思考的路径。②

恩格斯曾经把"思维着的精神"比作"地球上最美的花朵"，如果思维着的精神不是自主的，那它就只能是看似美丽的假花，无任何生命力可言。苏辙提出"文不可学而致"，陆游提出"功夫在诗外"，都是强调思想和情感的成熟对于诗文的决定性意义，而只有自主的思考，才能使人的思想和情感趋向成熟。

因此，教师在教学的实践中，必须把学生思考的自主当作教学的出发点和归宿。我们必须破除那种把作文视作应试的手段，把作文视为"敲门砖""进身之阶"的错误观点，真正把作文教学理解为

---

① 朱国忠.教师的"假性成长"与问题意识的强化——从罗素落伍说起 [J].中小学管理，2006（02）:10.

② 他山之石 能否攻玉——关于《美国语文》以及语文教学的讨论 [J].中国现代教育装备，2005（03）:15.

帮助学生全面发展的一种可选的有效方法。学生在学习过程中务必尊重个性体验，我手写我心，勇敢地表达自己的思想，才能写出像样的文章。

五、良好的文学功底是成就作家的基础

文学功底指文学的基础，就是对语言文字的敏感度，对文字驾驭的欲望和快感，就像和面团一样，可以把文字玩弄于股掌之间，一个字就是一片色彩，一道风景。通俗点讲，写文章就好比建造高楼大厦。掌握众多词汇，熟练地遣词造句，就好比建筑师拥有了许多高质量的砖瓦。而谋篇布局、巧妙构思则像是大厦的框架结构。立意高超、内涵深刻更类似整个大厦的蓝图。顺便说一句，一般说来，作家对自己的乡土语言是非常善于驾驭的，如山东话形容一把刀锋利，它不说锋利，而说"风快"；形容姑娘漂亮，也不说漂亮，而讲"奇俊"；形容今天天气热，不说热，而说"怪热"。北京话称呼李姓的后生，就得在"小李"后面加个"子"，称为"小李子"。这些方言土语，一旦写到书上，我们反而觉得典雅古朴，不但没有阅读障碍，而且有非常强的感染力。文学是语言文字的艺术，一个真正的作家，就应该千方百计地丰富本民族语言。不能仅把方言土语用到小说人物的对话中，还要把方言土语用到叙述中。

一个胸无点墨、缺乏相当词汇的人，写出的文章肯定平淡无味。就像缺乏材料的建筑师，只能造造茅草房。这方面想要长进，就需阅读一些语言优美的散文和文学名著。一点一滴地积累词汇、积累知识，日积月累，最终水到渠成。平时加以练习，多写日记、随笔，时间长了，就能写出不错的文章。但是，文章的最高境界在于立意深刻。同样一件事，不同的人有着不同的眼光，看问题的角度也不尽相同，结果自然千差万别。这就需要加强文化素质、个人修养来

提高文章的立意。从各种名著中汲取营养，从而提高自己的鉴别和鉴赏能力，最终提高写作能力，造出宏伟、亮丽的文学大厦。

骆驼穿越沙漠，兔子蹦蹦跳跳地寻求成功的秘诀，骆驼的回答让兔子很失望，因为它只说了两个字"坚持"。培养文学功底也没有捷径，唯有在阅读、练笔上坚持不懈，久而久之，文学水平就会在不知不觉中实现由量变到质变的飞跃。文学功底这一形式相比独立思考而言，更容易学得，但很多人却往往卡在了这一关。所以，一个有志于在文学上有所作为的人，先不必在写作技巧上耗费工夫，而应从灵魂深处着手，由内而外地表露真情实感，以创造一个成为文人基础的文学性格。当那个基础适当地建立起来的时候，当一个真正的文学性格创造起来的时候，写作水平自然而然就提高上去了，而技巧方面的小问题便也可以迎刃而解了。

六、培养写作者的高尚情怀

自从扬雄在《法言·问神》中提出："言，心声也；书，心画也。声画形，君子小人见矣"以来，"文如其人"观点一直被大多数人所认同和接受。西方也有类似的思想。法国的布封有一句名言："风格即人格。"在大多数情况下，作家的文品与人品是一致的，和谐地统一于作家的个体生命和创作文本之中。

为了警惕"文不如其人"的现象，我们反对虚伪的人格。明末奸佞阮大铖（号圆海），早年依附魏忠贤阉党，后又谄附奸相马士英，为时人所不齿，《明史》干脆将其列在《佞臣传》中。其人奸滑如此，但其诗却有许多仿陶渊明之作。阮大铖了无节操，人品卑下，却东施效颦，欲博清名以遮秽迹，但终究逃不出法眼明鉴。钱钟书先生在《谈艺录·文如其人》中，一针见血地指出："圆海况而愈下，听其言则淡泊宁静，得天机而适自然，观其人则挤眉弄眼，龈齿折腰，通身不安详自在。"阮大铖这类"文不如其人"者，表面上标榜淡泊、自命清高，骨子里却热衷名利、猥琐卑陋。倘只听其言而信其行，往往失察。还是孔子说得好："吾于人也，听其言而观其行。"

同时，我们也反对用才气掩盖人格瑕疵的行为。初唐四杰中的王勃，大概没有人否认他对中国文学史的贡献，然而他魅力四射的才气掩盖了其人格上的瑕疵。当年，年仅 26 岁的王勃以一篇脍炙人口的《滕王阁序》而奠定了他在中国文学史上的杰出地位，那"老当益壮，宁移白首之心；穷且益坚，不坠青云之志"的绝唱，曾经令多少文化人心怀敬意，然而，《旧唐书·本传》中对他的人品的评价是"恃才傲物，为同僚所嫉"。有一位名叫曹达的官奴犯了罪，被他藏匿府中。后来，怕事情败露殃及自己，干脆灭口。

政治思维和文学思维或为一对矛盾。横槊赋诗的曹孟德，他的"东临碣石，以观沧海"，他的"何以解忧，惟有杜康"，他的"神龟虽寿，犹有竟年"，多么大气磅礴，迁想妙得。而他的人品与他的文品相比，实在黯然失色。且不说他早年狐疑满腹地杀了救命恩人吕伯奢，仅仅因为杨修猜透了他的心思，就遭到杀头的厄运，便足以说明他妒贤嫉能，有气量狭小之嫌。曹操的儿子魏文帝曹丕，才气横溢，不让老曹，其文论更是风骚独领，冠盖文坛。而他却偏偏不能容忍亲弟弟曹植的存在，一首七步诗，字字泣血，声声滴泪，读来令人断肠。

晚唐穆宗、武宗年间的宰相李德裕，与宦官同流合污，屡屡掀起党争，把朝野搞得一片混乱。然而，就是这样一个人物，却写了一篇《文章论》，颇能重视文学特点，与当时古文家崇尚以文贯道不同，他开拓了文学审美的新境界，为历来晚唐文章学研究者所重视。还有北宋时期的蔡京，书文俱佳，惟人品为人不齿，以至于人们在说到蔡氏家族的书道渊源时，不得不举出稍逊于他的侄儿蔡襄作为代表。南宋的秦桧，其文章琉璃生辉，其书法潇洒飘逸，其人卖国求荣，文品与人品的分裂比之蔡京有过之而无不及。连他的后人到了他的坟前都吟出"人至宋后羞名桧，我到坟前愧姓秦"的诗句。

　　我们这样举例，并不是说一个在道德情操方面有缺陷的作家的文字就不能受到读者的尊敬。我们之所以陷入这样的困惑，是因为近年来，文坛上将人品与文品极度割裂的喧嚣不绝于耳，大家越走越偏激，以至于变成了价值论战。长期以来的二元对立思维，让我们非此即彼。以前贬低周作人、张爱玲之属，尊崇鲁迅；现在反过来了，文化巨人鲁迅遭到唾骂和攻击，说他偏激狭隘，说他不能容人，说他文章艰涩，而周作人、张爱玲们却被捧上了天。说"现代女作家有以机智聪慧见长者，有以抒发情感著称者，但是能将才和情打成一片，在作品中既深深进入又保持超脱的，张爱玲之外再无第二人。"① 其实，一码归一码，她的私生活怎么样和我们评价她的作品并没有关系。至于当今文坛许多所谓新派作家，藐视养气修身，以噱头博眼球；而不断地营构"糟粕重复吹捧一百遍，也会成为精品"的神话让有些正统的作家忧心如焚也完全没有必要。存在就是合理，精神的混浊或者真空要用精神的办法来解决，要用市场的办法去解决。一味地埋怨或故作悲情状、愤怒状又走入了另一个极端。文学承载了太多非文学的东西，不利于文学的长远发展。

　　我们认为，作家的作品是作家人格的艺术映像，是他的灵魂世界的外化，是他对于这个世界认知的艺术再现，是作家人生态度的文本记录。而作家的人生态度在任何时候都无法摆脱时代和民族的浸润和滋养。我十分欣赏鲁迅的一句话："战士战死了的时候，苍蝇们所首先发见的是他的缺点和伤痕，嘬着，营营地叫着，以为得意，

----

① 姜薇.暗香浮动——解读张爱玲［J］.语文学刊，2010（06）:30.

以为比死了的战士更英雄。但是战士已经战死了,不再来挥去他们。于是乎苍蝇们即更其营营地叫,自以为倒是不朽的声音,因为它们的完全,远在战士之上。……然而,有缺点的战士终竟是战士,完美的苍蝇也终竟不过是苍蝇。"这是先生对文品与人品关系最经典的诠释。其言如同黄钟大吕,恒久地回响在古老而又新生的中国大地上。

七、选择适合自己性格的文体和风格进行创作

每个人看书都会有自己的喜好,有人喜欢三毛的洒脱,有人喜欢张爱玲的细腻,有人喜欢余秋雨的底蕴,有人喜欢安妮的忧郁,有人喜欢韩寒的叛逆;有人喜欢武侠的刺激,有人喜欢言情的缠绵,有人喜欢批判的犀利,有人喜欢历史的真实……这一切都和我们的性格有关。同样的性格又在一定程度上决定了我们的写作风格。相对而言,灵感型的人适合写散文、诗词;有灵感,但没有毅力的人不适合写长篇小说。既想象力丰富,又有毅力的人,短篇、长篇都或可写得精彩。想象力不够好,但语言表达能力强,写一点科普文、说明文什么的挺好的。

第二节　名作家的写作习惯与爱好

很多知名作家都有一些写作怪癖,这些怪癖大都有利于作家本人寻找或激发灵感。有时候,你会觉得他们和疯子真的只有一线之差。客观上,作家的习惯和癖好可以让他更心无旁骛地写作,其嗜好有助于作家以自己独特的方式观察和思考世界。

英国作家司各特写作时,常常故意把邻家一大群孩子请到书房里玩,并要求他们大声谈笑。他向迷惑不解的朋友解释道:"我们这个社会本来就是吵闹的,要是我写作时一片寂静,那倒正是一种'失

真'哩！"

法国作家罗曼·罗兰写作时，像苏联作家阿·托尔斯泰一样，也总是在案头放一面镜子，时刻观察自己的面部表情，借此刻画作品中的人物形象。法国作家雨果常叫仆人把他衣服偷去，这样他就不能够外出，只好待在家里继续写作。法国作家大仲马一到深夜就会大吃大喝，不知是否有意，反正这样他吃饱了撑得无法入睡，只好不停地写作，因而成为世界上最高产的作家之一。法国作家雷蒂夫一生写了120多部作品，大部分作品来源于他对女性脚的鉴赏。他常穿件褴褛的短披风，戴个大沿儿帽，整夜在大街上徘徊，以寻觅小说的素材，只要望见一只穿着合适鞋子的漂亮女性的脚，他就会堕入情网，并找到写作的灵感。因此原因，他被文学史家归划为色情作家。晚年，雷蒂夫又变更了他的写作习惯，开始有计划地在花园墙壁、石头栏杆、岸边护墙，特别是圣路易岛的护墙上镌刻他生活中重大事件发生之日及他对事件的感受。起初，他是用钥匙在石头上镌刻，后来换上特制的铁锥。每过一年，雷蒂夫都要去看他那些作品，亲吻它们，如发现铭文已被风雨侵蚀，他就会再刻一遍。法国作家巴尔扎克创作时总要大量饮用咖啡。他喝咖啡不加牛奶不加糖，他曾不无得意地说："我将死于3万杯咖啡。"此话不幸被他言中，他死于慢性咖啡中毒。有学者估计，他一生中至少喝过5万杯咖啡。法国作家拉辛习惯于边走边思考，有时会在庭院里发疯似地来回走几百遍，反复地琢磨与推敲。法国作家司汤达为使自己文笔声调铿锵，每天早上要读两三页民法。法国作家福楼拜则白天休息，夜里通宵创作。他书房里那盏绿罩灯彻夜不眠，他的窗口也成为塞纳河上船夫的航标。大仲马认为，诗须写在黄纸上，小说须写在蓝纸上，散文须写在玫瑰色纸上，否则就无法下笔。

美国作家吉卜林坚持用中国墨汁写作，他说他最讨厌用蓝黑墨水。美国剧作家柯汉喜欢在列车上创作，他会包下一间普尔门特别列车上的客厅，在火车不停行驶中奋笔疾书，直至他把要写的作品写完。通常，一个夜晚他能写出 140 页原稿。美国作家杰克·伦敦对小纸条怀有特殊感情，他的房间就是一个小纸条的世界。墙壁上、窗户上、柜橱上、床头上、镜子上、衣架上到处都贴着形形色色的小纸条。作家本人就生活在这个纸条的世界。睡觉前，他默念着贴在床头的纸条；早晨醒来，他一边穿衣，一边读着墙壁上的纸条；刮脸时，他读贴在镜子上的纸条；房内踱步，他可以随便阅读贴在各种什物上的纸条。外出时，他可伸手从口袋里掏出纸条。他的一生中究竟写下了多少纸条，恐怕连他本人也无从知晓。美国作家海明威、诗人沃尔夫、意识流小说家伍尔夫都习惯于站着写作。海明威说："我站着写，而且用一只脚站着。这种姿势，使我处于一种紧张状态，迫使我尽可能简短地表达我的思想。"与他们相反，美国作家马克·吐温则喜欢卧着写作，有时为了求得一个安静的写作环境，经常带足干粮与水，泛舟海上，在这种情况下，他写作起来得心应手，进展很快。美国作家爱伦·坡总要把自己心爱的猫置于肩头，然后才开始创作。美国政治家兼作家富兰克林情愿泡在浴缸里写作。一位当代美国作家有这样一段自白："我在写作时，先将浴缸注满热水，再往水中撒一些泡澡粉，在浴缸沿上横搁一块松木板，放上纸笔才开始写小说。我在浴缸里一泡便是几个小时，热腾腾的洗澡水让我体重减轻，感到身轻如燕，飘然欲仙，当自己的体温上升到热水的温度时，我的文学思维便挣脱羁绊，自由自在地飞翔起来了。"① 美国当代女诗人艾米·克兰皮特无论是在宁静的海滨或喧嚣的闹市，乃至于在奔驰的列车上，她总喜欢久久盯着一扇窗户的玻璃。据她说，

---

① 张珍.有趣的作家写作习惯［J］.语文教学与研究，2007（01）:30.

玻璃会产生一种特殊的反射效应，只要盯上一会儿，便会思若泉涌。

俄国作家列夫·托尔斯泰只在清晨写作，他认为只有早晨才能使他保持一种清醒的批判精神，而在夜间会写大量胡说八道的废话；在写作环境上，他随遇而安，纵使置身于炮火连天的战场，他也能专心写作。

丹麦作家安徒生则喜欢在幽静的森林里构思他的童话，一旦进入森林王国，他的艺术想象力就格外活跃。

挪威剧作家易卜生认为瑞典剧作家斯特林堡是他的对头，所以他总要把斯特林堡之像放于写字台上，与他相对，才能写出好剧本。

德国作家席勒的书桌抽屉里总搁着一些烂苹果。当他一时找不出合适词语时，就打开抽屉，吸上几口烂苹果味，然后在弥漫着浓浓烂苹果气味的房间里继续创作。他的名作《阴谋与爱情》和《华伦斯坦》三部曲等都是在散发着这种怪味之房间里写成的。

第三节　如何训练对文学语言的敏感性？

对语言文字的敏感性可以分为四个层次：对汉字和汉语本身特点的敏感性，对有特点的文字产生直觉的敏锐性，将文字信息还原成人、事、物的敏捷性，情感与思维活动的主动性与持续性。后一层次比前一层次提出了更高的要求。

一、对汉字和汉语本身特点的敏感性

维特根斯坦曾说："我的语言的界限意味着我的世界的界限。"了解造字法及词语的运动就相当于了解了汉字的精髓。汉字是中国人的思想条形码，是民族文化的观象台，是炎黄子孙的骨髓，是历史的载体，是墨色的黄河，有着鲜活的生命。当你写下"人"这个字，

你是否想到一撇一捺，顶天立地，从而肃然起敬。这不仅反映了人类祖先从猿到人的演化过程——肢体站立；也反映了人的精神要上可达于天，下可立于地，要成为具有独立人格的生命。当你看到"仁"时，你是否想到二人，想到儒家强调调整人与人之间的关系？"儒"就是一个"人"字加一个"需"字，儒家是平衡和调整人与人需要的啊！当你看到"阴阳"中"阴"在前时你是否了解到这个词在母系氏族时就已经产生？当你见到"巫"时，你是否会了解到在古人的心目中"巫"是沟通天地、沟通神人的人？当你听到"海子"时，你是否想到元朝人因为没见过真正的大海，把湖泊当成了海，当了统治者后，不好意思说自己错了，改而称以前见到的是海的儿子，简称海子？你是否知道一个词的贬义一旦产生就会自动逐步抵消褒义的义项？中国的汉字和语法，这些有影无形的图画，这些横竖钩点的奇妙组合，这些名字的称呼背后，与人的气质和社会的发展变迁多么密切！

中国的汉字用一个个方块字以及方块字的组合，培育了五千年古老的文化，维系了一个统一大国的存在，发掘和利用汉字本身的魅力是培养对语言的敏感性和对语言的热爱的非常重要的途径和方式。

二、对有特色的文字产生敏锐直觉

好的作品，要么全篇要么局部，总会存在有特色的文字。而特色的文字往往极具表现力。自古以来，很多名篇佳作之所以脍炙人口，长久地流传，大都和其文字表达的独特魅力息息相关。比如，《木兰诗》中大量运用铺排手法，不但使事件的表述如行云流水，读起来朗朗上口，而且还扩大了诗句的容量，增强了语言的表现力。"东市买骏马，西市买鞍鞯，南市买辔头，北市买长鞭"，我们不能机械地将这段文字理解成分别在四个市场买了四样东西，因为这里用铺排手法，旨在渲染出征前准备工作的忙碌，意在烘托木兰"愿替爷征"的心情。"朝辞爷娘去，暮宿黄河边。不闻爷娘唤女声，但闻黄河流水鸣溅溅。旦辞黄河去，暮至黑山头。不闻爷娘唤女声，但闻燕山胡骑声啾啾"，铺叙了木兰奔赴战场的行程。

比如，"叶子出水很高，像亭亭的舞女的裙"，以"舞女的裙"作比，写出了荷叶的形状，"亭亭"写出了荷叶挺拔之姿，由于比喻手法的运用，整个句子既给人鲜明的视觉形象，又给人以美感；"微风过处，送来缕缕清香，仿佛远处高楼上渺茫的歌声似的"，用诉诸听觉的歌声来写诉诸嗅觉的清香，感觉奇妙相通，恰到好处地写出了香气清淡而时断时续的状态，巧妙的表达使只有在当时特定情景下才感受得真切的香气在文章里也容易捉摸。

又比如，"四百多年里，他剥蚀了古殿檐头浮夸的琉璃，淡褪了门壁上炫耀的朱红……到处的野草荒藤也都茂盛得自在坦荡"。"琉璃""朱红""野草荒藤"都不具有情感，而是客观之物，此处却分别用"浮夸""炫耀""自在坦荡"等词语来修饰或描写，词语的组合打破了常规，新奇而有深意。

三、将文字信息还原成人、事、物的敏锐

面对作品中的人物，也应能根据人物的身份、地位与作品对人物的描写，在脑海中快速地浮现人物外貌，演绎人物言行。例如，鲁四老爷是一个讲理学的老监生，他思想陈腐，但在鲁镇很有地位，他的模样可能是这个样子：方脸，面部肌肉松弛，头发有光泽，辫子梳得很顺溜，身材中等，有点发福，穿长衫，而且颜色可能是黑色、棕色或深灰色。阿Q作为农村中的无产者，靠帮人打短工过活，与鲁四老爷相比，他可能就是另一番模样：长脸，瘦削，额头有明显的皱纹，脑后吊一根枯黄小辫，背微驼，披粗布短夹袄或打赤膊上阵，

衣服颜色是褪了色的灰色或蓝色。二人的言行举止：鲁四老爷见有身份之人应抱拳寒暄，平时在家人或下人面前应不苟言笑；阿 Q 见上等人时应是怯生生的，说话带点儿口吃，见到小 D 或王胡之类身份卑微的人时应是一脸不屑，可能还会破口大骂。

对作品情节的还原是否敏捷，主要表现为能否在初读文章之后即迅速把握事件的梗概与典型细节（此问题不难理解，不赘述）。

还原的过程其实就是展开联想与想象的过程。还原是否敏捷，取决于联想与想象的速度，而联想与想象的速度既与文字自身特点有关，也与读者本身的心理机制有关。现在，让我们试着将上文中引述的《荷塘月色》中的一段话改写一下："荷塘上面满眼都是叶子，叶子出水很高，叶子的中间散布着些白花，有开着的，有打着朵儿的，微风吹过时，送来缕缕清香。"描写去掉以后，文字立刻失去了形象性，读者只知道荷塘里有什么，而无法知晓这些事物是怎样的。对象模糊，读者大脑中不能形成鲜明的画面，联想的触发就变得异常困难。

学生快速联想和快速想象的心理机制则有待教师用有效方法加以建构。上述将形象之文改为抽象之文来比较二者优劣，不失为一种较好的训练方法。在比较中，我们可以凸现文章语言形象化的特点，增加语言对读者大脑刺激强度，激发联想与想象。品味《荷塘月色》中这段文字，还可让学生根据文字的描述，在既定时间内绘一幅月下荷塘的风景画，锻炼联想的速度与质量。

在比较中感受语言形象；让学生根据自己的理解将文章所写的人、物、景描绘出来；让学生初读文章就能马上复述情节等方法，都是行之有效的训练快速联想与想象的方法。方法可以多样灵活，关键是要有训练学生语言敏感性的意识。

四、还原进入文章情境

还原过程就是进入文章情境过程，但它仍不是阅读活动的终点，中学生阅读大多是要通过品味文字，最终能从文章中获取思想启迪与情感熏陶。文章表达情感的方式可以是直接的，也可以是间接的。直抒胸臆容易把握，借景物、事件含蓄表达感情则不易把握，或不易准确把握。要快速准确地体会文章情感，理解文章思想，需要读者的情感与思维处在活跃状态并能够始终和阅读活动相伴随。情感与思维活动的活跃程度，既与读者主动揣摩与思考的阅读习惯有关，又与读者的人生阅历、情感积淀和价值取向相关。对中学生而言，这两个方面都极重要，需要在长期学习活动中不断积累与建构。譬如，朱自清将月下荷塘写得如此朦胧、素淡、静谧，他想表达怎样的感情？读者首先在脑海中浮现出月下荷塘的静美画面，接着将画面和人结合起来，揣摩人物在此境中的心境。揣摩需要想象，也需要分析思考——他为何去荷塘（文章第一段中说"心里颇不宁静"）？在如此的美景中，他情绪又怎样？从此我们也可以看出，揣摩和思考不是读到某一句某一段才有的，它贯穿阅读的全过程。

体会景物中所包含的感情尚不十分困难，体会叙述的文字中所蕴涵的感情和哲理，则更需要读者细腻的触觉和缜密的思维，因为叙述的文字不像描写的文字那样有鲜明的形象，不易引起读者注意，且不易触摸。比如，"我一连几小时专心致志地想关于死的事，也以同样的耐心与方式想过我为什么要出生，这样想了好几年，最后事情终于弄明白了：一个人，出生了，这就不再是一个可以辩论的问题，而只是上帝交给他的一个事实；上帝在交给我们这件事实的时候，已经顺便保证了它的结果，所以死是一件不必急于求成的事，死是一个必然会降临的节日"（《我与地坛》）。这段文字中，大多数读者注意到的是后面的感悟，而对前面的交代——"我一连几小时专心致志地想关于死的事，也以同样的耐心和方式想过我为什么要出生""这样想了好几年"——却往往忽略了，中学生读者更易如此。实际上这两句不起眼的交代蕴涵着震撼人心的巨大力量。稍有生活常识之人，都会感觉到这两句话的不同寻常。一连好几小时专心致志地想、用好几年去想关于死与生的问题，这绝不合生活常理，没有哪个健全人愿意这样做，因为想关于死的事、追问为什么要出生，并不是让人好受的事。阅读时想到了这层面，就有了刨根问底的欲望，就会去联系上文作者所写到的人生遭际，去揣测二十来岁的年轻人双腿瘫痪后的心理状态，从而理解这两句话透出来的作者心灵在生死间徘徊所受的煎熬及对生的顽强眷念，从而对作者的不幸产生深切同情，进而理解下文作者的感悟给他带来的巨大心灵安慰。可见，对这样的文字产生敏感，要调动生活常识、情感积淀和主动质疑习惯等多种因素。比如，利用课文标题来训练。标题有时候是文章的眼睛和灵魂。作者会非常重视标题的拟定，要么成为"文眼"，要么给人强烈印象或让人产生阅读的冲动。既然标题如此重要，那么通过解读标题来进行探究就不失为一个好方法。《杜十娘怒沉百宝箱》这整个故事讲的就是沉百宝箱的前因后果。百宝箱从何而来？她什么时候开始存钱的？她为什么要存钱？她处在明朝后期笑贫不笑娼的年代，她那么有钱，为什么不提前告诉李甲？她有多种选择，可以自己找个地方买田置地过日子；可以随便找个人从良；可以大大方方地到李甲家做个小妾，为什么她要发怒？她为什么要沉掉百宝箱？这些问题的解决可以让人更有效而深入地理解杜十娘虽然沦落风尘，但对爱情有着非常纯洁和执着的追求。她很早就有从良的愿望，碰上软弱的李甲，她由来已久的夙愿都押到了他的身上。她希望人格独立，希望能自己掌握自己的命运，希望和自己心爱的人是真心相爱，不蒙上金钱的阴影。这样看来，她的悲剧与其说是社会的悲剧、命运的悲剧，倒不如说是性格的悲剧。再如，《装在套子里的人》选入教材时，或由原来的上万字压缩了四千字。删改后的课文与原文其他部分之间，难免会有割裂感，可能引起学生的疑惑。教学时，如果我们把原文和课本删节版本对比阅读，一方面可引起学生的探究兴趣，而且对别里科夫的理解也会更立体。四十几岁的他看到华连卡在校长家宴上唱《风在吹》，居然和阿Q摸了小尼姑一样，藏在心底深处的意识复活了，想到了结婚。可他毕竟是别里科夫，他怕婚姻带来的责任和义务，他的努力、渴望在挣脱套子的尝试中反而被越套越紧。另一方面，别里科夫仅仅是学校的一个教员，整个城市居然都被他控制了十五年，难道仅仅一个沙皇专制统治就可以解释一切？人们的麻木、苟且偷生又何尝不是原因之一？这和鲁迅眼中的阿Q的某种性格又何尝不似？

语文老师不能把重视学生健康情感、健全人格与质疑精神的培养工作变成空洞的说教，而应依附于文字，让学生品味、感知、揣摩与思考，潜移默化地受到熏陶。当然，学生进行阅读活动时，老师适当提示点拨也是十分必要的。比如，理解上述引文《我与地坛》中那段文字，必有对作者人生遭遇的了解，必有对二十岁的身心健全的年轻人应有精神面貌的合理推测，必有作为人的起码的同情心，当学生这方面储备不足时，教师的引导与指导就变得尤为必要。

总而言之，文学作品阅读活动中的语言敏感性问题，既是阅读习惯问题，更是阅读心理问题。训练学生对语言的敏感，就是通过平时的阅读教学活动，培养学生良好的阅读习惯，训练其联想力、想象力和思考力，培养其健康的情感与正确的价值观，也就是全面构建学生的阅读心理。[①]

第四节　文学流派

　　文与时变。文学发展历程中，一定历史时期内出现的作家，或者一定地域内的作家，往往由于审美观点的一致与创作风格类似，会自觉或不自觉地形成文学集团与派别。比如唐尧虞舜时期，诗歌质朴无华、心乐声泰；战国时期，文风纵横恣肆；魏晋早期由于社会动荡，"世积乱离，风衰俗怨"，"润色鸿业"变成了"志深笔长，梗概多气"，后期变成了篇体清谈、内容空泛的文学。

　　绝大多数的文学流派都是在文学发展过程中自然形成的，从基本形态上看，大体有两种类型：一种是有明确的文学主张和组织形式的自觉集合体。这种流派，从作家主观方面来看，其政治倾向、美学观点和艺术趣味相同或相近，具有明确的派别性。他们一般有一定的组织和结社名称，有共同的文学纲领，公开发表自己的文学主张，与观点不同的其他流派进行论战。但这些还只有文学集团的意义，只有进而在创作实践上形成了共同的鲜明特色，才是严格意义上的文学流派。这种有组织、有纲领、有创作实践的作家集合体，是自觉的文学流派。例如中国现代文学史上曾经出现过的"文学研究会"与"创造社"等。另一种类型乃不完全具有甚至根本不具有明确文学主张与组织形式，但客观上由于创作风格相近而形成了派别。这种半自觉或不自觉的集合体，或是因某一个作家的独特风格，吸引了一批模仿者与追随者，逐渐形成一个有特定核心与共同风格

---

　　① 胡象光.对文学作品语言的敏感性及其训练摭谈［J］.中学语文，2007（10）:01.

的派别；或者仅因一定时期内一些作家的创作内容与表现方法相近、作品风格类似，而被后人在实践与理论上加以总结，冠以一定的流派名称。[①] 这样的流派在中国文学史上大量存在，如唐代诗坛上以"王孟"为代表的田园诗派和以"高岑"为代表的边塞诗派，宋代词坛上的婉约派和豪放派，近现代文学史上专写才子佳人的鸳鸯蝴蝶派等。

由于受中国传统文以载道的影响，自觉、半自觉或不自觉地形成的文学流派，都不免打上了时代的烙印。作为一定社会意识与审美需要的反映，它们还常常是意识形态斗争形式之一。就如西方 17 世纪古典主义文学流派推崇理性、崇尚自然，以庄严崇高的风格为规范，体现了君主专制政体的需要，反映了封建贵族阶级与妥协的中上层资产阶级政治理想与审美意识。又比如中国"五四"时期的文学研究会与创造社，是当时新文学运动中反帝反封建文学思潮的代表，其中主要作家与其他一些进步作家在无产阶级领导下，与"新月派"和"民族主义文学派"进行了激烈交锋。文学流派间的此种争斗，在阶级斗争尖锐时期，往往是当时政治斗争的一个方面。

当然，文学流派更多时候主要反映的是作家审美理想与创作风格的差异。因为文学包含民族的共同性、时代的共同性、人类的共同性因素，故而文学流派还往往表现出一定的相对独立性。有时，共同流派内有可能阶级阶层不同；不同流派内可能包含具有同一阶级倾向的作家。如文学研究会与创造社尽管在创作方法上一个有现实主义、另一个有浪漫主义倾向，但其成员中坚都接受无产阶级思想。

文学流派与创作方法往往联系紧密。同一流派作家往往采用同

---

① 陈文新. 论流派研究的三个层面——对中国古代文学流派理论的一种考察[J]. 东方丛刊，2004（03）:01.

一种创作方法反映现实，不同流派之间则往往采用不同的创作方法来反映。当一个流派代表了某时代的社会思潮与审美理想，并于创作方法上有所创新时，就可能成为在那时期占统治地位的流派，并在相当长时期内影响整个文学艺术，成为一种文学思潮。比如西方的古典主义、浪漫主义、批判现实主义与自然主义等。但创作方法并不总是各种流派区别的标志。采用同一创作方法的作家，由于社会观点与审美趣味的差别，或在社会观点上基本不一致，不仅于审美趣味上有差别，也会在题材选择、主题提炼、语言风格与艺术表现手法上有所不同，从而形成不同的流派。① 如现实主义文学思潮与浪漫主义文学思潮中都曾出现过众多文学流派。中国文学中也多有采用同一创作方法的作家，由于艺术风格不同而形成了不同的文学流派，如山西的"火花派"与河北"荷花淀派"作家群，就是各以其地方色彩为标志的。

文学繁荣的标志体现就是各种文学流派的不断涌现与竞赛。在文学处于初期阶段时，由于创作方法还不成熟，艺术风格尚比较单一，当然谈不上形成流派。在思想活跃、艺术自由比较充分的社会条件下，文学发展到成熟阶段以后，便会产生大量的思想倾向不同、审美趣味不同的作家。通过在艺术上多方面的摸索探求，形成不同的风格，才会出现不同风格间相互区别或者相互接近、相互影响或者相互竞赛，从而促成不同文学流派的诞生。而不同文学流派与艺术风格的自由发展与相互竞争，又必然会加速文学艺术本身的推陈出新，促进文学艺术的大繁荣。

下面是一些常见文学风格、流派与运动。

1. 现实主义是以提倡客观地观察现实生活，按照生活的本来样

---

① 熊国太. 新诗流派梳理及其命名辨伪 [J]. 创作评谭，2011（05）:05.

式精确细腻地描写现实，真实地表现典型环境中的典型人物的文艺创作方法。

2. 浪漫主义是来源于德国哲学领域，18 世纪首先出现于德国、法国的在反映客观现实上侧重从主观内心世界出发的，抒发对理想世界的热烈追求的，用热情奔放的语言、瑰丽的想象与夸张的手法塑造形象的文艺创作方法。

3. 批判现实主义是以现实主义的态度扩大真实反映现实的生活面，塑造有典型意义的人物形象，描写贵族阶级没落和资产阶级兴起与没落过程，揭示社会生活的某些本质方面的创作方法。

4. 自然主义是 19 世纪 60 年代继法国浪漫主义运动后形成的，既排斥浪漫主义的想象、夸张、抒情等主观因素，又轻视现实主义对生活的典型概括，主张单纯地描摹自然，照录实物，追求事物外在真实和琐碎细节，拒绝分析和批判，并企图用自然科学规律尤其是生物学的知识解释人和社会的创作方法。

5. 古典主义是 17 世纪欧洲出现的主张以古希腊、罗马为典范的，在艺术上追求高雅、和谐、均衡的统一的，当时曾具有进步意义，但形式上抽象化、概念化倾向严重，最后成为消极保守陈规的一种文艺思潮。

6. 感伤主义是欧洲 18 世纪后期出现的提倡抒发内心感受的，强调个性的精神生活的，多用第一人称写景抒情的，不满现实的，大都带有浓厚的感伤情调的一种文艺思潮。

7. 象征主义是欧洲 19 世纪要求用晦涩难懂的语言表现恍惚迷离的神秘情境的，颓废主义文艺思潮中的一个主要流派。

8. 唯美主义是 19 世纪末流行于欧洲的，主张"为文艺而文艺"，脱离现实生活而讲求技巧与形式美的资产阶级文艺思潮。

9. 印象主义是最早出现于法国的，欧洲 19 世纪和 20 世纪之间出现的以捕捉瞬间印象、注重情境中的心理感受与分析的文艺思潮与艺术流派。

10. 山水田园诗派：以描写恬静悠然的自然风光为主，通过对自然景物的歌咏，或流露不愿同流合污的情绪，或表现隐逸避世的消极思想的诗歌派别。

11. 边塞诗派：以边塞生活、战争为题材的诗歌派别。

12. 豪放派：宋代词坛中作品气势豪放、意境雄浑，词中充满豪情壮志，给人一种积极向上力量的文学流派。

13. 婉约派：宋代词坛上作品语言清丽、含蓄，词中抒发的感情婉转缠绵，情调或轻松活泼，或深沉幽怨，刻工精细，题材较狭窄，往往多是写个人遭遇、男女恋情，也有写山水，融情于景的文学流派。

14. 桐城派：清代由方苞所开创的，其后刘大櫆、姚鼐等进一步加以发展的，主张学习《左传》《史记》等先秦两汉散文与唐宋古文家韩愈、欧阳修等的作品，讲求"义法"，要求语言"雅洁"，以阳刚阴柔分析文章风格的，因主张的人都是桐城人而得名的散文流派。

15. 新乐府运动：由白居易、元稹倡导的，主张"文章合为时而著，歌诗合为事而作"，其形式采用乐府歌行体，多以三言、七言错杂运用的，虽为乐府而不拘于声律的乐府运动。

16. 古文运动：一次由唐代韩愈、柳宗元倡导，宋代欧阳修、王安石、苏轼等继续提倡与发展的，主张废弃六朝以来华而不实的骈俪文，而创作内容充实、形式自由的重要散文文体改革运动。

17. 文艺复兴运动：14 至 16 世纪欧洲新兴资产阶级出于自身的利益与要求，以复兴古希腊、罗马文化为标榜，提出人道主义思想文化运动，反对中世纪的禁欲主义与宗教观，摆脱教会对人的思想的束缚，打倒作为神学与经院哲学基础的一切权威与传统教条的古代文化复兴运动。①

18. 现代主义是 20 世纪出现的，反对用作品去再现生活，而是提倡从人的心理感受出发，通过变形的人物、荒诞的故事、绝望的主题表现生活对人的压抑和扭曲的文学思潮。

19. 后现代主义是第二次世界大战之后西方社会中出现的范围广泛的、于 20 世纪七八十年代达到高潮的，彻底反传统，摈弃所谓"终极价值"，崇尚所谓"零度写作"，蓄意打破精英文学和大众文学界限，出现了明显的向大众文学与"亚文学"靠拢倾向的文学思潮。② 后现代主义文学的流派主要有：新小说派、荒诞派戏剧、黑色幽默、垮掉的一代和魔幻现实主义等。

第五节 童年对作家文学创作的影响

海明威说："不幸的童年是作家的摇篮。"不幸的童年最直接的结果往往导致心灵被扭曲，导致无数千奇百怪的梦境与对自然、社会、人生的惊世骇俗的看法，唤起童年就像挖开了记忆的宝藏。作家以他们多彩多姿的童年书写抵御着现实的困顿与苍白，在精神的自由漫游和自我寻根中完成其写作的意义；同时也带给我们极大的家园想象与心灵震撼，并引发我们对童年的绵绵不绝的文化沉思。③

每一个人都拥有童年和一个由童年经验所构造的内心世界。童年是人生中重要的发展阶段，它在个体的发展史上会留下类似"印

① 姜有荣.文学流派 文学运动 文学社团——高考文学常识复习中的三大盲点[J].语文天地，2002（03）:05.

② 郭海鹰.诗是一枚会飞的惊叹号——罗任玲诗歌的现代主义和后现代主义特征品读[J].华文文学，2007（12）:20.

③ 沈杏培.童眸里的世界[D].江苏：南京师范大学硕士论文，2006.

刻印象"的重要影响。心理学研究表明,五岁以前虽然没有永久记忆,但对儿童的性格发展和塑造将起到决定性作用。童年的这种经验对作家创作也有着深刻的影响,人之初大脑如同白板,外界输入什么信息对孩子今后对世界的感受、对世界的想象力具有重要影响和作用,它构成了儿童思维的心理基础。建构主义学习观认为,知识的增长必须靠近"最近发展区",而"最近发展区"是在元知识的基础上不断升级拓展的。

童年经验会在日后经验中延伸并生成艺术家的体验,形成作家的创作风格,而最终体现于文学作品中。尽管许多作家的作品并非直接描写童年经历,但仍可窥见其童年生活的影子。许多作家的作品总显现出独特的地域文化特征,这与作家童年生活在故乡的深刻体验不无关系。以莫言为例,他最初对文学、对当作家的梦想,就是冲着一天三顿吃饺子开始的。他曾坦言,自己的想象力是饿出来的。童年时赶上自然灾害,为了填饱肚子,甚至连煤块都敢啃。直到现在,莫言依然动用着他二十岁以前在山东高密积累的生活资源。

一、童年经验影响着创作者的个性和气质。俗话说,痛苦与磨难催人成熟,而倘若一个人在童年时就承受痛苦与磨难,必定会对其心灵产生不可磨灭的影响,往往促使他心智的早熟,痛苦的体验往往让艺术家具有敏感的心灵与博大的同情心,养成独立思考的习惯。由于童年影响了作家的性格和气质,作家往往表现出对某些事情与众不同的独特感受,从而在文学作品中形成其独特的感情基调。没有一个作家不曾写过自己的童年,从创作的根底上讲,相当多的作家之所以写作,往往正是基于童年的人生往事的影响。林语堂认为,基督教家庭对其童年影响巨大。卢梭、托尔斯泰、冰心、许地山、郁达夫等直接在作品中描写了童年,拜伦、狄更斯、巴尔扎克、龚自珍、鲁迅、老舍、曹禺、巴金、萧红、艾青、苏童则借助虚构的人物生动形象地描写了童年的亲身经历。比如冰心刚懂事的时候每天见到的都是青山、大海、水兵、灰白的军舰；所听见的都是山风、海涛，嘹亮的口号，接受的又是基督教会教育，故而爱成了她作品的主题。[①]美国作家凯瑟曾经指出，作家往往在儿童时期就不自觉地收集艺术材料，成年之后可能积累许多生动有趣的印象，作家创作主题的原材料主要都是在 15 岁以前获得的。[②]

我们熟悉的两部世界经典之作——《简·爱》与《呼啸山庄》出自英国勃朗特姐妹之手。这对姐妹童年都很不幸，靠父亲独立支撑家庭（母亲早逝），姐妹生活极为艰苦凄凉。后来她们被送到一所条件恶劣的寄宿学校读书，结果第二年这所学校流行伤寒，她们的另外两个妹妹都染病而死。之后父亲不再让她们去那所学校，但那学校已经给她们幼小的心灵留下了永久的创伤。多少年后，在夏洛蒂·勃朗特的《简·爱》中，她以童年那所寄宿学校为原型，痛彻心扉地描写了寄宿制学校，而简·爱的形象正是夏洛蒂内心的写照。童年的痛苦经历让她的灵魂产生了震颤，然而却成就了她独立、坚强的个性，而这些童年的体验最终成就了作者笔下这个坚强、倔强、独立的经典形象——简·爱。而她的妹妹艾米莉·勃朗特的《呼啸山庄》自出版以来就引起争论，尤其是作品中描写那些荒凉阴森的环境，还有那种近乎病态的疯狂复仇、强烈爱憎，构成了整部作品阴森可怖、跌荡回旋的情感基调。这种基调的形成无不与艾米莉童年的记忆有关。与姐姐夏洛蒂一样，艾米莉也经历了不幸的童年，而艾米莉更是兄弟姐妹中性情最孤僻、最沉默寡言的一个。她又常喜欢一个人在约克郡的荒野沼地中漫游。粗犷严酷的自然环境刺激了艾米莉的

---

① 兰纯德. 作家的足迹·新文学第一代开拓者冰心 [M]. 北京：知识出版社，1983.

② 童庆炳. 现代心理美学 [M]. 北京：中国社会科学出版社，1993.

想象，从而虚构了"呼啸山庄"这个阴森却又具有浪漫色彩的世界。

《简·爱》与《呼啸山庄》这两部作品都带有浪漫色彩和哥特式风格。《简·爱》中桑菲尔德庄园被描写得既阴森又神秘，这与呼啸山庄的描写似乎有异曲同工之妙，这些都是童年经历形成的独特体验。这说明，虽然童年经历相同，但最终在不同个体中却会产生不同情感体验并在以后经验的延伸中有所变化。所谓每个家庭都有它的不幸，我们在分析艺术家的童年体验对其创作的影响时，发现艺术家童年时期父母亡故或者离异、家道中落等痛苦经验对其性格与气质的影响特别巨大，并在相当程度上决定着他的创作题材选择、人物原型、情感基调和艺术风格等。

儿童早期因为家庭破碎或者丧父丧母，往往会产生严重的精神创伤。这种缺失性体验往往让个体没有安全感，总有对缺失对象的渴求。缺失性体验给人带来痛苦的同时，往往也会唤起个体的顽强意志，许多艺术家正因为童年的缺失感而激发了创作冲动，借由自身的缺失而感悟普遍的缺失。比如有传奇色彩的女作家张爱玲，因为他的父亲吸毒、嫖妓，动辄就打骂她，继母冷酷残暴，让她一直感受不到家庭的温暖，她的悲剧性童年遭遇使她从小就培养出了怪异的自尊。留在她童年记忆深处的，是父母争吵后母亲默默离国的背影。亲情的泯灭使她深深体会到世间的丑陋、残暴与虚伪，最终在她的小说中形成了冷漠苍凉的基调，她的作品总流露出无尽的灰暗、冷漠和苍凉。许多学者在研究张爱玲时都认为张爱玲有恋父情结，而具体表现在其作品中就只有一篇《心经》。从张爱玲的童年经历来看，父亲是造成其不幸童年的主要原因，由于父爱缺失之故，所以尽管她对父亲十分憎恨，但还是通过文学创作不自觉地流露出了对父爱的渴求。

家道中落往往是造成不幸童年的另一原因。从极度奢华到贫困潦倒，这是十分巨大的变化，这对心智尚不成熟的孩子来说，面临这偌大的变故，往往终身难忘，他要承担那份不同寻常、不堪回首的回忆。家境的变化引起社会地位、人情冷暖的变化，使孩子过早地深刻认识到世态炎凉、人事沧桑，认识到社会丑陋的一面。因而这种儿童往往表现出较同龄儿童较早的成熟，他们性格深沉稳重，对事情往往有不同的体会与见解。譬如鲁迅，家道中落对其从事写作就有很大的影响。艺术家的创作不但得益于这样的童年体验，往往还使其作品情感真切流露。

伟大著作《红楼梦》凝聚的就是作者曹雪芹的真切童年体验。曹雪芹童年家道中落，这段经历让他形成了独特的个性体验，使他对社会洞察更为深刻。曹雪芹出身官宦之家，曾经过着锦衣玉食、奢华铺张的生活。家道中落后，他们家社会地位下降了，以前那些趋炎附势的人疏离了，那些丑陋的嘴脸变得冷漠冰冷，这深深刺激了年幼的曹雪芹。《红楼梦》的伟大无疑源于曹雪芹的童年经历，《红楼梦》中描绘的钟鸣鼎食的贾家，就是他童年繁华鼎盛的家庭的真实写照。只有亲身经历过才能描绘得如此真实细致，而家道中落的痛苦体验则对应《红楼梦》中贾府的衰落，童年体验上升到一种更高层次。童年的体验使得曹雪芹对社会有着深刻的洞察，其家庭的衰败其实就是那个时代由盛转衰的缩影。曹雪芹把这样的思考熔铸到了他的著作中，这正是《红楼梦》思想高度之所在。

由此看来，童年作为一个人的基础阶段，它影响着一个人的个性与气质，拥有一个快乐的童年对一个人的成长起着积极作用，只是不是每个人都能拥有幸福的童年。反过来看，失之东隅，收之桑榆，不幸的童年经验也许在另一个方面成就了个人心智的成熟、见解的独特。所以拥有一个不幸童年并不是永远的不幸，许多艺术家的文学创作都是因其不幸的童年体验而显现出闪耀的艺术光辉。

二、童年对于作家来说，是一种重要的写作资源和题材。童年不单是书写对象和文学素材，也不单是时间长河和生命之流中逝去的一段"彼在"，它更是许多作家终生挥之不去的一种情绪和精神状态。其实，作家写出来的童年并不是真正的童年，只是作家记忆中的童年而已。

童年是人体生命的源泉滥觞之地，更是一个人心路历程的起始处。当生命随着时间延展开来时，外来的冲击、震荡往往使我们无法真正地返回童年心态。童年是一种奇怪的蛊惑，是一种永不再来但催生人们无限渴慕的"过去时"的生存状态。童年乃西方文学中的"永无岛"，总在历史和现实、回忆和重构中形成较强张力，激发着作家的审美构思和艺术想象。①

从写作主体来看，童年是其生命的起点，内含在作家生命体验和人生周期中。故此，回瞻童年不仅因为审美距离而极具审美意味，更因童年包含着作家主体的生命体悟并且参与建构作家主体的人格生成，而使其具有了更为持久的生命力和丰富鲜活的艺术源素。基于此，托尔斯泰甚至断言作家写来写去最终都要回到原点，回到自己的童年。对于作家来说，"为生活在某一过去的气氛中，须使我们的记忆非社会化，并超出种种我们自己及他人一说再说的回忆……我们须再找到我们尚未被认识的存在，即孩子的心灵"。也就是说，面对童年，面对这个"已成为'岁月的见证'或一个'异国'的故乡童年"（汪曾祺语），作家必须逼真地回归和复现，为了找回童年所处的那一"过去气氛"，作家必须在情感和认知上认同并回归到"孩子的心灵"，以孩子的眼光、孩子的心灵去复呈、体味童年岁月。正

---

① 方守金.童年视角与情调模式——论迟子建小说的叙事特征［J］.深圳教育学院学报，2001（3）:15.

因为如此，法国社会学家加斯东·巴什拉把作家具有的童年状态、儿童稚拙心态称作"富有宗教精神之崇高心灵状态"。

苏童、迟子建、余华、莫言等一大批作家皆有涉及这类小说的创作。如苏童的《桑园留念》《刺青时代》为代表的"香椿树街"系列，迟子建的《沉睡的大固其固》《北极村童话》，余华的《十八岁出门远行》《在细雨中呼喊》，等等。对童年的重视，对儿童视角的偏爱，作家自己亦多有坦言。迟子建说："童年生活给我的人生与创作都注入了一种活力，我是不由自主地用这种视角来叙述故事的"；"童年视角让我觉得，清新、天真、朴素的文学气息能像晨雾一样自如地弥漫……从某种意义上来讲，这种视角更接近天籁"。莫言也说："对于作家，童年的经历、记忆非常重要。我真正理解文学，始于我发现了童年的记忆、理解童真之时……一个作家的童年经历决定了他的文学。"因而，对于作家而言，"童年记忆不但在情感上始终缠绕着他们，而且还会成为他们创作思维定势的某定向路标，成为他们创作中取之不尽的灵感的泉眼"。①

书写童年的小说，叙事常常包含着"过去—现在"两种时态、"成人—儿童"两种视角，也就是钱理群先生所说的"过去的童年世界"和"现在的成年世界"之间的"出"和"入"。从叙述的时态来看，童年是过去之记忆，而对它的书写则是现在的行为，故而，书写童年包含着今昔两种时态的交错。"回想童年往事本身包含了一种既定的两人关系。这关系建立在过去的我和现在的我之间，这是一种特殊的自我关系。童年的我是我的故事对手，与我达成时间性的社会关系……童年往事因现我参与，才有了意义。"因此，童年往事并

---

　　① 陈颖.试析黑土地文化对迟子建及其小说创作的影响［J］.大连大学学报，2004（6）:25.

不是机械地停留于过去，不和现实发生联系那么简单，而是借助回顾性叙事或回忆机制，烛照历史，并进而和生存融为一体。从叙述视角来看，成人视角和儿童视角的复合使用，使童年的书写得到了更为丰富、深邃的艺术表现。申丹曾指出，在回顾性叙事中，常包含两种不同叙述眼光：一是叙述视角，二是经验视角。两种视角体现出成熟和幼稚、知悉真相和蒙在鼓里间的对比。在迟子建、余华、莫言等人的小说世界中，我们发现，成人视角和儿童视角是互补的，"那个成长为成人的'我'已然摆脱了当初的稚拙和蒙昧了……这个成人'我'的视角，打破了儿童'我'在叙述时所造成的单一单调、近乎原初的画面，从而进入回忆，进入沉思与剖解"。

发掘童年、回到童年是写作的重要维度和内容。苏童的《香椿树街故事》以一个少年的视角观望并参与生活，叙述的主体为香椿树街成长的少年；余华的《在细雨中呼喊》的叙述主体是才十二岁的孙光林，以他的视角体味生命、感知生存和死亡。在这些童年题材小说中，我们可以看到作家的巨大热情和对自我人格生成的反思——自审、自我人格生成追踪、文化自觉。在对童年经验和记忆的诗性回眸和深情书写中，这些以儿童视角切入的小说，既再现了童年世界的感性粗疏，又仔细注疏了成年回视的理性。在这些小说中，作家常常让"叙述者放弃追忆性眼光而采用过去正在经历事件时眼光来叙事"，这样，我们用儿童的眼光打量世界，可以获得有别于一般成人作为作品中生命、生存体验主体的全新体验与感受。如莫言的《枯河》《铁孩》等叙述主体保留了童年的本真状态与原始情状，儿童的深度饥饿、孤独体验，为作家探寻、展示自我人格生成历程大开方便之门。作家追踪自我人格的生成（笔者在拙作《头枕故乡河》《想念炊烟》中做过类似的探索），不能脱离童年发生时的真实情状，否则这种寻根的努力必然是虚幻的。对人类童年心理的真实回眸，对童年期儿童心灵所遭遇的合法性危机认识细致书写，对自我人格生成中的时代因素的深入认识，是主体生成寻根之旅的意义所在。现代作家追踪自我人格时，常聚焦在自我阶级归属选择、挣脱旧家庭和旧文化秩序营垒的努力上，聚焦在对童年所处的压抑性环境、传统教育方式的反思上。新时期以来的作家，由于所处时代背景、文化语境的变化，他们回视童年、追踪个体人格生成时，其焦点和现代作家相比已经相去甚远。他们在"寻根"中，更多地关注儿童本体情感、儿童主体性生成及个体人格结构形成中所蕴含的时代因素。

三、童年是作家情感深处难以泯灭的情结，凝聚着作家真切的生命体验。文学世界中，童年和乡土对作家是永恒的诱惑，温婉忧伤是其情感基调。无论现实生存如何险恶、狞厉，无论作家内心如何凄惶、浮躁，当他们面对童年时，由于它浸润着强烈的自我情绪，由于它有着自我防御和自我调节功能"，作家的内心都会变得温润、熨帖。[①] 因此，从情感基调和审美意味来看，这些以儿童视角书写的童年生活、童年情感记忆及与之相连的乡土经验小说，因强烈抒情性、一定自传色彩而具有蕴藉温情、温婉忧伤的美学风貌与情感特征。不论是苏童的"香椿树街"系列、余华的《在细雨中呼喊》，还是王安忆的《上种红菱下种藕》、迟子建的《北极村童话》，都有作家对自我童年生活的遥远追忆。《北极村童话》的叙事主人公"我"是寄居乡下姥姥家的七岁的迎灯，以"我"的感知写童年在北极村幸福自在、多姿多彩而又充满忧伤和悲戚的时光。既写了北极村星星、晚霞、菜园、牵牛花的自然美，淳朴率真的性灵之美（与大黄狗的深情、猴姥的厚道与精彩故事的渲染、"我"和俄罗斯老奶奶秘密而

---

① 佘丹清.迟子建对小说的独特经营：童话与温情叙述［J］.江苏：宁波大学学报（人文科学版），2005（12）.

和谐之交往），又写了北极村刻在童年记忆与"我"心灵深处之忧伤（"我"偶然获知姥爷隐瞒柱子大舅已死真相，他独自承受丧子之痛）。温馨和忧伤、轻盈和沉重、温婉与凄楚常常交织在一起，在作家轻盈飞舞的笔尖下总隐含着一段令人心碎神伤的破碎和毁灭。在苏童以隐晦迷蒙、潮湿混乱的南方少年成长为内容的童年生活"香椿树街"系列、余华被称为"绝望的心理自传"的《在细雨中呼喊》等小说中，我们都能读到作家以温润之心体味童年、以温情之笔书写童年之美。

以童年为题材的儿童视角小说，实际上展示的是经过作家成年记忆筛选和整合过的童年，只不过最终借助了"孩子心灵"加以再现罢了。因此，由于童年记忆处理过程的自我内省性与题材的过去性，以童年为书写对象的文学"必然地具有了一种反思品格"。既有寻觅自我人格、精神寻根、揭示大家庭生活中创伤性经验的因素，还有批判中国社会传统教育方式、生存环境等强加给儿童的沉重精神负担以及情感羁绊。

四、孤独、梦、死亡、性、游戏萦绕着儿童生活。

（一）孤独。这不同于我们以成人的角度对儿童的观察，误以为儿童很快乐。小虎因为无意压死了书记女儿，遭受家人毒打而在河边偷偷哭泣（《枯河》）；孙光林六岁被抱养，等十二岁回到家时倍受家人冷落（《在细雨中呼喊》）；"我"被寄养在老师家（《上种红菱下种藕》），作品主人公都是被成人忽视、冷落的孤独者。小虎（《枯河》）平静地在河中溺亡；皮皮（《现实一种》）选择了危险游戏摔死了尚在襁褓的堂弟；舒农（《舒家兄弟》）整日学猫游弋在阴暗的角落偷窥大人性事，儿童处于一种"非常态"的生存情状，孤独构成了儿童的情感底色。孤独不单是一种情感，还联系着童年期儿童的生存状况。与成年人相比，儿童的孤独比成年人的更隐秘……因为他们的孤独不如成年人的孤独那样具有社会性，那样和社会形成抗衡。故而儿童这种更隐秘的孤独对于揭示童年期情感，尤其对于揭示儿童创伤性心理有着重要的意义。[①] 儿童的忧伤、孤独不仅来自成人对儿童世界的冷漠，还来自成人对儿童的暴力压制。作家在回眸童年时对这种创伤性心理和情感往往揭示得很深刻。

（二）梦想。梦想是孤独的孩子面对现实的心灵渴望，在梦想的世界里，他们是自足的、快乐的。梦想是作家在童年世界中涂抹的一抹亮色，弥补了他们生存现实的不足。梦想是儿童把握世界的一种方式，它把无人性的世界变为人的世界，它是对现实世界的抵御和改造，它保护人类的心理机制不受敌意的外在的非我所有粗暴行为的侵犯。在小说中，儿童梦到狗蛋子野草与"金黄透明的萝卜"（《透明的红萝卜》），梦想着"一双回力牌球鞋"（《回力牌球鞋》），梦想着"不再尿床"（《舒家兄弟》），梦想着"南门的生身父母能接纳我"（《在细雨中呼喊》）。梦想让儿童把自己从备受束缚、压抑的社会规范下解放出来，从"无人性"的成人社会迈入富有诗意、自由快乐的自我世界中。

（三）死亡。对死亡的陌生、恐惧总是伴随着童年和儿童的成长，而且这些死亡意象都是以儿童的特殊感知来书写的。比如《在细雨中呼喊》写黑衣人的死对我的情感产生了巨大影响："我第一次看到了死去的人，看上去他像是睡着的。这是我六岁时的真实感受，原来死去就是睡着了"；"此后我是那么地恐惧黑夜……很长一段时间里，我躺在黑暗的床上不敢入睡，四周的寂静使我的恐惧无限扩张"。这是以儿童的情感体验和思维书写面对死亡儿童所产生的原始恐惧。突然而至的死亡是童年生活中的重大事件，它对儿童的认知、

---

① 程蕊.成长叙事与疗伤——在《细雨中呼喊》的成长主题分析[J].文教资料，2012（11）15.

情感有着重要影响，甚至作家本人对生命、对死亡的含有哲学意味的内省恰恰脱胎于这些最初的儿童式感悟。这大概也是作家在追思自我人格生成时屡屡触及死亡的原因。《枯河》对儿童死亡意识刻画得非常精深。包括母亲在内的成人的暴虐，一点点粉碎着小虎渴望获救的希望，亲情的缺席、成人的毒打加深着他的忧伤与对生的绝望，他的心灵也一点点地"向死而生"。而小虎最后坦然赴死，既是他生存希望的熄灭，也和他作为儿童单纯、天真思维下形成的死亡观相关。同村的小媳妇生前默默无闻、不为人注目，而一旦死去，则成了众人的焦点，连位高权重的书记都来了。这种生前冷漠、被人遗忘而死后骤然被关注的现象折射到小虎思维中，便形成了这种奇怪的死亡观——"活着默默无闻的人，死后竟然能引起这么多人的注意，连支部书记都来了，可见死亡并不是件坏事。他当时就觉得死亡是件很诱人的事情"。这里，儿童的死亡观实际上既指涉着成人社会的暴力和冷漠，又是儿童在自我成长中的危机显现。

（四）性。美国学者尼尔·波茨曼在《童年的消逝》中提出了一个著名的观点：性是成人世界最大的秘密。当这一秘密以这样那样的方式被儿童知晓，童年便会消逝。因而，性的出现，是童年世界的大事，是儿童和成人的分水岭，也是儿童自我主体生成的显性标志。苏童的《香椿树街故事》中屡屡写到童年和性的相遇："我"在一天之中接连见到已近成人的猫头在房间里手淫、学校书记和音乐老师光着身子在仓库里偷情（《乘滑轮车远去》）；舒农受好奇心驱使偷窥到了父亲和女邻居的性事及哥哥舒工和林函丽的性爱场景（《舒家兄弟》）。《在细雨中呼喊》中，面对第一次遗精与手淫带来的快感时，"我"的恐惧和战栗同样是强烈的。对儿童来说，性是一个陌生而恐惧的"怪物"，面对性的不期而至，儿童慌乱、惊惧，也会产生好奇与朦胧向往。性，是成长中的重要事情，遭遇性以及以性为表征的欲望化场景催生着儿童成长和自我主体的幡然自省。

　　心理学认为，儿童自我意识的形成必须由成年人对其言行上进行范导，使他对外界事物以及自己形成一定看法。也就是说，儿童必须和成年人发生相互作用，儿童自我主体开始自觉的标志之一便是成人感的形成与对成人仪式的模仿。

　　在潜意识里，成年人具有儿童羡慕的优越感，因为儿童渴望摆脱成人的控制和束缚。美国作家塞林格的《麦田里的守望者》中，主人公霍尔顿·考尔菲德以儿童视角看待社会，一方面他拒绝刻板的学校和家庭教育方式，厌恶虚假的成人和上流社会，对社会抱着拒弃姿态。可是，当他混迹于成人社会时，他渴望摆脱儿童身份，于是，他又模仿成人抽烟、酗酒，混入酒馆，他摆出成人架势，索要含酒精的饮料，约会舞女。仪式具有情感宣泄与抚慰作用，在成人社会他装作是一个成熟的大人，演绎着成人世界的言行，从中体味作为成年人的快乐。在其他小说中，同样可以看到儿童的"成人化仪式"：抽烟、喝酒、结交成人，甚至打架和体验性行为，这些行为带给他们以心灵慰藉和精神需求，儿童通过成人的某些标志仪式完成自我体认与定义，通过联想自己的经验空间和聚焦比喻使这些成人的标志性行为成为重要的象征性资源。

　　通过这些仪式，儿童获得了一种成人感、优越感："我"因能和被众人尊敬的昆山并肩而走由衷地兴奋："这是一个让我激动的中午，我第一次走在这么多成年人中间，他们簇拥着昆山的同时簇拥着我。"（余华《朋友》）"我"和众多伙伴在街头吸烟，"神气活现地眼瞅着仍络绎不绝从我们身边经过的游行队伍，立刻体会到一种高人一等和不入俗流的优越感"（王朔《动物凶猛》）。阿德勒在《自卑与超越》中指出："一切人在开始生活时都具有自卑感……儿童和那些所依赖的强壮成人相比，感到极其无能。这种虚弱、无能、自卑感能激起儿童追求力量的强烈愿望，从而克服自卑感"。儿童心理学家班马也曾指出过儿童的"反儿童化"倾向。即儿童在十岁左右，"竭力想克服自己的软弱，竭力想去摆脱自己的儿童形象……向往成年的心情"。这就是所谓心理断乳与叛逆期，儿童通过模仿成人的言行与仪式，或者对大龄孩子服膺和靠拢，或者和家长对着干，从而获得一种情感上的力量，克服内心的虚弱与对这个世界的恐惧。

（五）游戏。"儿童是在具体活动中，在与同龄人交往过程中积极地形成着'自我形象'。这方面最重要的手段就是'游戏'。米德与其他一些心理学家把游戏作为'自我性'形成的概括模型。"类似于动物的生存游戏，儿童通过"入伙"仪式、建立帮派、分营打斗和刺青等游戏，来宣告自己的成熟。比如苏童的《刺青时代》、王朔的《动物凶猛》、韩东的《掘地三尺》等小说中，游戏被稚气而顽劣的孩童演绎得淋漓尽致。"游戏并不是主体想服从现实，而是想把现实同化于自己。"故此，对儿童来说，这些试图"把现实同化于自己"的游戏行为是他们童年智慧表现与自觉行为。我们不能简单一棍子打死这些游戏方式对于儿童生存的意义，当稚气的少年有纪律地组织着自己的"帮派"、爱憎分明地建立阵营、忍着剧痛在臂膀上刻下不成样的猪头刺青时，我们不会去否认这些少年们内心的赤诚和投入。"游戏是通过浓缩地复演人类种种活动形式而实现对自身潜能的开发的。"儿童行为是儿童的，但其本质精神却是社会的，游戏通过对时间和地点的选择，通过对时空的特殊化行为展现主题和意义，再造新的时空，即所谓"进化史上精神文化的积淀"。

思考：

1. 如何训练对文学语言的敏感性？

2. 童年对作家有怎样的影响？

第四章　人的文学与感官训练

感官训练是通向人的文学的基本途径，人的文学是感官训练的方向和旨归。因此我们需要训练五官的敏锐度，使那些平常人感觉不到、体验不到的细节可以被写作者感知，继而放大这种感知并形成写作冲动。其实，敏锐地感知、细致地观察是作者最基本的素养。作者需要找到别人发现不了的细节，并且见微知著，在看似纷乱的现象中总结出规律。本章的学习有助于我们将五感与心灵连接，进而体验人的文学。

第一节　为什么我们要训练观察力

人的文学要求我们解放人的感官。很多时候我们写不出好文章，只因为缺少发现。同样的景物，同样的经历，只有作家有特别的感觉，并且能够把握和驾驭它。这时候，我们说某个人没有悟性。何谓"悟"？"悟"者，《说文》曰："'觉'也，从'心'，'吾'声。"明人罗钦顺云："无所觉之谓迷，有所觉之谓悟。"悟，心吾。心之官则思，是为灵性。吾，五口，眼耳鼻舌身也。要想从"迷"的状态改变为"悟"的状态，就需要我们五官感觉的参与。人的文学是感官训练的方向和旨归，感官训练是通向人的文学的基本途径。感知训练是写作培养的核心。人的文学始于独特的感觉，要想让人物形象更丰满，就必须丰富这种感觉。这种感觉不仅仅是眼睛可以看到的，还有耳朵可以听到的，鼻子可以闻到的，舌头可以尝到的。福建作家郭风曾提出过一个"五官开放"的口号，这是有相当道理的，人的文学要求解放人的感官。

人类感觉技能的奇妙之处就在于：绝大多数人类感觉器官的生理构造是基本相同的，但是对于同一体验对象，每个人却会出现不同的视觉、听觉、嗅觉、味觉与触觉五种感受。现代人的体验像一块大磁铁，每一种情绪、情感在不同性别、年龄、收入、职业、学历、品味的人那里，都会造成人们不同的视觉、听觉、嗅觉、味觉、触觉感受，而正是这种五感总动员，才使我们有强烈的自我存在感。要创造出本真的自我，必须得学会倾听自己身体内部的声音，没有哪个外在的指令，能比自己的五感更知性，更能证明个体作为"私人艺术家"的自由与自主。从这个角度来说，能把握住复杂难解的感觉，就是把握住了复杂的人性。

感受是写作冲动的起点。五感类似于佛教讲的色蕴，写作者通过视觉、听觉、嗅觉、味觉、触觉感知物质的具体形态，包括固体、液体、气体、光与温度以及各种味道，然后才能产生诸如苦乐酸甜等种种心理感受，进而产生种种善恶憎爱等性情反应，产生各种意念或意识活动，采取相应的行为方式。

五感是否丰富细腻是写作人资质的重要评判标准。现代人一方面征服世界的能力大大增强，已经缺少了对自然的敬畏，另一方面由于现实丰富的视听刺激和快节奏生活，让自身感官不断钝化、退化，而正常的生命活动中，自然呈现的事物刺激不可能如我们看到的影视作品那样集中而强烈，因而普通的生活事件很难引起我们的感动。

可问题是，感官可以训练吗？感知很重要，但它并不神秘。像福尔摩斯一样感知敏锐，观察细致，有见微知著的能力，就是对写作者的要求。这既为写作观察提供了方向，又为写作观察提供了一个高标。

说到观察力，想必很多人都听说过莫泊桑的故事。

莫泊桑是 19 世纪法国著名作家，他从小酷爱写作，孜孜不倦地写下了许多作品，但这些作品都平平常常，没什么特色。莫泊桑焦急万分，于是，他去拜法国文学大师福楼拜为师。一天，莫泊桑带着自己写的文章去请福楼拜指导。他坦白地说："老师，我已经读了很多书，为什么写出来的文章总感到不生动呢？""这个问题很简单，是你的功夫还不到家。"福楼拜直截了当地回答。"那怎样才能使功夫到家呢？"莫泊桑急切地问。"这就要肯吃苦，勤练习。你家门前不是天天都有马车经过吗？你就站在门口，把每天看到的情况都详详细细地记录下来，而且要长期记下去。"第二天，莫泊桑真的站在家门口，看了一天大街上来来往往的马车，可一无所获。接着，他又连续地看了两天，还是没有什么发现。万般无奈，莫泊桑只得再次来到老师家。他一进门就说："我按照您的教导，看了几天马车，没看出什么特殊的东西，那么单调，没有什么好写的。""不，不不！怎么能说没有什么东西好写呢？那富丽堂皇的马车，跟装饰简陋马车是同样的走法吗？烈日炎炎下的马车如何走的？狂风暴雨中的马车如何走？车上坡时，马如何用力？车下坡时，赶车人又怎样吆喝？他表情如何？这些你都写得清楚吗？你看，怎么会没有什么好写的呢？"福楼拜滔滔不绝，一个接一个的问题，如同对莫泊桑一连串地当头棒喝。从此，莫泊桑天天在大门口全神贯注地观察过往的马车，从中获得了丰富的材料。于是，他拿着自己新写的作品去请福楼拜指导。福楼拜认真地看了几篇，脸上露出了微笑，说："这些作品表明你有了进步。但青年人贵在坚持，才气就是坚持写作的结果。"福楼拜继续说："对于要写的东西，光仔细观察还不行，还要能发现别人没有发现与没有写过的特点。如你要描写一堆篝火或一株绿树，就要努力去发现它们与其他篝火、其他树木不同的地方。"莫泊桑专心地听着，这些话给了他很大的启发。福楼拜喝了一口咖啡，又接着说："你发现了这些特点，就要善于把这些特点写下来。今后，当你走进一个工厂之时，就描写这个厂的守门人，用画家的那种手法把守门人的身材、姿态、面貌、衣着以及全部精神、本质都表现出来，让我看了以后，不至于把他同农民、马车夫或者其他任何守门人混同起来。"

莫泊桑把老师的话牢牢记在心头，更加勤奋努力。他仔细观察，用心揣摩，积累了许多素材，终于写出了不少有世界影响的名著。有一次，福楼拜对莫泊桑说："你到巴黎第九大街，在第二个十字路口向左拐，看看路右边第一个人为谁？"莫泊桑来到路口，远远看到一座老妇人雕塑，就回来告诉老师："是个老太婆。"老师摇摇头说："你看到的别人亦能看到，你再去瞧瞧是一怎么样的老太婆。"莫泊桑又来到路口，这次走得更近了，回来说："那个老太婆非常脏，满脸的灰尘，头发乱得像个鸡窝。"福楼拜听后微笑说："有点进步，但你看到的东西别人还是可看到的，你应用你的第三只眼睛去看，看到别人没有看到的东西。"莫泊桑再次来到路口，看得非常认真，回来后说："老师，我看到了那个老太婆的鼻子是世界上最蹩脚的木匠随便拿了一块木头削了安在她脸上的。"福楼拜听后高兴地说："你今天作业完成得很好，可以得满分了。"[①]

莫泊桑的例子告诉我们：观察力是可以培养的。观察力对作家非常重要，衡量一个作家是否优秀的重要指标之一就是看其观察力是否敏锐、犀利。

---

① 启玖.用"第三只眼"观察［J］.小学生导读，2003（12）:01.

第二节　视觉观察力训练

一、对人见微知著的能力

视觉是我们正常人获取信息的主渠道。同样的事情,同样的经历,只有作家有特别的感觉,而且能够把握、驾驭这种感觉。很多时候我们写不出好的文章,是因为我们缺少作家般善于发现的眼睛。

全息信息理论认为,人体的每一个凸出部位(特别是耳、手、脚)都是人的缩影;都包含了人身上的全部生理信息和遗传信息;人身上的所有器官对应的穴位,都在凸出部位(耳、手、脚)中有规律地排列,得到全面反映。

"全息"一词是从激光全息照相演绎过来的,激光照相的任何一张碎片,都可以还原出被照物体的全部图像。比如说耳朵就是人的缩影,它包含了人的全部生理信息和遗传信息。它像一个倒置的胎儿。人体器官所对应穴位在耳朵上有非常规律地排列分布。人的所有器官,心、肝、肺、胆、脾、胃等在耳朵上都能找到相对应穴位。同样的功能也反映在手和脚上。[①]

全息知识之所以被人知晓,是研究学习的结果,写作也需要这种见微知著的能力,需要在看似无规律的纷乱现象中总结出一般的规律,需要找到别人发现不了的细节。

为了测试我们见微知著的能力大小,大家不妨先看看下边的几幅图,测一下自己的观察能力。

---

① 郑明德.人体凸出部位全息论与电子针灸[J].前沿科学,2008(03):28.

书法家看到的东西我们看到了吗？肢体语言[①]我们读懂了吗？也许我举的例子有点极端，但我们写作训练很重要的一点就是训练观察力，观察没到位，思考没到位，纵使再有语言天赋，恐怕也难以描绘出一些幽微的世界。

的确，读者常常惊异于作家的观察力：我们不能看见的，他看得见；我们看得朦胧的，他看得很清晰；我们看得浅薄的，他看得很深刻；我们看见表面的，他看见了本质。比如苏联作家安东诺夫，他写 20 世纪 50 年代女孩在行驶着的电车上向车门走去，"就像走过河的独木桥"。屠格涅夫写过一个老太婆之死，他只写了一句"一只苍蝇从容地从她蓝色的眼膜上爬了过去"。

下面就以对人的观察为例来谈谈观察力训练。

威廉·詹姆士说过："所有情感的主因都是发自生理的。"那意思是说，你的任何情感的表达，如喜怒哀乐、妒忌忧愁等，都要使用身体某一部分的肌肉力量。由此可见，观察人的生理表象，也有助于了解观察对象的内心世界。

一般认为，科学的个性分析、观察力训练须注意被观察人的九种形体特征:形状——前额、眼睛、鼻子和下巴。颜色——毛发、皮肤、眼睛、胡须。结构——智慧神经质型、好动健壮型、有力或享乐型

① 羊芙葳.谎言的识别研究［D］.湖北：华中科技大学博士论文，2010.

组织——毛发、皮肤、面貌。紧韧——肌肉与骨骼的松紧程度。比例——面、头与身体的比较。体积——身躯的大小。表现——行动、声音、态度、衣服、饰品、字迹、握手等。体质——强弱。我们重点以人的形状与表现来洞烛幽微。

（一）眼睛

眼睛被誉为"心灵的窗户"，孟子曰："胸中正，则眸子瞭焉；胸中不正，则眸子眊焉。"透过眼神窥视人的心理活动，是人们在社会生活中常用的方式。要想从眼神中透视对方心态，必须掌握相关的理论与技巧。[①]

诚实的人眼睛多是睁大并安静地看着你。羞怯或目光向下望的眼睛或表示自卑不安或过分拘谨。当然我们并非断定凡是不敢用正眼看你的人都是不诚实的，或许是因为其缺乏自信心，或是因为其心中有事而陷入沉思中。

训练对眼睛的观察，一要注意对方是否在看着自己。

1. 与人交谈，视线接触对方脸部的时间应该占全部谈话时间的30%到60%，超过这一数值被看作是对谈话者本人比谈话内容更感兴趣，低于这一数值则说明对谈话者和谈话内容都不感兴趣，因此要把握好这一时间度。

2. 长时间凝视对方会被认为是对私人空间或势力范围的侵犯，是不礼貌或挑衅的行为。

3. 完全不看对方，则可被认为是自高自大、傲慢无礼的表现，或者试图去掩饰什么，如空虚、慌张等。

4. 反之，当我们在路上行走时，一旦发现陌生人一直盯着我们，

---

① 〔美〕斯坦·沃尔特斯. 牛曼漪，寇洁，潘琳等译. 挑战谎言识别谎言的技巧［M］. 海口：南海出版公司，2001:122.

必会感到不安，甚至会觉得害怕。

二要注意对方的视线是如何活动的。[①]

1．不相识的人不会长时间视线相交

不相识之人，在彼此视线偶尔相交之时，便会立刻避开。因为人们觉得，一个人被别人看久了，会感到被看穿了内心或者被侵犯了隐私权。

当我们在等公共汽车或站在影剧院售票口排队买票时，多为背向后面之人，这种表现为人们所司空见惯，这样做不仅是为了往前行进，也是为了避免同不相识的人视线相交。

2．相识的人沟通需要视线相交

相识者彼此视线相交之际，即表示有意进行心理沟通。

3．视线的转移

（1）一般认为初次见面时，先移开视线者之性格较为主动。

（2）当视线接触时，先移开眼光的人在谈话中占有优势地位。

（3）长时间盯着对方不移开视线的女性，心里可能隐瞒着什么事情。

（4）一被对方注视着就移开视线的人，多是有自卑感或短处。

（5）如果面对异性，只望一眼便故意移开视线之人，大都是因为对对方有着强烈的兴趣。

（6）当心中有愧疚，或有所隐瞒时，在受人注意时就会移开视线。比如一位名叫詹姆士·薛农的建筑师，曾画过一幅"皱眉之眼"抽象画，镶嵌在大透明板上，然后悬挂于几家商店前，意在借此减少偷窃行为。果然，悬挂期间，偷窃率大大减少。虽然并不是真正的眼睛，但对那些做贼心虚的人却构成了威胁，极力想避开该视线，以免有被盯梢的

① 辛源．从眼神看对方心态［J］．心理世界，1996（03）:15.

感觉，因此便不敢走进店内。即便走进商店，也不敢行窃了。[①]

三要注意视线的方向如何。

1．斜眼看对方，是对对方有强烈兴趣而又不想让人知道。

2．眼睛向上看对方的人，对对方怀有尊敬和信赖之情。

3．眼睛朝下看对方，是想在对方面前保持威严。

4．眼睛左右不停地转动，表明正在展开激烈的思考。

5．想充分扩大视野，视线的方向不断变化，多数场合是怀有不安和戒心。

6．说话中突然眼睛向下，表明想沉浸在自己的思索中，整理自己的想法。

7．尽管视线不断移动，但眨眼很有规则，是想法快整理好思路的表现。

四要注意视线的位置如何。[②]

从视线停留之部位可反映出三种人际关系状态：

1．视线停留在两眼和胸部的三角形区域，被称为亲密注视，多用于朋友间交谈；

2．视线停留在双眼与嘴部间三角形区域，被称为社交注视，是社交场合常见之视线交流位置；

3．视线停留在对方前额之假定三角形区域，被称为严肃注视，能制造紧张气氛。如果你的视线停留在这一区域，就会使对方感觉到你有正事要谈，使你保持了主动。

（二）面部表情

面部表情提供的是情绪的本质，通过它在某种程度上可了解到

---

① 辛源．从眼神看对方心态［J］．心理世界，1996（03）:15.
② 胡有志．解读来自眼睛的信息［J］．中国学校体育，1999（05）:30.

来访者的内心隐衷。如果说"眼睛是心灵的窗口",那么脸面就是"心灵的镜子"。这面镜子是由脸的颜色、光泽、肌肉之收缩和舒展以及脸部的纹路组成的。人类的面部表情与性别的习惯有一定关系:如男人习惯于从小学会不显示恐惧,而女人要求从小习惯于不表现愤怒,至少应予以掩饰。另外,同一种表情可以有不同的社会含义,如微笑可以是幸福和喜悦的外露,也可能是友好或欢迎的表示。面部表情一般是随意的和自发的,而且反应极为灵敏,能迅速而具体地反映各种复杂的内心活动,如高兴、悲哀、痛苦、畏惧、愤怒、失望、忧虑、烦恼、报复和怀疑等心理。"诚于衷而形于外""喜怒形于色"就是这个道理。当然,表达同样是可以控制的,比如"弄虚作假"或"演员技艺"。

据文献记载,博物学家达尔文很早(1872)就观察研究并描述了面部表情,他认为,人通过不同的表情至少能表达六种情感:幸福、愤怒、悲伤、厌恶、惊讶、恐惧。比如,人在感到幸福时,通常嘴角上扬,而悲伤时则嘴角下垂。我国有不少关于眉言目语的四字词语很能说明人的情感,比如:眉开眼笑、眉飞色舞——高兴;蹙额愁眉、愁眉苦脸——忧愁;横眉冷目、浓眉倒竖——愤怒。

(三)对"手"的观察

弗洛伊德说过:"没有一个人守得住秘密,即使他缄默不语,他的手指头儿都会说话,他身体的每个汗孔都能泄露他的秘密。"只要留意,就能"透过现象,抓住本质"。

身体语言具有灵活、细腻、真实表达情感的特点。表情、动作、姿态等构成一定的人体图像来表情达意、交流信息,具有形象直观的特点。

说话时指手画脚:这些人对探听他人秘密的兴趣特别浓,自己知道的事,会急不可待地传播出去,有语不惊人誓不休的性格。说话时用手掩口：他们的表现多是为掩饰自己内心深处的秘密，希望不让人察觉，有过分自卑的倾向，多是具有双重性格的。时常用手轻拍别人肩膀：感到自己比别人强或占优势，才会以轻拍别人肩膀来传递自己对别人的同情或支持。而经常把手指关节弄得啪啪响：爱虚张声势，故弄玄虚；幸好他们性格单纯利落，否则就会惹人讨厌。说话时用手抓头发：喜抓头发的人是健忘的，易受情绪的支配，当情绪不稳定时，便做出这种动作，希望在惶恐时抓一些慰藉。[①]不停地把玩手边的东西，说明内心十分在意对方，甚至是倾心于对方的。因为十分紧张，便不自觉地用手边的一些东西临时转移和释放这种紧张。一边说"我"一边用手指自己的胸膛，这种动作表示没有自信，由于没有实在感，才会借着指自己而确认自己的存在，并使对方接受自己的意见。双手绞在一起莫名其妙地用力，是感到非常紧张和不自信，生怕自己"露怯"，内心的忐忑不安在手上显露无遗。两手交叉置于胸前是一种典型的防护姿势，因为两手在胸前相当于筑了一道围墙，等于表达一种拒绝或否决的心情，这种动作给人的印象既不自信又不友善。[②]双手缠在一起，手心朝上高举向天花板，说明充满信心和骄傲，但会被别人认为是得意忘形而感觉不快。边说话边摸鼻子或揉眼睛，可能含有"你说的是真话吗？"的疑惑或者"我不同意"之类的否定。拉耳朵是"真想结束这番谈话"这个动作的潜台词，是对对方所说的话感到厌烦，心里特别想打断对方话头，让其停止说话，但又不得不忍耐着。[③]频繁地用手去拂额前的头发且并非必要时，就透露出那人的敏感与几分神经质，在人际交往中，由于你对别人的态度与言语反应非常敏感，一旦发现了

---

① 生活之友［J］.乡镇论坛，2002（02）:15.

② 武峰.你是否被小动作"出卖"？［J］.心理世界，2001（01）:15.

③ 羊芙葳.谎言的识别研究［D］.湖北：华中科技大学博士论文，2010.

其中涉及自己的事或者内心对此有所触动，就会不由自主做出这个动作。①

（四）对脚的观察

英国心理学家莫里斯通过研究发现了一个有趣现象：人体中越是远离大脑的部位，其可信度越大，而离大脑中枢越近则越不诚实。

我们和别人相处，总是最注意他们的脸。可脚远离大脑，绝大多数人都顾不上此部位，其实，它比脸、手诚实得多，它构成了人们独特的心理泄露——脚语。

1．脚语反映人之情绪

就像人体语言的所有其他信号一样，脚的习惯动作也有着自己的语言，在我国丰富的语言词汇里，有许多描述脚语的形容词。这些形容词与其说是描写脚步之轻、重、缓、急、乱、稳、沉等，不如说是描述人的内心或稳定或失衡，或静或躁、或安详或失措的状态。人心情不同，走路姿势也就不同；人的秉性各异，走起路来也会有不同的风采。

2．脚语可以反映人之性格品质

如果一个端庄秀美的女子走起路来匆匆忙忙，脚步又重又乱，就可断定这位姑娘一定是一个性格开朗、心直口快而不留心眼的痛快人；反之，看上去五大三粗，走路却小心翼翼，这样的人一定是外粗内细的精明人，他干事往往以豪放的外表来掩盖严密的章法。

人的心理指向往往从脚语中泄露出来。一坐下来就跷起二郎腿，表明该人怀有不服输的对抗意识。若是女性大胆跷起二郎腿，则表示其对自己的容貌有足够的信心，也表示了其怀有想要显示自己的

---

① 〔美〕拉里·萨姆瓦·陈南等译．跨文化传通［M］．北京：三联书店．转引自成莹．论功能视域下行政人的态势语言［D］．长沙：湖南师范大学，2009：14.

强烈欲望。脚的方向向着自己喜欢的事物。人在站立时，脚往往朝着主体心中惦念的或者追求的方向或事物。如果谈话中抖腿或晃脚，往往是精神不安和紧张的表现，说明该人心中一直期待着某东西，当期待不满足时，这种动作就会持续不断。不停地交叉双腿，说明人已经不耐烦了，或者内心烦躁不安、寂寞无聊。①

（五）面部

如果从人"类"的角度去感知，我们会有惊人的发现。非洲黑人的鼻子往往是短的、扁的，鼻孔宽大，直通肺部，这是因为他们居住在热带形成的；与此相反，居住在寒带的人，大自然使他们的鼻子变长，从而能使稀薄的冷空气进入鼻腔后，略使其温暖。更深入地观察，我们发现生活地域不同，人种会有明显的差别。最初的人类生长在非洲，紫外线很强，所以原始人的肤色是深色的，他们那时生活在沿地中海、红海以及印度洋一带。后来由于人口密集或者漫游的缘故，这些人有一部分到了多雾、多云的西北欧及波罗的海一带，若干世纪后便褪去了黑色素，成为了白皮肤的人。白皮肤的人由于生活在寒冷的地方，他们必须与严苛的环境做斗争，为了维持生命，他们必须消耗大量的食物和氧气，所以生存能力得以进一步发展。白肤色的人必须与别人争夺资源，他们的生存欲望急切，大自然将他们磨炼得积极进取、好斗、重物质。在打猎、航海或打仗的时候，这些古代白肤色的人需要迅速敏捷地集中精力，工作完成之后又需要长时间的修养恢复，所以他们天生缺乏忍耐力和智力的集中。②从遗传特性方面，概括来说，肤色白的人多半乐观、易变、

---

① 〔奥〕赛弥·莫尔肖.贾慧蝶译.体态语言大全［M］.上海：同济大学出版社，2005.

② 〔美〕哈里·巴尔肯.刘伟译.相人术［M］.哈尔滨：哈尔滨出版社，2011（01）：21.

无耐心，喜欢征服；而肤色较深的人生活比较容易，他们天性不好动，爱家庭而不愿冒险。

观察颅骨就更有意思了，颅骨的形状与人的性情，甚至动物性的情都有莫大的关联。观察动物界，我们会发现，宽头的动物往往好斗，有破坏性和凶猛性。窄头的动物往往温驯，柔弱易屈服。宽头的人往往富有精力，好斗、急进、有力，但易趋于猛烈、操纵、贪心、好辩。而窄头的人往往善于交际，温和、机智，但缺乏力量、执行力与好胜心。前额宽而低的人多才艺、喜音乐，善顺应、心境宽，富有建设性，但心力容易分散。前额高而窄的人往往好批评、分析，直观，喜欢专精研究，但心胸狭窄，过于好批评。①

（六）肢体动作

头微抬、肩向后、走路轻捷的姿势通常反映身体康健、心情愉快；肩下垂，双膝弯曲，走路拖拉往往表示情绪低落、心情抑郁；搓手挠头来回踱步常意味着心情紧张。

走动——发脾气或受挫；向前倾——注意或感兴趣；懒散地坐在椅中——无聊或轻松一下；抬头挺胸——自信，果断；坐在椅子边上——不安，厌烦，或是提高警觉；坐不安稳——不安，厌烦，紧张或是提高警觉；点头——同意或表示明白了，听懂了；摇头——不同意，震惊或不相信；打呵欠——厌烦；轻拍肩背——鼓励，恭喜或安慰；笑——同意或满意；咬嘴唇——紧张，害怕或焦虑。

二、视觉观察力培养的素材收集与分析

任何良好的观察都需要具备相应专业的积累，像各类专业人士一样观察与思考，为我们的写作和写作教学提供了广阔的空间和舞

---

① 〔美〕哈里·巴尔肯.刘伟译.相人术［M］.哈尔滨：哈尔滨出版社，2011（01）：21.

台。你的相关专业知识能力决定了你的观察对象的信息量和准确度。循着这条思路，我们就不难知道到哪里去寻找我们的资源。积累建筑知识、绘画知识、书法知识、音乐知识等，兼收并蓄，这既是大写作观的要求，也是大语文观的要求。成长为作家的过程客观上也是丰富人文学科知识的过程，是一个博物约观的过程。

第三节　听觉训练

耳朵是听声音的，很平常。可是，有些人的耳朵非但能辨别噪音和乐音，而且还能从声音中"读"出许许多多鲜为人知的信息，这就是本事了。

鲁僖公二十九年（公元前 631 年），介国国君葛卢到鲁国朝见鲁僖公。鲁僖公高规格接待葛卢，在宴会上以杀牛的太牢之礼待客。葛卢听到了牛被杀时的叫声，就说："这头牛生了三头牛，结果三头牛都在祭祀时被杀了。我从它的叫声里就听出来了。"询问之下，这头牛的情况还真和葛卢所说的一模一样。从一头牛的叫声中就能听出它的悲苦身世，你说神奇不神奇？这在今人看来实在不可思议，但史书上真真切切有这样的记载，由不得我们不信。

孔子向师襄学音乐的故事似乎可以为我们理解"神奇的耳朵"找到一条路径。孔子向师襄学习演奏音乐，老师是顶级乐师，学生是以好学著称的孔子，这样的师生组合想不创造佳话都难。很快，孔子就能把一首曲子演奏得很好了。师襄对孔子说："你演奏得不错了，可以换一首曲子了。"孔子却说："不行，我只会弹这首曲子的旋律，还没有掌握到演奏它的技巧。"又弹了好几天，孔子的演奏技巧也炉火纯青了，师襄于是对他说："这首曲子你完全可以演奏了，换一首曲子吧。"孔子说："不行，我掌握了演奏技巧，但还没领悟作曲者的心意。"后来,孔子又练习了一段时间,曲子当然演奏得更好了。师襄再次建议他换曲子,孔子答:"不行。我现在理解了作曲者之心意,但我不知道作曲者长什么样子。"师襄只得让孔子继续练习。又过了一段时间,孔子神情俨然,仿佛进到新境界:时而庄重穆然,若有所思;时而怡然高望,志意深远。最后孔子说:"我知道这个人是谁了:他皮肤深黑,体形颀长,眼光明亮远大,像个统治四方诸侯之王者,若不是周文王还有谁能作出这首乐曲呢?"①师襄听到之后,对孔子佩服至极,离开自己老师的座席,对孔子拜了两次("避席再拜"),然后说:"我的老师也认为这首曲子就是《文王操》。"通过这段故事,我们发现圣人孔子好像也有一双"神奇的耳朵",他通过一首曲子就能听出这首曲子的作者长得什么样,这样的功夫亦非凡人可比!

怎么理解这些神奇的耳朵?耳朵的神奇源自心灵的细腻敏感。孔子"一门深入,长时薰修",调动整个身心去倾听、领悟一首乐曲,所以才能"持文王之声,知文王之为人"。以孔子的经验推测,葛卢平时也一定对音乐情有独钟。经过长期的音乐熏陶,他们的耳朵对声音极其敏感,能体会到声音发出者(哪怕是头牛)的情感变化。

除了音乐熏陶之外,耳朵的神奇功能可能还与这些贤者清心寡欲的操守德行有关。佛经云:"众生本来是佛,但因妄想分别不能证得。"意思是说,一切众生都有佛性,都应该拥有和佛一样的能力,但是因为他们杂念太多、贪心太重,过多的欲望遮蔽了他们的本性,使他们本来拥有的能力发挥不出来。老子也说:"五色令人目盲,五音令人耳聋,五味令人口爽;驰骋畋猎令人心发狂;难得之货,令人行妨。"总的意思也是说,过度地享乐会导致人"眼耳鼻舌"的功

---

① 学不厌精 [DB/OL].http://www.360doc.com.

能退化。我们不妨以现代人的生活证实之：整天盯着电视看花花绿绿画面的人，其视力就会受到伤害；整天戴着耳机听摇滚乐的人，其听力就会受到伤害；经常喝酒吃肉的人，其味觉就会变得迟钝。

可是，音乐是一种诉诸听觉的时间艺术，转瞬即逝，形象比较抽象，难以捉摸，描摹起来难度比较大。但借助一定手法，是可以化抽象为具体，寓无形于有形，沟通人的各种感官，给人以丰富的审美享受的。学以致用，必能妙笔生花，为文章增色。

经典的描述音乐的文字有刘鹗的《老残游记》——《绝唱》[①]，白居易的《琵琶行》、李贺的《李凭箜篌引》和韩愈的《听颖师弹琴》并列为"摹写声音之至文"；李贺的《李凭箜篌引》艺术为最高。我们可以对其进行比较赏析。

首先阅读一下原文。

白居易《琵琶行》中的一段描写："转轴拨弦三两声，未成曲调先有情。弦弦掩映声声思，似诉平身不得志。大弦嘈嘈如急雨，小弦切切如私语。嘈嘈切切错杂弹，大珠小珠落玉盘。间关莺语花底滑，幽咽泉流冰下难。冰泉冷涩弦凝绝，凝绝不通声暂歇。别有幽愁暗恨生，此时无声胜有声。银瓶乍破水浆迸，铁骑突出刀枪鸣。曲终收拨当心画，四弦一声如裂帛。东船西坊悄无言，唯见江心秋月白。"[②]

韩愈《听颖师弹琴》："呢呢儿女语，恩怨相尔汝。划然变轩昂，勇士赴敌场。浮云柳絮无根蒂，天地阔远随飞扬。喧啾百鸟群，忽见孤凤凰。跻攀分寸不可上，失势一落千丈强。嗟余有两耳，未省听丝篁。自闻颖师弹，起坐在一旁。推手遽止之，湿衣泪滂滂。颖乎尔诚能，无以冰炭置我肠。"

---

① 卢石英 . 艺术语言在中学教学中的运用[J]. 楚雄师范学院学报，2005(8):30.
② 范青 . 中学语文教学中的隐喻现象及其教学方法探究 ［D］. 江西师范大学硕士论文，2014.（6）:1.

李贺《李凭箜篌引》："吴丝蜀桐张高秋，空山凝云颓不流。江娥啼竹素女愁，李凭中国弹箜篌。昆山玉碎凤凰叫，芙蓉泣露香兰笑。十二门前融冷光，二十三丝动紫皇。女娲炼石补天处，石破天惊逗秋雨。梦入神山教神妪，老鱼跳波瘦蛟舞。吴质不眠倚桂树，露脚斜光湿寒兔。"[1]

首先他们都用了比喻、拟声的手法来写音乐。白居易的《琵琶行》里有"大弦嘈嘈如急雨，小弦切切如私语""大珠小珠落玉盘""间关莺语花底滑，幽咽泉流冰下难""银屏乍破水浆迸，铁骑突出刀枪鸣""四弦一声如裂帛"。大弦声音粗壮，小弦声细小，先以象声词状其音"嘈嘈""切切"，再经比喻使之形象化"如急雨""如私语"，大弦之声和小弦之声交替进行，有如"大珠小珠落玉盘"，旋律起伏抑扬，声音清脆圆润，本是无形，却诉之于视觉形象、听觉形象。乐曲旋律不断变化着：时而宛转如花间莺语，时而压抑幽咽似冰下泉流，"冰泉冷涩"凝绝难通，不通而"声暂歇"。旋律由舒徐流畅，逐渐沉咽直至低沉停顿，此时音断而意不断，余音袅袅，意味无穷。恰是"别有幽愁暗恨生，此时无声胜有声"。可就是在人们仔细玩味、低徊无限之时，那乐曲又是像"银瓶乍破""铁骑突出"，纷繁多思之情感喷薄而出，乐曲由低谷推向高潮，激越雄壮。然而谁料正是积势喷发、感情高亢激越之际，"四弦一声如裂帛"，乐曲戛然而止，令人思之不及，又思之切切。[2]韩愈的《听颖师弹琴》开头即紧扣"听弹琴"展现音乐境界。前两句写琴声细柔宛转，比喻成"昵昵儿女语，恩怨相尔汝"；三、四句写琴声骤变昂扬，犹如勇士冲锋陷阵，杀声震宇；七、八句形容在一片和声泛音中主调高扬，恰似百鸟喧啾声

---

① 王志慧.化虚为实——浅谈古典诗词对声音的描摹［J］.语数外学习（语文教育），2013.（8）:29.

② 语文教案——琵琶行教学示例［DB/OL］.http://www.Chinesejy.com.

中忽有凤凰朗吟，即"喧啾百鸟群，忽见孤凤凰"；九、十句摹写声调由高滑低，戛然而止，就像攀登险峰，在再也无法升高分寸之时突然失足跌落，直跌到谷底；"跻攀分寸不可上，失势一落千丈强"。这些比喻贴切生动，把飘忽多变的乐声转化为绘声绘色的视觉形象，并且准确地表现了乐曲蕴含的情境。虽然都是戛然结尾，但白诗结尾让人激奋，韩诗结尾让人窒息，似乎直落悲哀的深渊。李贺在诗中也用了"昆山玉碎凤凰叫，芙蓉泣露香兰笑"两句比喻来描写李凭弹箜篌之音乐形象，前者以声写声，表现乐声起伏多变，时而众弦齐鸣，嘈嘈杂杂，仿佛玉碎山崩，令人不遑分辨；时而又一弦独响，宛如凤凰鸣叫，声震林木，响遏行云。后一句以"芙蓉泣露"摹写琴声的悲抑，以"香兰笑"表现琴声的欢快，既有声又有形，可谓形神兼备。但李贺主要不是使用描写的手法去精雕细刻音乐的形象，而是着重写"感"，写音乐给人感受，写音乐强烈、惊心动魄的艺术力量。吴刚听了音乐彻夜不眠，在桂花树下徘徊逗留，桂树下兔子也伫立聆听，不顾露珠儿斜飞寒飕飕！这是天才的想象。而且这种想象与白居易、韩愈的想象不同，白韩的是常人也能想到的，但李贺的是却不是一般人能想象到的，不单想得广泛，而且神奇，思维开阔、跳跃。例如音乐引动鱼鸟，前人也曾写过，《列子》一书说："瓠巴鼓琴而鸟舞鱼跃。"这种描写还是一种常规思维轨迹。然而，李贺却是写"老鱼"写"瘦蛟"，这样的艺术形象就十分奇异了。又如，诗中写到"教神妪"，如按一般思维程式，就会说李凭技艺高超，是神女所传授的，这样的说法就已经是夸张了。但李贺却说李凭教善弹箜篌的神女弹奏，这就不同寻常。再如，白居易写乐声"银瓶乍破水浆迸"，这样描写思维轨迹是一般读者能把握的；但李贺却说乐声把女娲炼五色石补天之处震破，引出一天秋雨，这样写法就新颖了。在这里我们可以看到，诗人如同一位神奇的魔术师，他驱使着大自然的静物、动物，调动了神话传说中众多神人的形象，来写出乐声强烈感人的艺术效果，表现了李凭弹奏箜篌的高超艺术。[①] 李凭弹箜篌的乐声连没有感觉的静物、无知动物都为之感动，连高踞仙界的神仙们也被乐声紧扣心弦。这样，抽象的、难以捉摸的乐声及它奇妙之艺术效果，就形象而具体地呈现在读者面前，使读者沉浸在奇异的艺术境界之中，引起丰富的幻想。

当然白诗与韩诗也写到音乐的感染力，但这种感染力由于受到诗人创作时处境与心境的影响，带有太多的个人因素与失意情绪，如果不是同为"天涯沦落人"，可能很难"与我心有戚戚焉"。

当代作家鲁彦在描绘潮声方面也有极独特之处，给人真实丰富的艺术享受。

要训练我们的听觉，了解一些乐器的常识和一些经典名曲必不可少。这里罗列一些，仅为训练材料的索引而已。

谈到古乐器，琵琶、古筝就像是有大气派的演员，什么它都能演。箫与古琴是孤独而不合群的避世者。唢呐是一种极奇怪的乐器，一会儿高兴一会儿悲伤地在那里演奏着，让人完全捉摸不定。笙的声音得两个字：清冷。京胡是没性格的演员，但它处处漂亮。高胡可以很凄厉很绝望又很争胜，那是一种斗争性很强的乐器，说到性格却又似乎接近青春得意，执着地在那里逼尖了嗓子诉说着什么，你听也罢不听也罢。雷琴什么都可以学得来，就是没有自己的本声本韵。最不可思议的是埙，它在你耳边吹响，你却会觉得很远；它在很远的地方吹响，你又会觉得它很近。这是一种以韵取胜的乐器，有一种事不关己、高高挂起的超然独行的性格，世上的事好像和它没有一点关系；它是在梦境里的音韵，眼前的东西一实际起来，一真切

---

① 我爱语文——《李凭箜篌引》赏析［DB/OL］.http://www.52yuwen.com.

起来，埙的魅力便会马上消失。[①]

常见的名曲《汉宫秋月》表现了古代宫女哀怨悲愁的情绪及一种无可奈何、寂寥清冷的生命意境。《阳春白雪》以清新流畅的旋律、活泼轻快的节奏，生动表现了冬去春来、大地复苏、万物向荣、生机勃勃的初春景象。《渔樵问答》旋律飘逸潇洒，表现出渔樵悠然自得的神态。《十面埋伏》乐曲以我国历史上的楚汉相争为题材，乐曲主要歌颂了楚汉胜利者刘邦，尽力刻画"得胜之师"的威武雄姿，全曲气势恢弘，充斥着金戈铁马的肃杀之声。《渔舟唱晚》前半部分以舒缓的节奏、优美典雅的旋律，描绘出一幅夕阳映照万顷碧波的画面，乐曲后半部分表现了心情喜悦的渔人悠然自得，片片白帆随波逐流，渔舟满载而归的情景。[②]有陶冶情操、平心静气的功效，可称之为心灵瑜伽。莫扎特的《小夜曲》清新可爱，马克西姆的《克罗地亚狂想曲》悲壮又不乏感动，巴赫的《奏鸣曲》优雅、恬静。

第四节　触觉训练

人只有在触摸到血肉之躯的时候，才会深深感悟真实的自我与生命世界的存在。

——D.H.劳伦斯

触觉是接触、滑动、压觉等机械刺激的总称。触觉训练最佳的方式是模仿盲人的替代性补偿感知（这里的触觉是广义的触觉，包括触觉、温觉、痛觉、平衡觉、动觉、筋肉觉、性觉等）。但真正把

---

① 王祥夫.乐器的性格［J］.文汇报，2001（03）:24.
② 20首古筝名曲来历简介——渔舟唱晚［DB/OL］.http:www.cn-gz.com.cn.

那种感觉写得出来，少走弯路，恐怕还要学习高明的作家。

历来优秀文学作品都非常重视对听觉、视觉之精彩描绘。但是，大家之作也从不回避、从不忽视触觉描写。因为人之视觉、听觉借由外物感发而起。写在小说中的视、听觉感受，只能是作者认同的主观体验，读者是否认同，那会因人而异。"一千个读者就有一千个哈姆雷特"，就是指读者对作品中所描绘的形象在艺术观照中存在着无限个体感知的差异。但人的触觉则很不同。触觉既可以由外物触及而感应生发，也可由内心感触而及物生情，感时可花溅泪，恨别时鸟惊心。对小说中所描写的触感，读者常常不需要比照客观外物而只需要以自己切身体验加以印证，即可引起共鸣或拒绝认同。

实际生活中，人的各感官并不是各自孤立活动的，通常是五官联动，视、听、嗅、味、触五感觉通联。文学作品描写整个人的思想活动和感受，也往往是描写五官联动、五觉通感的灵肉双方的活动。这样，人物才是完整的、活生生的。因此，作品是不能只写视、听、嗅、味觉而不写触觉的。

触觉就像布满全身的复眼，并与其他四种感觉通联一体。在大多情况下，文学作品中单独描写触觉的无多，而是把触觉描写分散在其他感觉之中。在触摸、抚摸、拉、扯、拖、轻抚、抓、碰等接触过程中，冷、暖、温、热，软、硬、松、紧，粗糙、细腻，坚硬、柔软，沉重、轻飘，干巴、润泽，潮湿、干燥，快乐、疼痛，平静、激荡等触觉感受往往与其他感受掺和杂糅在一起。正是这种情况使我们不大注意文学作品中的触觉描写艺术。此外，许多情况下，作家往往是通过视听来写触觉，目的是给人雾里看花、隔墙听乐之感。这也就不易让人注意到直接描写触觉的问题。

劳伦斯认为，在个人与他人关系中，在人和客观世界的结合和交流中，最具重大意义的感觉不是面部上的视、听、嗅、味觉，而是遍布全身的触觉，他不赞成文学创作的任务就是"让读者看见"这种说法。他认为，文学作品中的道德问题不是大脑理解的问题，而是人和人之间相处关系的问题。文学作品的任务不是让读者看见或了解，而是让读者触摸自己、他人与世界的存在。文学作品可以起到类似体内平衡剂的作用，通过让读者触摸自己，感受"血液尊贵之野兽"来调整精神渴求和本能需求间的不平衡，以帮助他建立和他人间生活关系的"颤动的平衡"。以手的触觉为例，他说："我的手是活的，它闪耀着自身的生命。它遇上整个陌生宇宙，在接触中懂得了许许多多事物，认识了许许多多事物。我的手就像我一样，是我的大脑，我的心脏，我的灵魂。"手是触觉的象征，劳动的象征。在某种程度上，手也是创造人与创造世界的象征，因为手的活动意味着接触、授受，意味着结合和交流，意味着人和人之间与人和世界之间的关系。

　　王蒙的《手》描写一个领导干部外出途中汽车出了故障，在等待修车的时间里，随意拐进一个老下属的家，寒暄中握了一下卧病属员的手。没想到这极偶然的、不在意的触握，竟使一个垂危枯朽病体焕发了新的活力，留下刻骨铭心的感激。临终，再三嘱托老伴一定要去谢谢这位关心人的好领导。[①] 茨威格写活了一双赌徒之手，让人仅从牌桌上就洞悉了赌徒贪婪的灵魂。

　　人体的各种器官都具有特别的触觉，头、脚、四肢、面颊、口唇等各具功能。在人的各种感觉中，触觉仿佛是一根生命之弦，作者只要轻轻弹动它一下，它就立刻会引起心灵的震颤，生命便开始歌唱或叹息！

　　鲁迅的小说《明天》中写单四嫂子抱孩子看病抓药，累得筋疲

---

① 张晓菲 . 小说中描写触觉的艺术［J］. 安徽大学学报，1995（12）:15.

力竭时，路遇对她垂涎已久的蓝皮阿五要帮她抱孩子，她虽极不情愿，但又无可奈何地应允了。阿五"伸开臂膊，从单四嫂子的乳房与孩子中间，直伸下去，抱去了孩子"，单四嫂子"便觉乳房上发了一条热，刹时间直热到脸上与耳根"。这里触觉描写着墨不多，然触而有觉，并触及灵魂，牵动了单四嫂子的生命之弦；同时，也表现了旧中国的人情世态以及人和人之间的某些关系。

鲁迅的《阿Q正传》中的触觉描写非常突出。阿Q的性格几乎是在各种接触、碰撞过程中完成的。阿Q因为说他"和赵太爷原来是本家"而挨了"一个嘴巴"，因为忌讳癞头疮而与人打架，"被人揪住辫子，在壁上碰了四五个响头"。"他擎起右手，用力的在自己脸上打了两个嘴巴，热剌剌的有些痛；打完之后，便心平气和起来，似乎打的是自己，被打的是别一个自己，不久也就仿佛是自己打了别个一般，——虽然还有些热剌剌，——心满意足地得胜躺下了。"阿Q忘却了王胡的"碰头"，忘却了假洋鬼子的"哭丧棒"之后，忽然遇见小尼姑，便又挑衅：

阿Q走近伊身旁，突然伸出手去摩着伊新剃的头皮呆笑着，说："秃儿！快回去，和尚等着你……"

"你怎么动手动脚……"尼姑满脸通红的说，一面赶快走。

酒店里的人大笑了。阿Q看见自己的勋业得了赏识，便愈加兴高采烈起来。

"和尚动得，我动不得。"他扭住伊的面颊。

酒店里的人大笑了。阿Q更加得意，而且为满足那些赏鉴家起见，再用力的一拧，才放手。

这是阿Q一生中独有的一次战斗的胜利。但这次胜利的触觉，连阿Q自己也意识不到，竟会是那样的悠长，那样的隽永。这触觉先是使阿Q感到"轻松"，"飘飘然的似乎要飞去了"。阿Q不知道为什么，对小尼姑这一摩、一拧，竟使他灵魂发生变异，精神似乎升华了，性意识好像觉醒了。

小说在第四章《恋爱的悲剧》里，描写了阿Q的感受：

然而这一次之胜利，却又使他有些异样。他飘飘然的飞了大半天，飘进土谷祠，照例应该躺下便打鼾。谁知道这一晚，他很不容易合眼，他觉得自己的大拇指与第二指有点古怪，仿佛比平常滑腻些。不知道是小尼姑的脸上有一点滑腻的东西粘在他指上，还是他指头在小尼姑的脸上磨得滑腻了？……

"断子绝孙的阿Q！"

阿Q耳朵里又听到这句话。他想：不错，应该有一个女人，断子绝孙便没有人供一碗饭，……应该有一个女人。

阿Q正是从一次偶然的触觉，无意中萌生了恋爱意识，与传统的中国伦理道德观念发生了尖锐矛盾。小说写道：

阿Q本来也是正人，我们虽然不知道他曾蒙什么名师指授过，但他对"男女之大防"却历来非常严；也很有排斥异端——如小尼姑及假洋鬼子之类——的正气。他的学说是：凡尼姑，一定与和尚私通；一个女人在外面走，一定想引诱野男人；一男一女在那里讲话，一定要有勾当了。为惩治他们起见，所以他往往怒目而视，或者大声说几句"诛心"话，或者在冷僻处，便从后面掷一块小石头。

谁知道他将到"而立"之年，竟被小尼姑害得飘飘然了。这飘飘然之精神，在礼教上是不应该有的，——所以女人真可恶，假使小尼姑的脸上不滑腻，阿Q便不至于被蛊，又假使小尼姑的脸上盖一层布，阿Q便也不至于被蛊了，——他五六年前，曾在戏台下的人丛中拧过一个女人的大腿，但因为隔一层裤，所以此后并不飘飘然，而小尼姑并不然，这也足见异端之可恶。

"女……"阿Q想。

作为一个正常人，阿Q从手指的触觉，感染到灵魂，他终于忍不住关于女人的相思，蹩脚的对吴妈说出我要和你困觉之类的话，因而连连挨打，丢了人，丢了布衫，丢了工钱，失了业，只好去偷尼姑庵菜园里的萝卜，到城里去打劫，直到他用生命去画他最后的圆圈。

在这里，鲁迅先生写出了触觉的力量、价值，也写出了由触觉导演出的一幕幕人间悲剧。

触觉敏锐度与性的敏感度高度相关。优秀的触觉描写，最重要的是写觉。由触而觉，是人的意识由懵懂到觉醒的过程。触到皮肉而觉及灵魂，灵魂之光又烛照到人生，使生命复苏，进入辉煌的境界。[①]

我国当前小说创作中，已故陕西作家陈忠实的长篇小说《白鹿原》堪称典范，笔下的人物是灵肉一体的，是能闻其声、见其形、知其性的"圆形人物"。每一个人物都是活生生的个体，每一个个体放在特定的社会历史环境中，便会被铸造成具有特殊性格的典型。

中国封建文化既要求"不孝有三，无后为大"，又要设置"男女授受不亲"之"大防"，以压抑人的生命活力，戕害人的自由天性，从而保证"纲常""秩序"。这种矛盾，在《白鹿原》中体现得尤其充分。白嘉轩下原进山娶回第七个女人。可新婚之夜白嘉轩鼓足勇气把新妇揽进怀里时，与异性肉体的接触使其受到鼓舞而欲火升腾，却因触到了倒霉的小棒槌（驱鬼避邪用）又使情欲熄灭。两种不同的触觉描写，给人的感觉就是白嘉轩的所谓欲望不过是为了延续家族血统的义务，或者说只是人类作为生物自身的本能。

《白鹿原》中，做长工的黑娃，因为给主人小妾递接饭碗，手指摸到了碗底小娥手指，结果他们的命运悲剧竟然因为这原本无意识

---

① 张晓菲.小说中描写触觉的艺术［J］.安徽大学学报，1995（12）:15.

的瞬间接触而从此改变。黑娃的心猛地弹跳起来，竟不敢看她眼睛。两人的频繁接触让黑娃的性意识觉醒了。这种觉醒，就像黄土高原倾泻而下的洪水，具有强大生命力，这种觉醒冲破了主仆之间的界限，冲决了"男女授受不亲"的堤防，也冲决了白鹿原上两大家族千百年来所共同固守的传统秩序。这种触觉所引发的一系列戏剧性情节，冲毁了旧传统，最终也完全毁灭了他们。从这里可以看到，触觉很盲目，力量太大，太有创造力，也太有摧毁力。

盲目触觉会导致心理变态或者病态心理。小说中鹿子霖酒后回家，同前来开门的儿媳有了身体接触，他一双大手胡乱摸捏，胡碴子乱拱。儿媳先是坚决拒绝，在饭底埋麦草，以暗喻畜牲教训公爹。但终因抵挡不住触觉的诱惑而心猿意马，主动起来。可这时公爹早已清醒，他采用"以其人之道还治其人之身"的办法，使她羞愧难当，无地自容。儿媳"自食其果"，欲哭无泪，想死不能，眼前时时再现公爹酒后回家时搂抱她之情景，情欲感觉发生又消失，往返重复，期待那感觉驻留更久……在这来往的折磨中，她终于疯癫了。据说那是患了"疯病"，因当时无药可医而死。这个心理变态的女人，遇上酒后失态的公爹，犹如燃着的干柴又浇上了油，最终酿成了无法挽回的灾难。

鹿兆鹏（鹿子霖之子）与白灵（白嘉轩女），因革命工作特殊需要而假扮夫妻。他们虽自幼青梅竹马，有真挚的爱情，但平素他们严格控制着接触，结果庆贺胜利的夜晚，两人喝了几杯烧酒后就失去了控制。"白灵猛然站起来，抓住兆鹏的手"，"鹿兆鹏伸开双臂把白灵紧紧地搂抱住时，一股热血冲上头顶，猛然颤抖起来"。从此突破了禁戒。小说借白灵回味那晚接触，洒脱地描写那种感觉："他的嘴唇，他的双手，他的胳膊与双腿上都带着火，触及她任何部位都能引起燃烧；他的整个躯体就是一座潜埋着千万吨岩浆的火山，震撼着呼啸着寻求爆发。她那时候突然意识到自己也是一座火山，沉积在深层的熔岩在奔突冲撞而急欲找寻一个喷发的突破口……"作者以诗的语言描写触觉的升华。这种升华伴随着生命的新机，走向一种境界，这正是人类生生不息、勇往直前的精神。[①]

可见，触觉是一种原发性的生命现象，在一定条件下，这种生命原发现象会由于得到了一定的控制或引导，可能向不同方向转化。[②]

白嘉轩的儿子白孝文，因为森严礼法的强化教育，在性格、体格方面都还发育不足，男性意志和进击力都较薄弱，这个提前成长起来的早婚儿先是在比他年龄大的妻子启蒙下变成了贪婪色鬼，后在老子严厉训诫下才从纵欲无度中拔出。鹿氏家族为了击垮白氏家族，用性触觉作为手段，鹿子霖派田小娥引诱孝文拜倒在她"石榴裙"下，击溃了这个族长继承人的尊严。孝文与小娥在性接触时，白孝文临事"不行"，事后又"行了"的情形，揭示他人格上的残疾与被割裂的精神。在这里，触觉描写不仅同家族争斗、阶级政治融合起来，而且同文化思想、人格教养融合起来，完全成为人世间的生命现象，乃至成为人个体的生理现象。这种社会人的原始状态，描绘出来具有非常丰厚的文化意蕴。《白鹿原》中许多触觉描写是富有研究价值的，生理心理学、社会历史学、人类文化学、艺术美学等都可以从中找到重要资料。作为小说艺术，《白鹿原》的触觉描写总审美指向是健康的。

当前，文学作品创作中触觉描写在增多，视野有所拓宽，内容不断丰富，但从整体看来，描写触觉的全面性、深刻性都还欠缺。有的作者单为追求可读性而大写性触觉，这只能吸引那些浅薄的、

---

① 张晓菲.小说中描写触觉的艺术［J］.安徽大学学报，1995（12）:15.

② 同上。

文化素养不高的读者于一时，绝不会有长久的生命力。只有那些致力于追求高层次的、富有思想文化深度的、艺术表现力强的、真诚的触觉描写，才会赢得不朽。

第五节 嗅觉与味觉训练

康德指出，味觉与嗅觉是人类五种感觉中最内在的感觉。今天认知科学观察的实证表明，与长期记忆密切相关的脑区，叫作"嗅脑皮质"，人的"嗅脑皮质"是可以训练的，但个体差异很大。一方面，可以看一些相关经典作家描写的经典作品；另一方面，更多时候得靠个人的偏好本身来引路，放大这种感觉体验，当感觉放大到了引起作家或作者关注的时候，便自然进入了写作的视野。

作家笔下的嗅觉描写具有独特性。

王安石有"墙角数枝梅，凌寒独自开。遥知不是雪，为有暗香来"，白居易有"室香罗药气"，元稹有"梅香密气融"，杜甫有"迟日江山丽，春风花草香"，孟浩然有"荷风送香气，竹露滴清响"。

嗅觉也许是最令人亢奋的感觉，文学作品中自然少不了各种对气味的描写。意大利人劳拉·唐纳托（Laura Tonnato）依据自己最喜爱的一些作家作品调制了5种香水，由此创造了一种全新之文学欣赏方式。她在伦敦皮卡迪利大街水石书店（Waterstone's）展示了这些香水，读者们由此可以在书店的5个楼层体验到5种不同的"文学气息"。第一种香水名为"唤醒往昔浪漫记忆的紫罗兰"，其灵感来自英国作家奥斯卡·王尔德的小说《道林·格雷的画像》（1891）。这种香水甜得发腻，带有一点点颓废味道，恰可衬托这部唯美主义小说。第二种名为"杜松烧过的气味"，它取意于意大利作家邓南遮（1863—1938）之《快乐之子》（1889）。此种香水带着营火味道，渲染着一种宜人的秋日氛围。第三种香水散发着甜甜的香草气味，名字叫作"玛德琳"，灵感来自法国作家普鲁斯特名作《追忆似水年华》。第四种叫作"包法利夫人"，根据福楼拜同名小说，爱慕虚荣的女主人公爱玛通过闻子爵雪茄盒得到了极大的满足，她会一边"嗅着烟盒衬里的气味——一种混合着烟草味与马鞭草味的芬芳"，一边想象着上流社会生活。最后一种香水取意于德国作家帕特里克·聚斯金德的小说《香水》（1985）。在小说中，主人公格雷诺耶杀害了数十名少女，目的是提取她们的香味以便制作最好的香水。而劳拉·唐纳托制作这种香水的目的却是模拟 18 世纪巴黎市区的恶臭，那正是格雷诺耶拼命逃避的东西。据尝试过的人说，这种香水的味道的确让人恶心。不知道，水石书店里的读者有没有被它吓得落荒而逃？ ①

当代作家莫言说："我喜欢阅读那些有气味的小说。我认为有气味的小说是好的小说，有自己独特气味的小说是最好的小说，能让自己的书充满气味的作家是好的作家。"读过《静静的顿河》之人，很难忘记肖洛霍夫笔下顿河岸边弥漫的潮腐气息与大草原上散发出的青草、野花与泥土的浓烈气味；而读福克纳《喧哗与骚动》的人，也一定会随小说主人公班吉以不可思议的嗅觉能力嗅到凯蒂身上那股"树的香味"，感受到"衣服在空中飘动的气味"乃至"'死'的气味"。法国诗人波德莱尔在描写香味时写道："像别人的精神飘在乐曲之上，爱人啊，我的精神在你发香上荡漾。"

张爱玲曾真率地表示："别人不喜欢的我都喜欢，轻微的霉气、雨打湿的灰尘、葱蒜、廉价的香水。像汽油，有人闻见了要头昏，我却特意要坐在汽车夫旁边，或是走到汽车后面，等它开动的时候'布布布'放气。"

---

① 渭北. 文学的气味［J］. 中华读书报，2004（09）:22.

南宋词人吴文英可谓是酸、腥味描写大师，满纸酸味，读之可闻可感。"别味带生酸"，这是借杨梅酸味摹写离情的苦涩。"绣懒思酸"，这是回忆他爱妾有妊时慵懒而喜吃酸食的情状。吴文英词写的腥味可分为三类：一是描写生于水边花木特有的气味。作者借玉兰特有的水腥味，"蛮腥未洗，海客一怀凄惋"，一笔便表现出吴越女子纯洁如兰的气质。二是水生动物特有的气味，"东风冷湿蛟腥，澹阴送昼，轻霏弄晚"。这首词描绘德清县清明竞渡的热闹景象。词人把扬旗擂鼓、冲涛疾进的龙舟比喻为飞腾的巨蛟，它们的鳞甲被东风掀起的寒波溅湿，喷礴出一股腥膻味道，刺人眼鼻，撼人心魄。三是花粉和脂粉腥腻味。"最无情，岩上闲花，腥染春愁"，意谓文种墓畔岩上闲草野花最是无情，它们当年渗透了文种的碧血，历经了千年，腥气至今还染出春愁。词人着意捕捉这永不消散的血色腥氛，用一个"染"字把具象的"腥"和抽象的"愁"牢牢地粘在一起，营造出一种荒凉悲怆意境，强烈地表达出词人的悲愤。一个"腥"字，蕴含了感叹文种落得"狡兔死，走狗烹"的悲剧，暗含了对南宋国势式微的深忧！①

吴文英写得更多更妙的则是香味。据不完全统计，今存三百四十首吴文英的词中，"香"字不算标题，总共就有二百三十九处，加上以"馥""熏""芳""麝"与"花气"等字眼写香味而未出"香"字的二十多处，其词写香味总计将近二百七十次。这个数字，在两宋词人中无疑为最。北宋诗人黄庭坚曾自称"有香癖"，居寝必焚香，但他在诗词中描写香味并不多，也不能给人深刻印象。如果说黄是"香癖"，那么吴文英就是"香痴"，他对香气之喜爱，简直到了如痴似狂的地步！他在词中不厌其烦地反复描绘各种各样的香气，传达香气

---

①　陶文鹏，阮爱东.论梦窗词气味描写的艺术［J］.文学评论,2006（09）:15.

给他带来的酸甜苦辣、温馨甘美的丰富而微妙的感受。他笔下的"香"字有多达五十余种组合,在他笔下,香有颜色,如红香、翠香、玄香;有明暗动静、新旧浓淡,如暗香、幽香、新香、旧香、残香、断香、浓香、腻香;有温度,如暖香、温香、寒香、冷香等;有质地体积,如软香、柔香、一掬香等;甚至还有感情意态,如嫣香、媚香、妙香、愁香等。从散发着香气的时空来看,有夜香、春香、秋香、古香;从香气载体来看,有泥香、宝香、酒香、手香、袖香、汗香、茧香、尘香、茸香、铅香、桂香、花香、脂香、兰香、泪香、唾香、翠筒香,林林总总,真让人目不暇接,鼻不胜品。此外,香草、香花、香痕、香绵、香瘢、香径、香雾、香词等芬芳沁人的意象名词,在吴文英的词中也是联翩出现。

总之,吴文英的奇思异想使他所写的香气千姿百态、灵妙诞幻、神奇莫测。香气可穿越时空,缤纷馥郁。这一点上,两宋词人无人能及。

说了嗅觉,我们再谈谈味觉。人类的味觉是通过味蕾获得的,这些味蕾集中在舌头表面。除此以外,还可以在上腭中找到一些,这些额外味蕾可以增强味觉敏感度。科学家所描述的酸、咸、甜、苦、鲜这五种味道,只是我们对口中食物认知的一部分。除此以外还包括由鼻子中的嗅上皮细胞所得到的味道,由机械感受器得到的口感,以及由温度感受器得到的温度。其中,舌头尝到的与鼻子闻到的,被我们归纳组合成味道。

在西方文化中,基本味道的概念最早至少可以追溯到亚里士多德,他认为味道由甜、苦、咸、辣、糙、辛、美味多汁的和酸的巧妙组合而成。而古代中国的五元素哲学思想则列出了稍微不同的五种基本味道:苦、咸、酸、甜与辛,实际上这更常见于中医理论中,一般谈论食物时会用辣代替辛。

下面我们来看一看文学作品中的味觉描写：

日本作家村上春树《舞舞舞》书中有一段着墨比较细致的描写："我先做了一道长葱伴梅子，洒上柴鱼片；又用凉醋拌海带鲜虾；再以芥末细磨白萝卜给鱼丸添辣味；然后用橄榄油、蒜与少许的辣味香肠炒切丝的马铃薯。最后将小黄瓜切片，做了一道实时泡菜。还有昨天剩下的煮羊硒菜与豆腐。调味料则用了大量生姜。于是我们一面喝着黑啤酒，一面吃着我做的小菜。啤酒没了，就喝香槟……"

细腻热情的渡边淳一的《化身》里面讲到青花鱼，提及日本有句俗语，通常用"青花鱼的外鲜内烂"来形容虚有其表之人，因为青花鱼并不太容易保鲜。但渡边淳一整整花了两页篇幅来描绘青花鱼及男女主角用餐的画面，最后一段："青花鱼正是要配饭吃才好吃，秋叶又叫了一些寿司和泡菜。里美说话、吃东西都慢条斯理。现在她也是一面吃饭，一面用筷子一小块一小块地挟起味噌汤里的青花鱼放入嘴中，她自己是乐在其中，但旁人看了不禁要为她着急……"

作家山田咏美描写味道时写道："天色已经黑了。今天晚上我特别帮 Spoon 准备了小排骨肉，此时正放在冰箱下层解冻呢！我打算把蕃茄与红辣椒腌渍过的香辣排骨放进小烤箱里烧烤。对了！得记得放几片月桂叶才行哪！黑胡椒要研磨成粗粒的，大蒜要敲碎……里面还要放些姜沫，要放辣椒粉、肉豆蔻，所有手边辛酸料通通放进去。原本黏腻腥臭之排骨漏在烤箱里烤得焦黄喷香，骨头也变成黑褐色开始发亮时，就可以把烤箱的火关上，用余温把排骨表面烘干，开始准备红酒……"

说到味道，古龙在《楚留香传奇》里有很多出色的描写："李红袖眼波转动，还未说话，只见舱门里已伸出一双纤秀的手来，手里托个大盘子。盘子里有两只烤得黄黄的乳鸽，配两片柠檬，几片多汁的牛肉，半只白鸡，一条蒸鱼，还有一大碗浓浓的蕃茄汤，两碗腊味饭，一满杯紫红的葡萄酒，杯子外凝结水珠，像是已过许久。"

整部《金瓶梅》可以说再现了当时的地域饮食文化。在小说作者笔下这些饮食品种中，绝大部分属淮扬美食。

淮扬菜在中国四大菜系中，有其非常独特的个性。它选料严谨、因材施艺、制作精细、风格雅丽；追求本味，清鲜平和。所谓"醉蟹不看灯、风鸡不过灯、刀鱼不过清明、鲟鱼不过端午"，这种因时而异的准则能够确保美食原料来自最佳状态。淮扬菜还十分讲究刀工，菜品形态精致，滋味醇和。在烹饪上则善用火候，讲究火功，擅长炖、焖、煨、焐、蒸、烧、炒；十分重视汤料，讲究原汁原味，达到风味清新、浓而不腻、淡而不薄的最佳口感。

我们先看《金瓶梅》中写到的各种汤。如：火川肉粉汤、肚肺乳线汤、鸡尖汤、肉圆子馄饨鸡蛋头脑汤、馄饨鸡蛋汤、银丝汤、薄荷灯心汤、八宝攒汤等，这些汤无一不讲究炖、焖、煨、焐。

再看小说中人物食用的菜肴，如烧鸡、烧鹅、烧鸭、烧猪头、烧花猪肉、烧鹿花猪、烧羊肉、炖烂鸽子雏、炖烂蹄子、炖烂烤蹄儿、炖烂羊头、柳蒸勒鲞鱼、柳蒸糟鲥鱼、干蒸劈月西鸡、滤蒸烧鸭、水晶膀蹄、卤顿炙鸭、白浇笋鸡、葱白椒料桂皮煮烂羊肉等，都是典型的淮扬菜，十分讲究炖、烧、焖、煨、蒸等火候。

小说第二十三回对烧工还有专门描写。"金莲道：'咱们赌五钱银子东道，三钱银子买金华酒儿，那二钱买个猪头来，教来旺媳妇子烧猪头咱们吃。说他会烧得好猪头，只用一根柴禾儿，烧得稀烂。'"那来旺媳妇惠莲真好本事，小说中写道："于是起到大厨灶里，舀了一锅水，把那猪首蹄子剃刷干净，只用一根长柴禾安在灶里，用一大碗酒酱，并茴香大料，拌的停当，上下锡古子扣定。那消一个时辰，把个猪头烧得皮脱肉化，香喷喷五味俱全。将大冰盘盛了连姜蒜碟儿，用方盒拿到李瓶儿房里。"

再来看看台湾当代作家林清玄的《冰糖芋泥》：

番薯不只用来做饭、做饼、做奖品，还能和东坡肉同卤，还能清蒸，母亲总是每隔几日就变一种花样。夏夜里，我们做完功课，最期待的点心是，母亲把番薯切成一寸见方，与凤梨一起煮成的甜汤；酸甜兼俱，颇可以象征我们当日的生活。

芋头的地位似乎不像番薯那么重要，但是母亲的一道芋梗做成的菜肴，几乎无以形容；本来挖了芋头，梗与叶都要丢弃的，母亲却不舍，于是芋梗做了盘中餐，芋叶则用来给我们上学做饭包。

芋头孤傲的脾气与它流露的强烈气味是一样的，它充满了敏感，几乎与别的食物无法相容。削芋头时要戴手套，因为它会让皮肤麻痒，它的这种坏脾气使它不能取代番薯，永远是个二副，当不了船长。

我们在过年过节时，能吃到丰盛的晚餐，其中不可少的一样是芋头排骨汤，我想全天下，没有比芋头与排骨更好的配合了，唯一能相提并论的是莲藕排骨，但一浓一淡，风味各殊，人在贫苦的时候，大多是更喜爱浓烈的味道的。母亲在红烧鲢鱼头时，炖烂的芋头与鱼头相得益彰，恐怕也是天下无双。

最不能忘记的是我们在冬夜里吃冰糖芋泥的经验，母亲把煮熟的芋头捣烂，和着冰糖同熬，熬成几近晶蓝的颜色，放在大灶上。就等着我们做完功课，给检查过以后，可以自己到灶上舀一碗热腾腾的芋泥，围在灶边吃。每当知道母亲做了冰糖芋泥，我们一回家便赶着做功课，期待着灶上的一碗点心。[①]

林清玄的《菠萝蜜》：

剖菠萝蜜是一件大工程，因为果实的粘性很强，刀子常会粘在其中，每次父亲把菠萝蜜剖开，衣裤总是汗湿了。

---

① 林清玄.冰糖芋泥［J］.养生大世界，2008（01）:15.

菠萝蜜的肉取出，肉质金黄色，味道强烈，就像把蜂蜜浇在寿司上，我觉得世界上再也没有一种水果比菠萝蜜更甜了。

菠萝蜜的种子大如橄榄，用粗海盐爆炒，味道香脆，还胜过天津炒栗，这是我们小孩子最喜欢吃的，抓一把藏在口袋，一整天就很快乐了。

菠萝蜜心，像椰子肉一样松软，通常我们都用来煮甜汤，夏夜的时候，坐在院子喝着热乎乎的甜汤，汗水流得畅快，真是人生一大享受。

事实上，味觉嗅觉既是天才作家的独特体验，也是情节发展的重要推动。①我们可以设想，一男一女正在争论某件事情，男人从门口一直冲到厨房，冲着女人大声嚷嚷："我再也不能忍受你妈妈与我们住在一起，老太太必须在我回来之前搬走，否则我就离开这个家！"在设置这个场景时，我们可以让女人烤制南瓜饼，南瓜饼味道甜美、温馨，让人回想感恩节一般的快乐时光，但如再加上腌制香料与醋味，这个场景就呈现出了寓意。我会在某个时刻让读者想象这种气味："我郑重警告你，劳拉，有她没我，有我没她！"他说着，样子就像厨房里的味道一样酸。②争吵愈演愈烈之时，可能会听到什么声音呢？是不是有条狗溜进来，喝锡制饼盘里的水？是否有一辆行驶的汽车，正在马路上发出咔嚓咔嚓的声响呢？是不是传来孩子们在隔壁人家院子里玩耍的声音？当炉子上水烧开时，是不是在滋滋作响呢？水有多热呢？你告诉读者温度了吗？小说中的女主角是否在泡菜罐旁边放了一杯冰茶或冰咖啡呢？争吵以男人气冲冲地出去时，是否有重重的关门声和浊重的脚步声？此时，女主角是否拿起杯子，痛饮

---

① 玄幻小说的写作技巧与材料［DB/OL］.http://wenku.baidu.com.

② 新手作家怎样写好小说［DB/OL］.http://www.mobixs.cn.

冰咖啡，发觉咖啡很苦，然后做了个鬼脸呢？正如你所看到的，在类似上述的情节中唤起人的感觉是有可能的，在大多数情节中，起码可以唤起读者三种以上的感觉。①

思考：

1. 为什么要进行五官感觉训练？如何进行五官感觉训练？

2. 你觉得你自己的哪种感官更敏锐？选择自己最擅长的感官，写一段 200—300 的文字。

---

① 小说［DB/OL］.http://baike.baidu.com.

第五章　人的宇宙意识与文学的时空开掘

人的宇宙意识对应于写作世界就是写作的时空开掘。时空经营乃写作者创新的路径。

第一节　对文学时空的基本认识

时间和空间是关乎人类生存的基本范畴。宇就是空间，就是界；宙就是时间，就是世，语文的小宇宙就是时空，时空就是语文的世界。每一种文学体裁的产生都与现实需要有关，都难免受其他体裁的影响，但文学创作的要旨一定是在空间感和时间感上拓展人的感性，开拓人的思维，牵引人的思绪往更悠远的方面延展，这样才能将人生情境往文学情景上提升，才能使人们在一种更加自由的时空感上愉快地完成审美的想象。

时间是人的心灵的特性；人是通过心灵的反思来理解和确定时间的。人们通过直接的感觉、注意、回忆和期望，来把握过去、现在和未来。文学中的时间包括客观的时间和主观的时间。客观的时间一般是当事物在空间中运动的时候，通过对事物在空间中运动的比较而把握的，当然也可以精确地计时。主观的时间往往指主体的心理感觉时间。其比客观时间慢，往往给人怅惜之感，反之则有被忽略感。

空间感则不同，表现着一个民族、一个时代、一个阶级，在不同的经济基础上、社会条件里不同的世界观和对生活最深的体会。狭促的空间让人感到压抑，广阔的空间让人心胸开阔，过分空旷又会让人感到渺小乃至害怕。

文学艺术之美不过是时空方面拉开距离，形成一定张力，加以克服，从而获得一种审美快感。时空距离的运作，是使人生之境得到审美提升的不二法门。

同样是江水，我们看到了"星垂平野阔，月涌大江流"，看到了浩渺的宇宙、人类的渺小；看到了"子在川上曰：逝者如斯夫，不舍昼夜"，"大江东去，浪淘尽，千古风流人物"，看到了历史长河中人生的短暂；看到了"千古兴亡多少事？悠悠，不尽长江滚滚流"。同样是落花，我们从"无可奈何花落去，似曾相识燕归来"看到了年光流转，从"落花人独立，微雨燕双飞"，"春恨秋愁皆自惹，花容月貌为谁妍"我们看到了红颜易老，从"落花流水春去也，天上人间"，我们看到了生命的无常。

文学的时空开掘带给不同时代、不同空间的人大致相同的审美想象和感受。若我们要写出特殊的感觉，甚而至于进行新的文体开掘，当然离不开对时空的探索和耕耘。经营文学时空既有现实生活的需要，也有探索文体本身发展规律的需要，更有天才作家的探索和思考在里面。

神话是对日常时空的夸张，寓言是人征服自然能力增强后感知到的超验时空的蜕变，诗歌是简单的、现实的时空跳跃、扭曲、变形。如果诗歌的时间被压缩，那表现必然更凝练，必然以意象等方式跳跃性地表达感情。一旦这种压缩影响到灵性表达，无法创新，甚至枯燥乏味的时候，必然寻求一种挣脱，时空的松绑使得五言诗、七言诗（瞬时记忆决定了五言七言形式，详情可参见本人论文《诗歌的情感与形式》）发展为词成为可能。诗歌时间刻意拉长，便会引起情绪的放大，普通诗歌就变成了抒情长诗。抒情长诗的韵律去掉，就散化了，散文就有可能产生。如果诗歌里边时间有了开始、发展、结局，加上原来神话、寓言的影响，叙事诗自然就产生了。而一旦把叙事诗的韵律镣铐砸掉，就会产生志怪小说，因为早期的小说写作技术不是很发达，往往以讲故事的方式来进行，可能就只能是类似唐传奇的样式。唐传奇的进一步发展，时空的开掘技术更为成熟，必然会有各种技巧，如倒叙、插叙等时间变形，现实空间、记忆空间故意错位等，传统的小说必然会发生改变，会出现各种小说形式。宋代由于市民阶层的出现，评书盛行使得环环相扣、吊人胃口的时空紧密衔接、经常倒叙的章回小说日趋成熟。元代在空间开掘上更是有了大突破，把时空微缩之后搬上舞台。比如背后插旗表示统领千军万马，蹲着走步象征坐轿，内外八字步交替侧行象征飞升，各种程式就是微缩的时空。现代化使强力、崇高等表现元素注入，各种现代派技法使时间、空间的表达更为复杂。

随着时空技术的娴熟运用、写作技术的进一步发展，杂文（针对现实时空议论）、小品文（与现实时间空间保持一定距离）、应用文体（实际时空）等，莫不是时间、空间组合运用的结果。

记叙是时空的徐徐展开，描写是时空的放大，抒情是时空的"报复性"增长，议论是时空的穿刺。艺术创造的灵魂就在于通过对时空的经营制造张力，唤起联想，产生情感。可以预见，未来的文体如果会有创新，也一定是在时空的表现上有了突破。

第二节　文学空间

一、何谓文学空间

文学空间术语来源于 20 世纪法国著名的文学评论家莫里斯·布

朗肖 1955 年出版的一部文学批评专著。此处的文学空间指的是文学作品中营造和体现的空间意识。中国文学中的空间是中国人宇宙意识的表现。地域、空间、情景、历史、文化、对象、话语前提等元素构成了文学空间要素。

如果通过社会、心理与生物物理过程来阐释，文学空间包括自然空间、社会空间与心理空间。按性别空间可以分为男性空间、女性空间；按约束程度可分为绝对空间、相对空间；按是否表征出来可分为表征空间、想象空间；按具体程度可分为抽象空间、具体空间；按是否虚拟可分为感觉空间、实在空间；按精神境界可分为纯粹空间、现实空间；按是否具象可分为物理空间、精神空间；按是否人为可分为自然空间、人造空间；按真实程度可分为真实空间、想象空间；按信息透明度可分为透明空间、隐秘空间；按差异程度可分为共享空间、差异空间；按主次可分为主导空间、辅助空间；按涉及领域可分为政治空间、文化空间、经济空间；按亲密和私密程度可分为家族空间、生活空间、休闲空间；按空间的联系程度可分为中性空间、有机空间；从哲学的角度可以分为认识论空间、矛盾空间；按自身和社会的关系可分为身体空间、社会空间；按空间与现实的关系可分为乌托邦空间、戏剧化空间；按空间的效用和创造程度可分为工具空间、创造性空间；按空间的维度可分为单一空间、多重空间；按开放程度可压抑空间、开阔空间；按政治逻辑可分为社会化空间、国家空间、统治空间，等等。[1] 这些令人眼花缭乱的概念表明了空间既是真实的，又是想象的；既是物质的，又是精神的；既是实在的，又是隐喻的；既是具体的，又是抽象的。可以说，空间是我们为了更好认识世界而做的划分。

---

[1]　陆扬 . 空间理论和文学空间 [J] . 外国文学研究，2004（08）:25.

二、文学空间的中心为家园和城市

从历史的角度看，迄今为止，空间化历史经历了从绝对空间到神圣空间，从历史性空间到抽象空间，从矛盾性空间到未来差异性空间的嬗变。①

从地域的角度看，文学空间性以生活在空间中的人为前提和基础。英国人偏爱传奇与民谣，西班牙、意大利人则喜欢圣者传奇，美国西南部印地安人则擅长他们著名的歌唱与长篇的民间故事，连歌与“季语”深深影响着日本的俳句，俄罗斯叙事诗歌就只存在于俄国。

我国文学话语随着地理空间之不同，也呈现出较明显的地域性特征，雅正为主的《诗经》产于中原，没有中原礼乐文化的浸润也许就没有《诗经》；《楚辞》出于楚国，它是“书楚语，作楚声，纪楚地，名楚物”，这说明《楚辞》是根据楚国地方语音、语调与名物创作出来的。②

在所有空间中，家园是文学空间的聚焦点。回家是一种永远的诱惑。文学和空间联系常常表现为用情节、人物等在文本里构建一种家园感——设定一个家园。失落的家园也好，回归的家园也罢。许多文本之空间故事，都在呼应这个行旅主题。

人的无空间依托将导致存在焦虑，故而行者（主人公）往往先前出走他乡，饱经磨难，历经种种奇遇，最后又回到家园。连中东《吉尔伽美什》这样人类最古老的史诗，都已在屡试不爽地展示这一模式，荷马的《奥德赛》亦然。而索福克勒斯的《俄狄浦斯王》，尤其将这

---

① 刘怀玉．西方学界关于列斐伏尔思想研究现状综述［J］．哲学动态，2003（05）：26.

② 江正云．空间，文学史的另一叙述视角［J］．湖南第一师范学报，2007（06）：15.

个故事叙述得很凄惨。其他如童话、民谣、骑士故事及数百种小说的情节，包括流浪汉小说与更为晚近的旅行见闻，都可以见到类似结构。

家园给人以归属与安全空间，但同时也为一种囚禁。为了证明自身价值，男性主人公总有意识无意识地进入一个男性冒险空间，就像《奥德赛》里奥德修斯不得不离开家园，先围攻特洛伊十年，然后又历经整整十年回归故土。离开家园二十年里，他考验证明了自己的文化身份，特别是十年回乡途中，他凭借典型的男人智谋狡计，战胜了形形色色的妖媚女人。回到故国，当发现他的妻子帕内罗珀抵御浪荡子弟们求婚与儿子要求继位已无招架之功时，不得不重施权威，再次确立家长地位。比较特洛伊题材的五部史诗，《奥德赛》是唯一一部主人公平安到家的作品，足以令人深思。其他如《俄瑞斯忒斯》，阿伽门农回到家里，迎接他的是妻子和其情夫合力的血腥谋杀。回乡展示出了更为凶险的意义层面，表明家园中男权同样可以脆弱以致不堪一击。克朗指出，假如细读文学作品中这一家园空间结构，可以发现，起点几乎无一例外是家园的失落。回家的旅程则像是围绕一个本原的失落点组构起来的。有不胜枚举的故事暗示还乡远不是没有疑问的主题，家园既已失落，即便重得，也不可能恢复原来的模样了。所以，在这一结构中构建的"家园"空间，可视为一种追根溯源的虚构，一种追缅失落的本原的情绪。①

弄堂、茶楼与酒吧为城市文学空间的集中体现。

现代文化中，要表现城市形象、文化气质的变迁，弄堂、茶楼其实是最佳视角，它在作家文本中反复出现，已成了一个不容忽视的空间意象。这一场景的反复出现，展示出了城市日常生活世界与

---

① 陆扬.空间理论和文学空间［J］.外国文学研究，2004（08）:25.

充溢于其间的文化气息。作为一种建筑的、社会的、心理的空间，弄堂、茶楼是中产阶级的秘密和与物质文化的体现，但是从文化角度出发，它却是城市生命形态发挥的载体，是真实记载的一种文化命运的象征。

酒吧是"另类"写作中最重要的充斥着幻想的意象和场景。在昏暗的、感观上的、颓废的、动摇的、无法自持的空间里，人们释放感性，驱遣灵魂，在这里，一切外界美好的事物都失去了它的光彩；在酒吧昏暗的人工灯光中，太阳下的一切都显得那么不堪一击。这里是一个人工修饰的地方，夸大的诱惑，蓄意的幻想，一切的一切都是处心积虑、精致至极的。作为都市风景线中的红男绿女，却在欲望都市的黑夜中骚动，在他们的意识中，时间消失了，留下的只有空间性的现在时。各种另类的情感、卑微的幻想与放纵的欲望都凝聚在酒吧这城市空间意象上，并得以肆意滋生，在肉体的碰撞、扭动、癫狂中尽情地释放和表演。[①]

三、文学空间营造

人是视觉化的动物。象（像）给我们以现实感、立体感、生动感。营造文学空间离不开立象。立象是为了满足欣赏者的视听心理需求，彰显人物的社会关系、生活方式、思想情感、矛盾冲突等的自然感和现场感，给欣赏者以强烈震撼而营造的文学空间。

电影《红高粱》给我们提供了经典案例，它改编自莫言的同名小说。在电影中有一个非常重要的桥段"颠轿"：一群健壮结实的男人，抬着戴红色盖头的新娘行走在大西北广阔无垠的橙黄色土地上，他们肆无忌惮地喊唱，无拘无束地嬉戏，西北的人情与风貌、彪悍与粗犷、神圣与豪迈被完美地融入画面空间。红高粱背景，橙黄色

---

① 皮进.上海女作家笔下的上海书写［D］.湖南：湖南师范大学硕士论文，2006.

土地，一切都显得鲜艳而明快，这个桥段之所以取得成功，原因就在于其激动人心的立象给欣赏者带来了极大的动态刺激和审美享受，使之体验到了生活的诗意与美感。

立象往往是为了确定文学空间人物活动的边界。由于人物的行动总是在具体空间的行动，因此优选画面框架，用各种不同的镜头对之进行构造，尽力表现空间的"浮雕性、立体感"就成了此类文学空间的重要生产方式。

以影视文学作品为例，我们看到，随着镜头长、短焦的交替，远景、近景的位移，再加上现场音响气氛的营造，欣赏者的视觉、听觉不断地在宏观与微观、场景与人物之间转换，空间的延续性、逼真性也由此体现出来。影像文学空间的这种运动变换是欣赏者需求外化的结果。因为在社会空间中人们观察事物的方式、位置不是一成不变的，有时希望了解事物的全貌，就会远视；有时希望看个仔细，就会近观；有时还会跟随事物边走边看，所有这些决定着镜头的运用、空间画面的构成和音响的设计。著名电影导演爱森斯坦就曾说过，"从一个角度拍摄下来的场面在造型上是多么'乏味'，多么'肤浅'"，不能满足欣赏者的消费需求，影像文学空间应该是对现象整体的"再现"。

在诗歌中，王维的"大漠孤烟直，长河落日圆"可谓空间意象经营的典范。在一望无际的近乎荒凉的"大漠"中，一缕黑黑的"孤烟"直直地升起，格外醒目；自然弯曲的"长河"中有一轮红彤彤的太阳，和地平线远处的"落日"交相辉映，有一种苍凉大气的和谐之美。柳宗元的《江雪》更是利用画面中文学空间的经典之作（"千山鸟飞绝，万径人踪灭。孤舟蓑笠翁，独钓寒江雪"），短短20个字就确定了完美的文本文学空间边界。"千山""万径"彰显着空间的广袤无垠，"山"是这个空间的垂直维度，"径"本是空间的平面维度，这里也是垂直之维和平面之维的交接处；"山"与"径"的存在共同构成了立体的空间形貌，给人以可感可触之感。"雪"是空间的产物，也是唯一的主宰，它具有"绝""灭"的功能，造就了一个千山无鸟、万径无人的萧瑟场景，整个空间冷峻、凄凉。在这样一个寒气弥溢、万物绝灭的空间里，生命存在于这个寒冷空间的最冷处！渔夫虽身处寒江，孤舟独自垂钓，然而严寒无法掩藏他内心的热望和对生活的梦想，他的存在就是这个寂静空间生机和活力的宣告！作者俨然和渔夫共情于这样一个严酷的空间，渔者之蓑笠、钓竿似乎握在他的手中，逼人的严寒、刺骨的寒风，他和渔者一道分享。他和渔者共同体验抗争、理想，共同体验生命的顽强和力量。

因此，我们不仅要把握作品中的自然景观，而且还要透过这些空间物象具体而准确地把握作品中的不同境界，这才算真正把握了空间意象。就像我们看到蓝天、大海、贝壳、沙滩、彩蝶、鲜花、游鱼、飞鸟、细雨、轻风、白云、阳光，马上会联想到热带风情画，马上就会想到愉悦、休闲一样。

既然文学空间如此重要，那么该如何营造文学空间呢？

（一）我们可以利用空间词语本身

文学作品中蕴涵的空间是指我们循着空间词语的暗示，按照一定顺序将组合成空间的各个部分逐一描述出来的，客观和主观相结合的一个特定的场景。空间词语包括表达物体体积的词语、方位词、表达物体距离或方位顺序的词语及表达物体运动状态或物体形状的词语。我们可以：

1. 利用物体体积词语。世间万事万物图式各式各样，大小有别。我们可以通过空间大小比衬来表现某种特定情感。视野中的背景越宏大，背景下的物体就显得越渺小。诗中表达物体体积的词是众多而复杂的，常见的有高、低、大、小、长、短、深、浅、平、阔、厚、薄等。如："潮平两岸阔，风正一帆悬。"（王湾《次北固山下》）"星

垂平野阔，月涌大江流。"（杜甫《旅夜书怀》）"大漠孤烟直，长河落日圆。"（王维《使至塞上》）

2.利用方位词。一般来说，诗句中只要有方位词出现，诗中就一定包含着空间意象。这些方位词主要有：上、下、左、右、内、外、前、后、东、西、南、北等。如："平芜尽处是春山，行人更在春山外。"（欧阳修《踏莎行》）"洞庭一夜无穷雁，不待天明尽北飞。"（李益《春夜闻笛》）"东市买骏马，西市买鞍头。"（《木兰辞》）

3.利用表距离与位序的词语。不同的空间之间所存在的距离，以及各物体所处的不同空间位序经常借助于千里、万里、远、近、高、低等词语得以体现。如："千里莺啼绿映红。"（杜牧《江南春》）"野旷天低树，江清月近人。"（孟浩然《宿建德江》）"高树晓还密，远山晴更多。"（许浑《早秋》）"日出寒山外，江流宿雾中。"（杜甫《客亭》）又如，北京的紫禁城，分布在贯穿南北的中轴线上，前后贯通、层层环绕、气势恢宏、重重递升，体现了皇家的尊严与权威；祈年殿院落坐落于高台之上，祈年殿本身又立于三层台基之上，这种增高的方法无疑增强了祭天所需要的崇高神圣气氛。可见，空间具有可分割性。

4.利用表物体运动状态的词语。汉语中有许多表达物体运动情状的词语。这类词主要有出、入、去、来、往、还、飞、越、穿、行、上、下等。如："一上玉关道，天涯去不归。"（李白《王昭君》）"暝色入高楼，有人楼上愁。"（李白《菩萨蛮》）"返景入深林，复照青苔上。"（王维《鹿柴》）"欲穷千里目，更上一层楼。"（王之涣《登鹳雀楼》）"晴空一鹤排云上，便引诗情到碧霄。"（刘禹锡《秋词》）

（二）利用地、物名变换彰显空间意识

地名是空间及空间位置的代替符号。人类在认知世界空间的过程中，为了区分空间，就对不同空间位置上的客观物象分别予以命名，这就有了山、川、草、木，村、镇、城、郭，州、府、县、乡，亭、台、楼、阁等名称，而且，这些名称一旦确立，它们就具备了代表一定空间存在的意义。

1. 地名变换给人空间距离跳跃感。如果说空间位移是对空间的无限延展性的一种反映，那么，空间跳跃则是对空间的间断性的体现。空间的间断性主要是借助地名和地名间大距离跨越而实现的。我们都知道，此地和彼地间的关联，在现实空间里是靠依次的位移来完成的。但文学作品中的空间转换并不一定要依据从 A 到 B，再到 C 地，最后达 N 地的位序来进行，而是可以凭借作者主观想象来实现从 A 地直到 N 地的大跨度空间组接。有时，作家为了意境创造的需要，甚至可以把一些互不关联、实虚相间的地名组接在一起，从而也就造成了文学作品的空间跳跃。空间跳跃能造成诗词等文学作品中境界的阔大，增加其内涵。"瞿塘峡口曲江头，万里风烟接素秋"（杜甫《秋兴》其六），瞿塘峡在今日重庆奉节，曲江在陕西西安，"万里"之遥的两地借"风烟"而连接在一起，境界之阔大是可以感知的。"振衣千仞岗，濯足万里流"，从高高的山脊到深深的河谷是有着一段艰辛路程的，但诗人把这两个空间组接在一起，便显示出一种急骤之动感，再现了诗人要"高步追许由"的傲世之姿。李白的《闻王昌龄左迁龙标遥有此寄》的地名变换所造成的空间关系也是跳跃性的：杨花在诗人眼前，龙标（初为地名，诗中代指王昌龄）在湖南黔阳县，五溪也指湘西地区，夜郎在今日的湖南沅陵县。整首诗的空间充满了跳跃性。尽管这些诗中空间组合并不依据时间或方向做循序的安排，但它们是依据诗人心灵波动而情感化地衔接在一起的，所以传情达意仍不失妙处。有时，作品中的空间跳跃单凭地名的变换是不能把握的，原因是在有些作品中，除了文句内标示的地名外，往往还有一个地名在诗外。如杜甫《月夜》："今夜鄜州月，闺中只独看。"

闺中望月的人是身在鄜州（今陕西富县）之杜妻，而写诗的杜甫当时却在长安，杜甫把"长安"放在诗外，把"鄜州"置于诗内，从而靠主观想象完成了从长安到鄜州的空间跨越。

2. 地名变换造成位移感。在作品中这种位置变化往往借助地名变换来实现。李白的《早发白帝城》的空间位移是沿时间之轴与方向之轴而进行的，早晨从白帝城沿江东下，当日晚上（"一日"）便到达了江陵。"遥遥去巫峡，望望下章台。巴国山川尽，荆门烟雾开。"这是沿一定方向作空间位移。诗中空间随人物的视觉而变化，一句一地，一地一景，从巫峡起航，一路向东，直抵荆门，画面层层推进，井然有序，给人强烈的节奏感。"朝发轫于苍梧兮，夕余至乎县圃"，这是沿从"朝"到"夕"之时间方向所做的空间位移——从"苍梧"到"县圃"。刘禹锡的《西塞山怀古》一诗前四句也是靠地名来表现空间位移的。只是诗中为了突出王浚战船之速，以一个"下"字省略了从益州到金陵的时间流程，所以，看起来似乎有些空间跳跃的特征，其实它的空间位移是沿长江这条轴线顺序完成的。李白的《峨眉山月歌》也是如此。这首四句二十八个字的绝句"入地名者五，古今目为绝唱，殊不厌重"。这五个地名如果按由西向东的自然空间排列应该是：峨眉山、平羌江、清溪、渝州、三峡。但在诗中，表面看来"三峡"和"渝州"的顺序来了个颠倒，其实这个"颠倒"只是一种错觉，因为作者说得很明白，他是"向三峡"而不是已到了三峡，而"下渝州"则是已过了重庆了，"下渝州"是实，而"向三峡"是对目的地的向往。因此，尽管诗中的"三峡"在前，"渝州"在后，而实际的地名所标示的空间位序并没有发生错乱。

3. 地名（物名）重复给人空间回环感。先看一个例子。贾岛《渡桑乾》："客舍并州已十霜，归心日夜忆咸阳。无端更渡桑乾水，却指并州是故乡。"贾岛客居于并州（今山西太原），居非所安，思归故土咸阳。贾岛祖籍在河北范阳，在不得回故乡的无奈情形下，他姑且将咸阳当作故乡。事实是，他连咸阳这个"故乡"也不能回，反而要"无端"远行到远离并州百余里的桑乾,离咸阳也就更加遥远。于是，诗人一退再退，权且渴望别"渡桑乾水"，那就聊以并州为故乡吧！如果将贾岛真正故乡河北范阳算在内，诗中共蕴含四个地名，其中三个都是"故乡"，诗人一纵再纵之后，才擒住了姑且可以自慰的"并州"，而并州由非故乡到"似"故乡意象获得正得益于"并州"在诗中的两次出现。这就是借地名重复而造成的空间回环。

作品中的空间回环是指那些地名或物名所代表的空间意义，在文中可以根据情感表达需要做近而远、远而近或小而大、大而小的往复变化，但它又始终不能游离于诗情之外。这种空间回环有时可以凭借地名（或物名）在诗中的重复（两次以上）获得，如"秦时明月汉时关"是互文，其意义应理解为"秦汉时的明月秦汉时的关"，这里借"明月"和"关"在秦汉的历史时间内的共存重复而造成空间回环。王昌龄的《卢溪别人》："武陵溪口驻扁舟，溪水随君向北流。行到荆门上三峡，莫将孤月对猿愁。"这是借"溪"的重复而造成空间回环。"野旷天低树"是一种以小为大、以大为小而形成的反透视，"江清月近人"是移近为远（"江"）、移远为近（"月"）的视错觉，两句诗借视觉对物象的感悟完成了心中的空间回环。张继的《枫桥夜泊》、欧阳修的《踏莎行》、李商隐的《夜雨寄北》都具有这样的特点。①

（三）利用既有的自然景观、历史景观与人世景观

1. 利用自然景观营造文学空间。自然景观传达的空间意象，多反映在以表现自然景物为主的山水诗、田园诗等题材作品中。当然，

---

① 张红运.古典诗词中空间的基本表现形态［J］.信阳师范学院学报（哲学社会科学版），2003（06）:10.

作家们借助自然景观传情达意的空间也不尽相同。曹操《观沧海》以吞吐宇宙之势描摹出了生动而苍茫的沧海形象，这恰恰是诗人豪迈气概与高远理想的空间外化；谢灵运山水诗，"极貌以写物"，尽量捕捉山水景物的客观美，体物细腻，刻画精妙，但已然没了曹操的气势。如"野旷河岸净，天高秋月明"（《初去郡》），"云日相辉映，空水共澄鲜"（《登江中孤屿》）。这些空间物象描摹尽管清新澄明，却似乎独立于尘世之外，自然就没有了曹诗的胸襟与气势。尽管都是写田园景观，陶渊明往往从农事场景中体悟出物我为一的性情，孟浩然则多是将自己硬性地黏附在田园里，所以，"采菊东篱下，悠然见南山"乃"性本爱丘山"的自然心情之自然流露，而"待到重阳日，还来就菊花"里就有"隔"了。

2. 利用历史景观营造文学空间。历史景观是指那些具有一定历史意义的遗存。因这些遗存在一定的空间里昭示着过去的盛衰兴亡，所以作家们往往将这些历史景观和咏史、怀古、凭吊类的诗融为一体，并借此创造出有着深邃历史空间感的残破、荒凉、孤寂。历史遗存所昭示出的空间至少有这样两层意义：一是它所代表的过去的历史空间，二是它内存于作品中的现实空间；同时，二者表现为一种水乳交融的有机统一，缺一则为败笔。李白的《忆秦娥·箫声咽》中的"西风残照，汉家陵阙"一句虽侧重对时间流逝的感慨，但于特定空间勾勒出了在西风落日的映衬下，汉王朝陵寝、宫阙的凄冷、荒凉景色，故国兴亡之感油然而生。李商隐的《隋宫》："紫泉宫殿锁烟霞，欲取芜城作帝家。玉玺不缘归日角，锦帆应是到天涯。于今腐草无萤火，终古垂杨有暮鸦。地下若逢陈后主，岂宜重问后庭花。"诗中的历史遗存所昭示的空间：过去的皇宫紫泉宫殿；过去意念中的皇宫，现在的芜城；过去的龙舟锦帆；历史景观的见证物萤火、垂杨、暮鸦；虚拟的地下。首联中的空间呈变换状态：宫在长安的帝王却偏要到

"芜城"去寻"家";颔联据历史事实对空间做出一种假定：若国不亡，杨广的"锦帆"定会游向天涯的；颈联是两个中断空间的叠映："萤火"与"垂杨"分别把空间限定在洛阳与运河两岸；尾联空间则是虚拟的九泉下。诗中历史景观所昭示的空间内涵大致如此，但我们又能深深体悟到作品中那深切的现实感悟，颔联假定推测是一种对历史的嘲讽，也是对当今的警示，颈联借"古""今"的对比，尤其是借过去空间里的"有"和今日空间里的"无"及过去空间里的"无"和今日空间里的"有"的对比，更把过去和现在、历史空间和现实空间叠映在一起。

3. 利用人世景观传达空间意象。人世景观着重指和人的社会生活紧密相连的一切景观。在时间上，它包括过去的人世场景，也包括现在的甚至是未来的人世场景。诗人们感伤岁月、历史，感伤盛衰兴亡、离合悲愁，而这一切的一切核心乃对人和人类社会的感伤。作家可借自然空间传情达意，像"两岸猿声啼不住，轻舟已过万重山"。可借历史空间宣泄心声，像"可怜夜半虚前席，不问苍生问鬼神"。但是，自然空间也好，历史空间也罢，它们要完成由自然、历史向审美情感过渡，谁也离不开社会的因素，不然那就是无源之水，无本之木。所以，我们可以说，人世景观所传达的空间意象是客观物象所构筑的空间意象中最真挚动人、最能反映诗人灵魂的空间所在。刘禹锡的《乌衣巷》是一首历史空间化的代表作，"朱雀桥""乌衣巷""堂前燕""百姓家"都表明这乃一幅社会生活图景，即使是诗中的自然景观（野草、夕阳），也都和人世景观相关联。作者借助"堂前燕"的往返流转，寓含人世之沧桑：那六朝时曾聚居大士族的乌衣巷如今已成了普通百姓民宅，落日余晖里，只见故燕依旧，花草依旧。诗人借"燕子"形象将过去的人世繁华与今日的萧条编织在一起，那对人世沧桑、盛衰兴亡的慨叹便弥漫在这由自然、历史与人世景观所形成的深邃而广袤的空间里了。所以，我们说人世景观是联结自然景观、历史景观的重要枢纽，无它，自然景观也就失去了传情的特质，也就拨不动胸中的琴弦；无它，历史只意味着过去，却难以让人警醒。[①]

（四）通过想象联想营造空间

在眼耳鼻舌身感知外物的基础上，心有所想，心便有"相"。所谓"想"者，心上之相也。心取物为相，以言语文字命其名，就成了诗家语的"象"（声训相通，象即像）。从这种意义上说，作文可以说是用言语将意与象相互转化的心智活动。对于难以把握的抽象的词语，我们可以为意置象，以象寓意。通过选取新奇对象，把熟悉和不熟悉的事物联系在一起，形成一种艺术张力，达到"陌生化"的效果，[②]使我们习见习闻的对象变得陌生，产生新奇感和惊异感。

比如历史是什么？历史是发生过的事，张爱玲把历史说成是一个美丽而苍凉的手势，那种"西风残照，汉家陵阙"的感觉就出来了。台湾作家童大龙对初恋的感觉就更让人耳目一新了，"他是我二十岁时掉的那颗门牙／再也／找不回来了"，初恋很美好，但它也不是不可或缺的，只是有一种永久的遗憾罢了。再比如说余光中的《别离》，"如果离别是一把快刀／清锋一闪而过／就将我剖了吧／剖成两段呼痛的断藕／一段叫从此／一段叫从前"，把离别的难分难舍写得生动形象。对于爱国这种难以言表的很抽象的情感，通过陌生化描写，有人把它写成"假如有来生／我仍然选择中国／仍是你身上最瘦的一枝"，把对祖国的深沉的爱化成了不变的选择与承诺。再如我们要对"汉字"这个抽象的词语进行立象，可以抓住汉字的特点：中国人的

---

① 张红运.古典诗词中空间的基本表现形态 [J].信阳师范学院学报（哲学社会科学版），2003（06）：10.

② 文小妮.文学性的泛化与文学语言的出路 [J].湖南第一师范学报，2005（09）：30.

思想条形码（唯一性），甲骨文上的遗嘱（渊源），文化观象台（内容），酿了五千年的酒（历史），兵马俑的方阵（文化久远和方块字），墨色的黄河（黑色、文化源头），炎黄子孙的骨髓（影响）。

立了象，我们还要让其沿一定时间或方向做顺序性位置变化，让画面动起来，这种技法我们叫物活。物活体现了诗性思维，体现了万物有灵和叙事化的特点。例如"雨横风狂三月暮，门掩黄昏，无计留春住。泪眼问花花不语，乱红飞过秋千去"（欧阳修《蝶恋花》）；"究竟，黄昏那偷渡客，是怎样越境的呢？而黑衣帮的夜色，又是怎样接应的呢？"（余光中《黄昏越境》）

我们用"栩栩如生、绘声绘色、声情并茂……"等词语来形容，这些词语就隐含着对物象活起来的追求。如，"2001年1月1日，洛阳北郊邙山，建在一处土坡上的洛阳市殡仪馆冷冷清清。院内是几拨值班的警察，三三两两地闲立着，面无表情；院外空留一排摆卖冥品的摊贩，冷风吹过，红红绿绿的纸钱哗啦哗啦响"（《追问洛阳大火》，《南方周末》2001.1.4）。

在这段文字中，作者选取了几组典型的画面场景：远景北郊邙山、全景土坡上的殡仪馆、中景的闲立的警察与摊贩、特写的无表情的面孔与红红绿绿的纸钱，加上"哗啦哗啦"的同期声，不到一百字的文字，交代了环境，也渲染了气氛，把新闻现场、情感现场立体化地展示了出来。写作者用这种形如"过电影"的方法，调动心底的记忆，通过再现或想象重构或者构造出见过的或需要的画面，然后用语言去描摹它们，使抽象理性的文字获得色彩、造型、构图与动感及声音等感性表现，同时也把现场所蕴涵的情感揭示了出来。①

---

① 滕慧群，熊忠辉.挑战和借鉴——文字写作遭遇影视形象［J］.柳州职业技术学院学报，2002（6）:30.

总的来说，立象与物活离不开想象。比如苏东坡在诗中说"我欲乘风归去，又恐琼楼玉宇，高处不胜寒"。文学想象就是让客观对象的形态性质发生变异，使之和主体之间的关系发生变异，有了这种变异，感情才能渗透进去。譬如"晓来谁染霜林醉，都是离人泪"，枫叶为什么红啊？是妻子别离的眼泪染的，这不仅是性质的改变，性状变了，就连逻辑和因果关系都变了。本来枫叶红是花青素的作用，是秋天气候的作用，可作者却说是由于悲伤的眼泪和心理的痛苦造成的，这种出奇制胜让诗句得以千古流传。

想象的成功与否，关键在于联想的渠道是否顺畅。"梨花一枝春带雨"显然比"玫瑰一枝春带雨"更好，因为梨花是白的，女人哭和苍白有关；玫瑰带雨，红红的色彩和眼泪的悲凉，缺乏相似性，联想不畅；桃花带雨也不行，因为桃花艳丽，也很难和悲哀联系起来。联想的要点是近和似，联想遵循相似、相近、相反定律，联想流畅是作家成功的标志。"红杏枝头春意闹"这个"闹"字联想就很顺畅，因为红令人想起火、热，由热想到热闹，红火、火热、热闹，过渡自然，如果换成"红杏枝头春意打"或者"红杏枝头春意吵"，就无法顺畅联想。

（五）环境描写营造文学空间

小说中的空间既昭示了人物的地域文化身份，又有利于解释小说中人物的个性及成因。比如《西游记》中的孙悟空作为一个天生石猴，生活在花果山，终日与野兽为伍。作为猴王，他一身本事，喽啰前呼后拥，没受到任何教化约束，故而夜郎自大，自封为"齐天大圣"。一俟被如来佛压在五指山下，便开始学乖，跟着没有法力和本事的唐僧同赴西天取经。中途由于其过于任性，菩萨便赐了顶花帽给他戴，从此有了约束他的紧箍咒。孙悟空就是这样一步一步从人类的童年走向了社会化，走向了成年，最后以斗战胜佛的名义获得了社会的认可。

人是环境中的人，《呼啸山庄》中的女主人公凯瑟琳生活在简单、纯净的自然空间，广袤的荒野，无边的野草，蓝天、小溪及石南，使人的性情无拘无束，野性与活力造就了她单纯、野性、粗犷、奔放、热情的个性。到了新的现代文明社会空间，"文明、理性"束缚了她的个性，让这个充满活力的自然之花开始枯萎，孤独、异化让她变得空虚、沉默寡言、沉闷阴郁、生硬固执。孩提时代，凯瑟琳心灵的天空自然纯净，那时的她单纯善良；少年时代，凯瑟琳与希斯克利夫青梅竹马、两小无猜，爱情的滋润让她的心灵空间洒满了阳光，那时的她活力四射、野性顽劣，充满了独特的魅力；而嫁到画眉山庄以后，凯瑟琳由于受到各种规矩的制约，心灵空间愁云惨淡，因而变得越来越孤独抑郁、懊恼，这就是《呼啸山庄》中女主人公凯瑟琳——一个充满矛盾的独特人物的复杂性格在空间中的体现。①

总之，空间表现和营造极为复杂多样。比如，"登高望远"的空间表现既有空间的跳跃，又有位移的延伸，还有空间表现时间化，等等。就"登高望远"而言，借"登"而"高"是审美主体之空间变化，由"望"而"远"是一种空间扩张。作品中凡与"登高"相关之篇什，其空间意象一般都具有平阔、旷远、分散、朦胧的特征，其情感往往显得惆怅、悲悯、激越和怨愤，故而我们可以说，"高"是作者的生命追求，"远"是作者的情感伸展。可见，要想真正表达情感，我们还真离不开对作品中多种空间意象的经营。

必须指出的是，意象叠加会产生艺术空白，这种艺术空白是另类的高级的文学空间，不是单单靠立象能够解决的，而且这种艺术

---

① 陈明霞. 从文学空间的角度试析《呼啸山庄》中凯瑟琳的个性［J］. 芜湖职业技术学院学报，2009（02）:25.

空白也并非全由象带来。此处略微提及，从体例上保证完足。比如
笔者的无题诗：

一只手
伸出铁栏外
静静地
等待……

由于正常思绪被切断，留下了虚旷的空间，题目为一个框，旨
在提醒读者去思考这到底要表达什么，怎样的题目才合适。什么人，
什么时间，为什么伸手？他在等什么，为什么不翻过铁栏？他是什
么年龄、什么职业、什么国籍、什么性别的人？等了多久，他还准
备等多久？他为什么只伸一只手，为什么不伸两只手？这是一双什
么样的手？是在等待友谊、自由、爱、真理？还是在展示一种宇宙
般的孤独、无奈……？

第三节　文学时间

每个人的人生其实是时间的集合，生命不断往前推进，时间不
断往后流失，"人不能两次踏入同一条河流"。对于逝去的时间，人
们无法唤回，由此产生遗憾和怀念，于是人们常常带着神往的笑靥
或者忏悔的泪水，用感叹的声腔、怅惘的调值去谈及过往，想要唤
醒那些开始淡化的记忆。这就不可避免地和当下的人生拉开了时间
距离，而且充满着不得不然的深沉与无可奈何的忧伤。因此一个天
才的作家总是善于从时间去进行探索和思考，这便形成了文学时间。

文学时间是故事时间与文本时间的统称。故事时间指故事发生
的自然时间状态，文本时间指故事内容在叙述中具体呈现出来的时

间状态。这两个时间状态相互对照形成了顺时序、逆时序、插叙的逻辑关系，叙述两者的时间长度相对照形成了匀速、概要叙述、慢镜头叙述的时间关系。

一、文学时间和文化时间

时间对于我们的生命仅有一次，这是人生最大的悲剧与悲哀。人们都会忍不住感悟人生短促、光阴不复，或早或迟，最终走向生命的终点。这是人人都无法回避的事实。这种对时间的感悟让悲剧性的文学作品带给我们更多的真实感与认同感。

文学作品的基本功用，就是企图用优美的语言来诠释人生中"属于内心与外界的两种经验"，所以在情节描述中，由"时间"直接来做桥梁便是很自然的事了。比如"子在川上曰：逝者如斯夫，不舍昼夜"，看到滔滔江水便想到江水如人生流逝，绵延不绝又永不回头！简简单单的一句竟能引起世界范围的共鸣。

再比如《西游记》，这是一部通常不会被归入悲剧性题材的文学作品。故事中，齐天大圣孙悟空在上山拜师"学些本事"之时，曾三次请求师傅教些长生不老仙术，但藏在深山中身怀绝技的师傅都未能做出正面回答，最后教了他七十二般变化。这样一位在天地间神化出来的、能上天入地的、一个筋斗可翻出十万八千里的自称"要与天同齐的大圣"石猴，不仅自己不可能长生不老，而且拜在高师足下也学不到长生不老。由此可见，时间是何等珍贵，所有的人与事物，都是有其寿限的。能与天同齐的孙大圣尚且如此，何况是普通人的肉身凡胎？事实上，《西游记》里边神都在寻找或者垄断着长寿的资源，比如人参果、蟠桃、唐僧肉，其中主要故事情节"九九八十一难"，就在诠释着人生和时间：要成就一番事业，人们要不懈地走完这一生历程中的艰难，正所谓"不经磨难，不能成佛"。

在这里我们已经看到，文学作品摆脱不了要直面悲剧人生的无奈，或者可直接说，文学作品摆脱不了诠释人生对时间的无奈。基于此看悲剧性题材的文学作品，不少让人从中体味到真实时间存在的事实，即面对唯一的、循序渐进的、无能逆转的寿限——任何或伟大或卑微的人在时间面前都是同样的、平等的，不可回避地要受时间支配走向死亡的。

当然，文学作品是一种以虚构故事来着重表达感情的艺术，所以文学作品中的时间同样免不了"虚构与加工"。文学不仅仅是对现实空间的有情追溯，更多的是对现实时间的优化排列，是为了让人生完美理想成为可能，或者是让人生悲惨成为宿命。所以，文学作品中的时间是一种文化意义上的时间，已经和我们现实生活中的使用时间相去较远，它本身不是真实的时间。

文学时间往往与怀旧联系在一起。作为对时间的反抗，过去的文学往往与怀旧、故乡、童年、旧交联系在一起。在现代怀旧中一般寓于现代化所带来的文化变迁，比如都市生活对人的自然状态的异化，对人与人、人和自然关系的疏离，金钱的"脱域"功能对种种联系的抽象，现代人对"现在"集体的不信任，等等；对移民作家来说，怀旧更多根源于文化身份的认同危机。怀旧文学中交织着过去和现在两种时间，叠印着作家过去的"我"和现在的"我"的双重视野，掺杂着情感和审美的、社会历史的多种价值判断，由此构成叙述张力，赋予作品特有的声调与魅力。

二、文学作品中的时间意识

时间是万物的起因，是时间在进行着创造与毁灭。人们通过时间的各个环节结合在一起，人的欢乐痛苦也因时间而起，不管人们如何行动，文学，乃至一个民族的文化，都无法同时间相分离。

文学与时间无法割离的关系体现在文学语言上。文学语言通过在时间上强化、凝聚、扭曲、拉长、缩短、颠倒等手段加工日常语言，使日常语言"陌生化"，从而更新我们对日常生活习惯的反应，唤起我们对事物、对世界新鲜的感知。

人的文学叙事必定在一定时空内展开。主题与体裁是由时空决定的，其主导因素是时间。叙事文学是时间的艺术，对时间的调度直接关系到作品的艺术成就。改变时间向度，强化时间刻度，利用心理、梦境幻觉的描写变异故事时间是文学叙事常用的策略。时间是小说环境的构成要素之一。时间不仅仅是作家组织故事的手段，还是作家思考人类生存意义的切入点。①

中国传统小说的时间意识深受史传叙事与民间文学的影响，不但基本采用直线式连贯叙事，而且常常在作品中明明白白地标明故事发生的时间。我们把叙述者根据一定意图安排的时间顺序称为"叙事时间"（一说能指时间），把故事或事件本身发展固有的自然时序称为"故事时间"（一说所指时间），从宏观上来看，二者的顺序基本上是一致的。

比如《三国演义》反映的是东汉灵帝中平元年（公元184年）到西晋武帝太康元年（公元280年）近一个世纪的社会生活，第一回开卷就写道："话说天下大势，分久必合，合久必分。周末七国分争，并入于秦。及秦灭之后，楚汉分争，又并入于汉。汉朝自高祖斩白蛇起义，一统天下。后来光武中兴，传至献帝，遂分为三国。"

将周末七国至秦汉三国七百年左右的历史按时间顺序宏观叙述，形成了一种纵深的历史感。接着就是："推其致乱之由，殆始于桓、

---

① 庄伟.博尔赫斯小说的时间形态[J].烟台师范学院学报（哲学社会科学版），2000（6）:20.

灵二帝……"，"建宁二年四月望日……"，"中平元年正月内……"，将叙述的内容按时间先后一一锁定，时间交代准确而明晰。然后引出"宴桃园豪杰三结义，斩黄巾英雄首立功"的情节。

《水浒传》开篇第一句对时间就交代得更加具体："话说大宋仁宗天子在位，嘉祐三年三月三日五更三点，天子驾坐紫宸殿……"

《莺莺传》开篇就是："贞元中，有张生者……"接着按时序展开故事。

《废都》开篇："一千九百八十年间，西京城里出了桩异事，两个关系是死死的朋友，一日活得泼烦，去了唐贵妃杨玉环的墓地凭吊。"

《碧血剑》开篇："大明成祖皇帝永乐六年八月乙未，西南海外浡泥国国王麻那惹加那乃，率同妃子、弟、妹、世子及陪臣来朝，进贡龙脑、鹤顶、玳瑁、犀角、金银宝器等诸般物事。"

《子夜》在开篇不久，连续出现了三个"1930 年"的时间交代。

《在细雨中呼喊》开篇："1965 年的时候，一个孩子开始了对黑夜不可名状的恐惧。我回想起了那个细雨飘扬的夜晚，当时我已经睡了，我是那么地小巧，就像玩具似的被放在床上。"

再如我国传统的浪漫主义小说，虽然强调主观想象，内容超越现实，但也很讲究时间环境的交代。唐传奇《枕中记》的第一句就是："开元七年，道士有吕翁者，得神仙术。"《柳毅传》的首句也是："唐仪凤中……"即唐高宗年间。《西游记》一百回，从写悟空出世到取回真经，宏观的叙事时间和故事时间的顺序是完全一致的。尤其是对唐僧取经往返的时间交代得很具体。第十三回写唐僧起程之时："却说三藏自贞观十三年九月望前三日，蒙唐王与多官送出长安关外。"第一百回写唐僧取经回国之时，先是写三藏道："途中未曾记数，只知经过了一十四遍寒暑。"接着又写太宗笑道："久劳远涉，今已贞观二十七年矣。"

外国传统小说对时间环境的叙写也特别重视。

《巴黎圣母院》第一卷开头点明时间："三百四十八年六个月零十九天以前的今天……"，"然而，一四八二年一月六日在历史上却是平淡无奇的日子"。

《鲁滨逊漂流记》开篇第一句话是"我一六三二年出生于约克城的一个体面人家"。此后，每一个阶段都清楚地标出了时间：从他第一次冒险出海的"一六五一年九月一日那个不祥的时辰"，到八年后成为巴西一庄园主后贩卖黑奴再"在一六五九年九月一日那个不吉利的时辰上了船"；从海上遇险，轮船搁浅，他孤身一人"于一六五九年九月三十日"爬上荒岛，到"一六八六年十二月十九日那天离开这个海岛，一共在岛上住了二十八年二个月零十九天"，时间流程交代得清清楚楚。

《战争与和平》虽然重在写空间，但每卷的时间背景是比较明确的，第一卷为 1805 年 7 月至 12 月，第二卷为 1806 年至 1812 年，第三卷从 1812 年 6 月拿破仑入侵俄国到 9 月攻占莫斯科，第四卷开头虽然没点出年月日的全称，但联系上下文就会发现是从 1812 年 8 月 26 日写起的。

《悲惨世界》开篇第一句也是："一八一五年……"

上述经典名作都在开篇将第一关注点放在对时间的交代上，说明了时间在作者创作中的分量。事实上，时间距离是作者态度、情感能够在叙述中介入的前提，过去式开头使文章有深度和内涵，使叙述的主观色彩得到加强，在给人一种沧桑感和无限可能的同时，给人以强烈的现场感和真实感。

雨果在谈到文学创作时曾说："不论一个诗人对艺术的整个思想怎样，他们的目的应该首先是像高乃依那样努力追求伟大，像莫里哀那样努力追求真实；或者，还要更超出他们，天才所能攀登的最高峰就是同时达到伟大与真实，像莎士比亚一样，真实中有伟大，伟大中有真实。"托尔斯泰在分析艺术作品的感染力时，特别强调真实真诚，认为"艺术家的真挚程度对艺术感染力的大小的影响比什么都大"。而突出交代时间环境是这些作家们追求客观真实的必然选择。

但是，也有一些小说对时间环境的交代并不明确具体，而且叙事时间和故事时间出现不一致的情况。比如《红楼梦》，作者在第一回中就借空空道人之口说此书故事"无朝代年纪可考"，又自题该书是"满纸荒唐言"，似在说明此书的时间背景及其所负载的内容是含含糊糊的。而且，第一回开篇"作者自云"的叙事时间是开始于石头经历红尘之后，"此书从何而起"的叙事时间则远溯到女娲补天的时候，这两种叙事时间与以上所叙虚幻之事发生的故事时间显然是不一致的。用法国叙事学家热奈特的话来说是一种"时间倒错"。可是，我们联系作者身处的创作时代以及全书的整体内容来看就能发现，作者也是在想方设法地暗示时间环境。作者处在文化专制空前残酷的清朝时期，为了免遭"文字狱"的迫害，在书的第一回就特意表白"亦非伤时骂世之旨"。而实际上，作者不但追求情节内容的真实，"至若离合悲欢，兴衰际遇，则又追踪摄迹，不敢稍加穿凿，徒为供人之目，而反失其真"（第一回），而且多处透露了小说所描写的现实性故事情节的具体时代特征。如，第五回写宁、荣二公嘱云："吾家自国朝定鼎以来，功名奕世，富贵传流，虽历百年，奈运终数尽，不可挽回者。"又写到金陵十二钗正册探春的判词中有"才自精明志自高，生于末世运偏消"。第十三回秦氏对王熙凤说道："如今我们家赫赫扬扬，已将百载。"这些都是作者有意地在反复传达一种信息：本书反映的就是封建末世清代的社会生活。

以上典型的例子已经充分地说明，时间作为文学作品的一个要素，不但备受重视，而且体现于各种风格的文学作品之中，其目的就是为了奠定情感基调，给人物活动和情节发展营造真实可信的环境，以增强作品的真实度和感染力。

三、文学时间随人们时间观的变化而变化

文学时间主要体现在作者主观意识到的时间观念上。随着科学的发展，到了 19 世纪末 20 世纪初，人们的时间观发生了很大的变化。在自然科学领域，因为爱因斯坦创建的狭义相对论取代了牛顿的经典力学，人们认识到时间是相对的，没有绝对不变的"普适时间"。

相对性的时间与观测者的运动情形有差异。比如，当物体以每秒 26 万公里的速度运行时，动体里的时间要比静止坐标里的慢一半，这种相对的时间观打破了绝对统一的传统时间观。与此相呼应的，在社会科学领域，法国哲学家柏格森认为，时间是纯粹的不间断性，是内在的、心理的，因而提出了心理时间概念。柏格森的学说又成了 20 世纪现代派非理性美学、意识流理论的基础。在心理学界，著名的构造主义心理学家铁钦纳更是提出了时间有物理时间和心理时间的区别。

这些来自自然科学和社会科学不同领域的时间观念的变化影响了文学艺术，也带来了小说创作中时间观的变化。这种变化的基本特点是：摆脱自然时间的束缚，寻求并力图创造一种意识状态下的时间环境，以最大限度地实现主观心灵表现的自由。

（一）心理时间的泛化

受现代哲学与心理学关于"心理时间"说的影响，小说家们突破了恪守时间一维性的陈旧观念，取代用自然时间顺序来思维的叙述方式，转而以人物心理变化为依据来处理时间，让过去、现在与将来相互交叉、渗透，甚至颠倒，人物与情节在这样一种时间环境中运行。

上述时间被称为小说心理时间。在具体作品中，常常表现为以人物心理过程的线索取代外在可视性、动作性很强的故事情节发展线索；运用内心独白、心理剖析、潜意识等描写方法，将时间进行割裂重组，以适应表现跳跃飘忽、诡谲多变的心理世界的需要。在现代小说中，作家运用心理时间为人物活动与情节发展营造一种看不见、摸不着，但又实实在在地更加契合人物心灵状态的环境机制，使小说艺术进入一种新境界，给人们带来了全新的审美冲击。这种处理文学时间的方法受到现代小说家们，尤其是西方小说大师，像乔伊斯、福克纳、普鲁斯特、博尔赫斯等人的普遍青睐。乔伊斯的《尤利西斯》、福克纳的《喧哗与骚动》、普鲁斯特的《追忆逝水年华》、博尔赫斯的《交叉小径的花园》等，都堪称这方面的经典之作。

在《喧哗与骚动》中，作者选取了康普生家庭生活中的四天：1928年4月7日、1910年6月2日、1928年4月6日与1928年4月8日作为标题，其整体顺序是按照"C、A、B、D"时序来安排的。例如：

A."等一等。"勒斯特说。"你又挂在钉子上了。你就不能好好地钻过去不让衣服挂在钉子上吗？"

B.凯蒂把我的衣服从钉子上解下来，我们钻了过去。凯蒂说……

C."外面太冷了。"威尔许说。"你不要出去了吧。""这又怎么的啦。"母亲说。

D.你哼哼唧唧的干什么呀，勒斯特说。……他把花递给我。我们穿过栅栏，来到空地上。

A段叙事的时间背景是"当前"（即1928年4月7日）；B段叙事时间背景是18年前（即1910年12月23日），班吉在头脑中把当前的情景与过去另一次挂衣服的情景叠印起来；C段的时间与B段的相同，只是在时刻上略早，班吉又回忆起他怎样吵着要出去玩，当威尔许带他出去时怎样与凯蒂相遇；D 段又回到"当前"。①

小说的各个部分，尤其是前三部分都是根据各个叙述者的意识流动来进行的。

第一部分是班吉的呓语。低智的班吉频频把当前与过去的事情混杂叠合起来。整个叙事包括 1898 年（祖母逝世）、1900 年（康普生太太把毛莱改名为班吉，凯蒂带着班吉替毛莱舅舅送信给他的情人）、1905 年（凯蒂 14 岁，第一次把自己打扮成大人模样）、1906 年（班吉独自走出屋去）、1908 年（班吉单独一人替毛莱舅舅送信）、1909 年（凯蒂和男友幽会，失身）、1910 年（凯蒂结婚，昆丁自杀）、1912 年（父亲康普生先生去世）、1912 年之后（迪尔西丈夫罗斯库司去世）、1928 年（当前，勒斯特带班吉在外面玩）等时间点。作者用"地下河流"（萨特语）似的当前故事把原本连续的过去故事分割为将近 60 个小的叙事段，有时一个时间点的故事或场面又被切割成若干更小的叙事段，并完全搞乱它们的顺序——依照低智的叙述者的头脑在偶然性刺激下产生相关联想的特点进行重新组合，形成颠来倒去、反反复复的叙事结构。这样，就从一个智力不健全、记忆力却极佳的人物心中表现了康普生家族的衰败与小说中主要人物的性格、命运以及他们间的关系。单独阅读这一章，若是不依靠注释根本就无法形成明晰的时间背景概念，也不会对叙事内容有准确深刻的了解。

第二部分是即将自杀的昆丁的错乱、不清醒的"意识流"。

第三部分是极端自私者杰生的内心独白。

第四部分作者用第三人称，透过家仆迪尔赛清晰、正常的眼光，把前面的叙述理出一个头绪来。

---

① 刘世剑.作为背景的小说的时间设置［D］.东北师大学报，2001（3）:23.

其中在白痴班吉与神志混乱的昆丁意识中没有过去、现在与未来之分,时间是颠来倒去的,让人晦涩难懂。实际上,作者所要叙述的是一个再简单不过的故事,"他想详细讲述康普生家四个孩子凯蒂、昆丁、杰生、班吉创痛巨深、悲惨不幸的生活,并且暗示他们各自的悲剧来反映南方古老贵族家庭的普遍没落"。

那么,作者为什么要把这些连续的家庭编年史,分解成一个一个不合情节常规、违反年代顺序而又让人费解的心灵独白呢?这正是作者的创作意图之所在。正像书名《喧哗与骚动》,它源自莎士比亚悲剧《麦克白》的台词,"人生就是一个白痴讲的故事,充满了喧哗与骚动,却没有任何意义"。小说主题正在于此,这种大胆革新主要是时间的变化以及心理时间的广泛运用,使人物与情节在一个迥异于传统小说的环境机制下运行,拓宽了小说的表现范围,从而产生一种全新的叙述张力。法国的存在主义哲学家萨特在评论福克纳小说时,认为"福克纳之哲学是时间的哲学",这说明了时间(当然主要指心理时间)在福克纳小说中的重要性与广泛性。

以福克纳等人为代表的意识流小说是用心理时间取代客观时间的主要实践者,影响遍及全世界。20世纪30年代,意识流小说曾被译介到中国来,当时的海派小说家施蛰存、穆时英、刘呐鸥、张爱玲等都使用过意识流创作方法。到了20世纪80年代,西方现代派文学大量涌进我国。现代派的中心课题之一就是"时间","时间"是现代西方小说的关键词。受这个启迪,中国作家们立足本土,进行了卓有成效的实验,心理时间更是受到了作家们的格外重视。谌容、王蒙、茹志鹃、宗璞、马原、格非、余华、贾平凹等一大批作家都在这方面进行了成功的探索。

谌容的《人到中年》一开篇就是主人公陆文婷的内心独白,从第二节开始,意识流叙述与第三人称叙述交叉进行。作者以陆文婷的病床作为现实支撑点，不断地从陆文婷的意识活动切入她生活的各个时期，从她初进这所医院工作，一直到她重病卧床，心理时间的自由切换使内容表达更加自如深透。王蒙的《春之声》表面上写的自然时间，只是主人公坐火车至目的地的 3 个小时，但是主人公的心理时间却延伸到 50 年前的童年乃至更加遥远的无限。《蝴蝶》也是根据叙述人心理时间的流程，将主人公 30 年来前前后后交叉的回忆包容在他从山村回京，下飞机乘车回机关这短短的时间里。作者正是借助心理时间的自由机制，将复杂的社会人生内容纳入其中，达到了时间和心灵的交融统一。

当然，王蒙等人的尝试是想用现代方法来表现"故园三千里，风云三十年"的现实人生，使其更加丰厚真切。心理时间的广泛运用使这种选择成为可能，正如王蒙所说："我到现在为止能找到的一个方法，就是写情绪，写人的内心活动、人的灵魂。"[①]

20 世纪 80 年代中期以后，一批新成长起来的青年作家以年轻人特有的敏锐与热情，更加全面地接受了意识流艺术技巧，在心理时间运用上更加毫无障碍，手法也更加圆熟。张承志、刘索拉、莫言、乔良就是这方面的代表作家。

比如莫言的《欢乐》，长达 8 万字的篇幅所写的仅仅是主人公齐文栋在五次高考落榜以后准备自杀前的这一段心理活动，他多年来的痛苦、后悔、自责、仇恨等种种复杂心情交织在一起，面对死亡考验，在大脑里涌进涌出，思维的碎片借助心理时间的自如变换天马行空般来无影去无踪。

（二）叙事时间的个性化

前面我们说到，叙事时间指叙述者根据一定意图安排的时间顺

---

① 张卫中．新时期中国小说的时间艺术［J］．中国社会科学，2003（1）:10.

序，又叫话语时间、文体时间，这是从具体的叙事文本中所体现出来的时间状态。它是创作主体对故事时间进行艺术加工的结果，带有强烈的主观色彩。

中西方在传统小说中的叙事时间方面差别很大：西方小说往往从一人一事一景写起；中国小说往往首先展示一个广阔宏大的时空结构，神话小说从盘古开天辟地、女娲炼石补天写起，历史小说从三皇五帝、夏商周列朝写起。前者体现着一种"个体性思维"，时间表达顺序为"日—月—年"；后者体现着一种"时间整体性思维"，时间顺序为"年—月—日"。在这种基本时间模式下，尽管小说史上叙事时间和故事时间倒错的情况并不鲜见，但二者一致性的叙事策略仍然是小说的主流，尤其在传统现实主义小说中，"为了追求故事的真实性与现实性，往往把叙事时间全部压制到故事时间里，叙事时间与故事时间是完全一致的"[①]。而随着人们对时间观认识的深化，特别是现代叙事学的发展，叙事时间获得了独立的品质，从受制于故事时间到可自如地对它进行掌控，作家可以根据创作需要随心所欲地将时间进行排列组合或压缩扩展，建立主观性的、个性化的时间机制。现代小说家们在这方面尽情地展示着自己的天赋。

萨特在谈及西方小说家对待时间的个性时认为："当代大作家——普鲁斯特、乔伊斯、多斯·帕索斯、福克纳、纪德与弗吉尼亚·沃尔夫——都曾以自己的方法割裂时间。有的把过去与未来去掉，让时间只剩下对片刻的纯粹的本能知觉；另有些人，像多斯·帕索斯把时间作为一种局限的机械的记忆，普鲁斯特与福克纳干脆把时间斩首，他们去掉了时间的未来——也就是自由选择、自由行动

---

① 胡晓萍.论《喧哗与骚动》中的时间叙事艺术[D].江西：南昌大学，2009.

那一面。"①

比如，普鲁斯特的《追忆逝水年华》长达三百多万字，都是由第一人称叙述者通过回忆的方式，将许多不连贯的片断串联起来，可以说是一种回忆式叙事时间模式；弗吉尼亚·沃尔夫的《墙上的斑点》从墙上的一个小斑点出发，展示一个妇女的意识流动，采用的是辐射式叙事时间模式；前面分析过的福克纳的《喧哗与骚动》，四个部分之间采用的是时序倒置叙事的时间模式。

不同作家对时间有不同的理解和处理方式。即使同一作家在不同作品中，叙事时间也会呈现不同的形态。

比如博尔赫斯，他的小说中的叙事时间就各有特色：在《塔德奥·伊西多斯·克鲁斯的小传》中，主人公的人生境遇重复了40年前他父亲临终前的梦境；在《圆形废墟》中魔法师用梦创造了自己的孩子之后，在置身于火海时才明白，自己也是别人梦中的一个幻影，无法摆脱和梦中孩子相同的命运，人类在现实和梦幻中循环延续。这类小说运用叙事时间是循环时间。在《另一个》中，老年博尔赫斯与青年博尔赫斯在现实中查尔斯河畔的一条长椅上相遇，其叙事时间是双线并行的交叉式的；在《交叉小径的花园》中，叉径之花园不仅仅是一个空间意象、一座现实物质迷宫，也是时间的迷宫，其叙事时间是多线并行的交叉式；在《秘密奇迹》中，主人公拉迪克在临刑前几分钟要求上帝给他一年时间完成剧作《敌人们》，29日上午9时，就在敌人发令开枪到枪声响起的一瞬间，上帝应允了他的要求，时间凝止，雨珠仍附在他的脸面，吐出来的烟一点儿也没消散。一年间他完成了两幕剧作写作，当最后一个形容词想出时，行刑队开枪把他打倒。此时是29日上午9时零2分。在此，博尔赫

---

① 王迅.论格非小说叙事中时间之塑形［J］.文艺争鸣，2007（10）:15.

斯创造的叙事时间是凝固时间。结合小说开头所引《古兰经》题记:"故真主使他在死亡状态下逗留了一百年,然后使他复活,并对他说:'你在这里逗留了多久?'他回答说:'一天或者不到一天。'"这种时间的凝固实际是心理时间的停止,但客观时间仍没变化,拉迪克在心灵中经历了一年。[①]

受"西风东渐"影响的中国作家,在结合本土文化的基础上,也创建了具有东方特色与自我个性的叙事时间模式。王蒙、谌容、莫言等受意识流影响比较明显,他们创作的该类作品中有着共同之特征——心理时间构建,通过人物意识流活动展开来写人叙事,在叙述中故意造成叙事时间的"暂停"与"流逝"。只有把握准心理时间的种种复杂变化,才能了解小说提供的、真正具有背景意义的时间和它所负载的历史时代的内涵。

王蒙的《蝴蝶》的故事时间是1979年,故事很单纯:复出后已成为国务院某部副部长的小说主人公张思远,到他下放过的山村去看望儿子与一位他所思念的女医生,在返回途中的汽车里与回到家中坐在沙发上,回忆起几十年的政治与感情生活的种种磨难……叙事时间基本上停止下来,而心理时间却开始启动:1949、1957、1966、1975、1979,甚至民国十八年这些对主人公与我们国家命运产生过深刻影响的年份,连同其中的历史背景与相关的人物、事件、场景、细节,顺序地或倒错地、往返重复地呈现在读者眼前。在这时,人们听不到也没有兴趣听物理时间嘀嘀嗒嗒的走动声,直到回忆结束,才注意到它同样有自己的"流逝"与"暂停":张思远吃饭、修脸、洗澡、听音乐、接电话,"明天他更忙"。必须注意的是,上述情形是简化了的,实际上不但小说的叙事时间中渗入了心理时间,而且

---

① 龙钢华.论小说环境构成中的时间艺术 [J].江汉论坛,2007(12):15.

心理时间中还有心理时间（即回忆中的回忆）与联想。当主人公结束全部回忆时，叙事时间启动，他头脑中依然萦绕着已经逝去的时光与当前时光的对比和映衬："他披上大衣走了出去，天上的星星与地上的灯火连接在一起。……在昨天与今天之间，在父和子和孙之间，在山村二郎神担过的巨石和拴福大嫂新买的瓷碗间，在李谷一的"洁白的羽毛"和民国十八年的咸菜汤间，在肮脏、混乱而又辛苦经营的交通食堂与外商承印的飞行时刻表之间，在秋文的目光、冬冬的执拗、四九年的腰鼓、七六年的游行，在小石头、张指导员、张书记、老张头与张副部长之间，有一座充满光荣与陷阱的桥。……"这进一步延长了小说的故事时间，加重了它的历史负荷。《春之声》中岳之峰在回乡途中坐在闷罐子车厢中的怀想，《人到中年》中陆文婷的内心独白，《欢乐》中齐文栋自杀前心里的翻江倒海，都突破了现实时间的局限而深入到人物的意识层或者潜意识层，在无拘无束的心理时间中探寻意识的隐秘踪迹，展示人生社会的博大深沉。

以马原、格非、余华等为代表的作家，受博尔赫斯的影响很大。他们着力创造一种迷宫时间，主要是通过对时间的扭曲与错位，改变生活的原生态。他们的作品常常故意割裂自然时间，用反逻辑、反常规的方式拼结起来，造成一种扑朔迷离的阅读效果。

马原的《拉萨生活的三种时间》——"昨天、今天、明天"中，作者常常站在"今天"写还没有到来的"明天"之事。比如，小说中"我"于 5 月 24 日这天写小说，首先写到的却是 5 月 25 日零点后"我"买纪念品的事，而且写得不容置疑，似乎实实在在发生过一样，然后再回过头来，写今日之事，这样把"将来时"发生的事当成"过去时"发生的事来写了。

格非的《褐色鸟群》的叙事时间与情节构成了令人迷惘的悖论：很多年前，一个叫棋的少女来到我的公寓，她说和我认识多年，我给她讲了一段我和一个女人的故事；许多年后，棋又来到我的公寓，但她说她从来没见过我，她说她从十岁起就没进过城。这里的时间与时间是互相否定的。

余华的《此文献给少女杨柳》设置的叙事时间则互不相容：小说明明白白地写了主人公杨柳在同一时间，即1988年8月14日的三种死法：出车祸后死在手术台上，得白血病而死，病死家中。很显然，这些叙事时间是不合常规的。

先锋作家们故意虚化本来可以在自然时间机制下写实的故事，通过对时间解构颠覆创造一种异于常态的令人费解的迷宫时间，基于此种时间环境而发生的情节就变成了无序荒诞的游戏，传统意义上的小说真实性被大大消解了。作家们的用意在于对生活的荒谬、偶然做另类的思考，对时间做形而上的探讨，对小说形式进行革新实验。

由于受中国传统文化中"因果律""天命观"的熏染与拉美魔幻现实主义"宿命时间"的影响，新时期的小说家们也探讨并创造了一种不按现实秩序运行而又无处不在，冥冥中受某种不可测度力量控制，具有预兆性、因果报应性的神秘时间。在这种时间中，万事万物都在预设之中，"所有的一切（行人、车辆、街道、房屋、树木）都仿佛是舞台上的道具，世界自身的规律左右着它们，如同事先已经确定了的剧情"。余华在这方面进行了独到思考，并在作品中展示了对神秘时间的探索。他的《难逃劫数》写的就是几个人物受命运的支配一步步走向灾难的故事。其中的七个主要人物：东山被毁容、阉割，最后流放边陲；露珠与男孩被杀；彩蝶自杀；广佛被处决；沙子与森林都因变态行为而受到法律制裁。他们这些可怕的结局事先就有种种预兆，作者在叙述时对此也着意进行渲染，营造出一种宿命的氛围。比如，第一节写东山在那个阴雨之晨走入小巷，看到竹竿中挑出的"飘扬着百年风骚"的一条女人的肥大内裤，"就这样，东山走上了命运为他指定的灾难之路"。第二节写东山追求露珠时，露珠的预感："露珠始终以忧心忡忡的眼色凄凉地望着东山。东山俊美的形象使她忧心忡忡。在东山最初出现的脸上，她以全部的智慧看到了朝三暮四。而在东山追求的间隙里，她的目光则透过窗外的绵绵阴雨，开始看到她和东山的婚礼。与此同时她也看到了自己被抛弃后的情景，她的目光长久地停留在这情景上面。"类似的预言弥漫全篇，后来人物的命运也一一印证了它们的正确性。当然，不管是追求客观真实的时间环境，还是注重主观意识的时间环境，虽然在小说史上不同时期、不同作家的创作中有着明显的区别，但在具体的作家作品中二者融为一体或有所侧重的情况也很常见。《阿Q正传》《人到中年》等作品中就不只出现一种时间，阿Q画圈的时间被拉长了，和陆文婷的心理意识时间交叉的就是客观时间。这些时间的安排，都体现了作者的匠心。①

综上所述，文学创造的全部联系均为时空的活的联系。随着人们时间观的变化，文学时间也会随之改变。文学创作应该高度重视时间经营。

四、我们在写作创作中如何安排时间

伊莉莎白·鲍温说："时间是小说的重要组成部分。……时间同故事与人物具有同等重要的地位。"写作创作中如何安排时间是个技巧问题，我们可以从以下五个方面展开：

（一）根据重要性来调整"叙事时间"

讲故事的要义之一是全知叙事，能同时天南海北、无所不知地讲，不但精通历史、通晓当今，还能洞察未来可能发生的事。作者

---

① 刘世剑.作为背景的小说时间的设置［J］.东北师大学报，2001（03）:23.

在叙述中，把所有已知与预期时间都集中在即将发生的事件上，此时，"叙事时间"同时报出了不同时间，这种时间说明不管故事起初是怎样构思的，叙述总是像万花筒一样把各个时间点牵连在一起。最简单的叙述就是将各种感觉、回忆与推测过程混为一体，然后根据情节发展调整各事件所占时间的比例。我们经常在影视剧中看到英雄难死，就是把需要刻画的人物进行了时间延长，因为从心理学来说，时间延长会给人惋惜、珍重的意味，所以，一个重要事件可以写得比它实际发生的过程更长一些；反之，漫长的历史也可用一段文字就概括叙述出来。用时间比例来表明每一事件的重要性是作者叙述故事的主要手段。从某个角度来看，创作时应该根据每个情节的轻重缓急来计算各事件所占时间的比例，然后像一把扇子似地把时间打开或折拢。

（二）注意社会价值生活

时间生活与价值生活紧密相关。在写作中，作者为了表达需要有时把时钟拨快，有时把时钟拨慢，有时把指针倒回或拨前，但没有一个作者能全然不顾时间顺序。福斯特在《小说面面观》中说："在小说中，对时间之忠诚极为必要，没有任何小说可以摆脱它。'这是因为，日常生活同样的充满了时间性……不管什么样的日常生活，实际上都是由两种生活合成的——时间生活与价值生活——而我们的行为也显示出一种双重的忠诚。''我只看了她五分钟，但那是值得的。'这个简单的句子里就含有这种双重忠诚。故事是叙述时间生活的，但在小说中，如果是好小说，则必须包含价值生活。"所以，创作不能忽略自然时间生活，更要注意社会价值生活，必须苦心经营，写好价值生活。

（三）微观叙述与宏观叙述应该使读者有历史感

微观叙述是"按时序组织起来的一连串事件"，宏观叙述是"历史的一个片断"。小说中，作者把自己的故事安排在一个特定的时间范围内展开，同时他还应该对故事所反映的历史负起责任。这就是说，小说场景的每一个细节，对话中每一个片断及书中人物每一个行动都必须合乎小说发生的时代背景。创作时要能够正确处理"小说范畴里的时间安排与小说结构和历史前景间的关系"，使读者有历史感。

（四）掌握时间的三种基本节奏：正常、快、慢

在时间的处理安排上，一是按"时间一致"原则来叙述，使小说里的事件在前后顺序上和阅读顺序大致一样；二是用缩短或概述时间的办法叙述，在故事的开端或结局中间略去若干年月。这样，读者阅读的时间与小说人物的行动时间是不一致的；三是用时序颠倒的方法进行叙述，阅读时间与行动时间有时一致，有时不一致。关键取决于创作的表达需要。

（五）设置叙事时间与我们的合适距离

时间在文学作品里除了起着"导演"场景和角色的作用，体现着作品的艺术风格和性格外，还起着引起"悬念"的作用。在阅读小说的过程中，我们感到时钟一小时又一小时地在轰响，日历一页又一页地掀过。此外，时间还把读者牢牢地系在宏大的"现在"。如果你愿意的话，叫它场景也未尝不可，而这些"现在"是由一些中间性情节联系起来的。我们可以在时间上前后移动，但是现在这一时刻我们必须牢牢地抓住。[①] 创作要能够在叙事时间和我们之间设置合适的距离，以引发阅读热情。

阿根廷文学家博尔赫斯曾说过，"我们不可能摆脱时间"，"时间是唯一重要的"。写作的每一种新技巧在构造情节方面基本上都调整

---

① 李广德.短篇小说的情节提炼、首尾构思和时间安排［J］.湖州师专学报，1986（01）:02.

了共时（对传统的回忆）和历时（所描述事件）间的平衡。任何文学手法探索都应当从时空的拓展表现上下功夫。文学作品最大的主题应当是时间问题。这也正如英国物理学家爱丁顿所说："在属于内心与外界的两种经验间搭任何桥梁，时间都占着最关键的地位。"

思考：

1. 浅谈文学时空开掘的意义。

2. 举例说明时空开掘怎样影响文体的发展。

第六章　人的写作"类"属性、写作常识和技法

　　人的"类"属性是指人作为人类所具有的整体属性。人的文学告诉我们，写作因为打上了人的"类"的烙印，因而具有"类"的明显特征。具体到写作中，"类"的属性就是作品中表现出来的人类的共同话题、共同形式。常见的有文学模式、文学母题、文章节奏等。人的文学"类"的属性表现非常明显，不同的时代、不同的地域往往会在写作常识和技法上有惊人的相似，找出这种"类"有助于深化我们对写作规律的认识。原始语言是写作的最佳"类"语言，节奏是写作人对人"类"生物性节律的把握，要善于构思，注意打造细节，利用情节的故事性，运用对比和赋形思维，善于利用过去式开头等常见的写作"类"技巧。

　　人具有生物属性和社会属性。生物属性决定了人会有生物节律，对应到写作就是节奏。人是社会的人，必然会面临同样的问题和困难，会有共同的话题和文化。人的"类"属性积累下来，在写作中就会出现模式和母题。

第一节 文学模式

人是故事的讲述者。查看不同民族、不同地域、不同时间的文学作品，会发现惊人的共同结构。中国作为一个诗歌的国度，大致经历了赋、诗、词、曲、小说阶段，重抒情而不重叙事，故而明显的模式化并不存在，不过才子佳人模式、痴情女子负心汉之类的模式也不难见到。英美文学则不一样，正如莎士比亚在《暴风雨》第四幕中通过大法师普洛斯彼罗之口向伊丽莎白时代的观众宣称的那样，我们短暂的生命整个环绕在一种睡眠中。白日梦、想象具有特殊的属性，比如空间的缩放、凝合，共时、蒙太奇、进退、飞行，形变、物化、活化、互补，以及聚焦、配色、调和与曲解。这些组合在故事中如果以有限参与者出现，所叙述出的就是日记一类的作品；如果作为有限的观察者，所叙述的就像日常生活；如作为全知叙事者参与，所叙述出的则是圣经；若作为全知观察者，所叙述的则是科学文章。

在讲述自己故事的过程中，情节是由人物活动构成的，因此我们可根据主人公的活动能力是大于我们的、小于我们的或接近我们的来进行分类。这样，文学可以大致分出五种类别的模式：

一是主人公在能力上远远高于他人与环境，无所不能，是超自然之存在，他有神的能力，他的故事便是"神话"。

二是主人公在相当程度上高于他人与环境，让人觉得有点不可思议，是典型的传奇主人公，其行动卓越超凡，但他本人是人而非神。

三是主人公在一定程度上高于他人，但并不高于他所处的自然环境，这便是所谓领袖人物。他具有大大超出我们的权力、激情与表现力，但他的所作所为仍然处在社会批评与自然秩序的范围内。

类似于古希腊神人的后代——英雄，这类主人公属于"高贵的模仿"模式，大多数的史诗与悲剧均可归入此类模式。比如索福克勒斯的悲剧代表作《俄狄浦斯王》，英雄般的人物俄狄浦斯即便能够战胜妖怪斯芬克斯，治理好忒拜城，但却无法逃脱弑父娶母的悲惨命运。

四是主人公既不高于他人，也不高于环境，成为同我们一样的人，他的活动遵循着我们在自己的经验中所获得的那种可能性准则。这便是"低贱的模仿"模式，大多数喜剧与现实主义小说都属于此种模式。

五是主人公在能力与智力方面低于我们，让我们感到有优越感，我们居高临下地欣赏一个受奴役、受愚弄或荒诞的场面，这便是讽刺模式。① 如著名的骑士小说《堂吉诃德》中的主人公。

西方文学的历史发展过程基本遵循了上述发展模式。

模式让我们对文学有了整体的梳理和关照，模式在每一时代的文学中不断发出回响。中世纪以前，由于文化被垄断，单独的文学并不存在，就像中国古老的文学曾依附于祭祀巫术一样，文学紧密依附于基督教的、古希腊罗马的、凯尔特或条顿民族的神话。假如基督教没有成为一种强行输入的神话且吞并了其他神话的话，这一阶段的西方文学将更容易地被划分出来。在我们能看到的形式中，大部分文学都已经转入传奇的范畴中了。传奇分为两种主要形式：描述骑士的世俗传奇和讲述《圣经》传说的宗教传奇。不过作为故事，二者都偏重于以违背自然法则的奇迹去吸引读者。传奇小说在文学中的统治地位直到文艺复兴时期才宣告结束，而对帝王和朝臣的崇拜则将高贵的模仿模式推向前台。这一模式的特征在悲剧与民族史

---

① 韩威. 神话原型理论在中国的传播与实践［D］. 东北师范大学硕士论文，2003（4）:01.

诗中表现得最为突出。随后，一种新的中产阶级文化带来了递减模仿模式，这种模式在英国文学中从笛福时代到19世纪末期一直占据主导地位。在法国文学中，它的开始与结束都要早大约50年。最近100年间，大多数的严肃小说日益趋向于讽刺模式。

利用神话原型发掘语言潜能，可把本体论的意义带入日常生活，诸如劳伦斯、艾略特等的作品，均非常成功地表达了莫可名状的东西，理解了不可理解的东西。在这儿，神话与仪式是滋生诸如意义模式、故事形式、情节结构、概念化的神话等文学结构模式的温床，文学内在结构的理解得到了揭示，单个作品和文学整体的联系得到了关照。[①]

事实上，只有把个别作品以题材、主题、体裁等同整个文学史联系在一起，才有助于发现文学表现的内在结构及其演变规律。

文学自神话发展而来，神话是所有文学形式中最古老、最基础、最传统化的部分，因而，文学的结构原则与神话学和比较宗教学密切相关，就好像绘画的结构原则与几何学密切相关一样。就西方范围而言，基督教《圣经》神话和古希腊神话无疑是两大最重要的文学发展源头，于是，可以从这两个神话体系出发去描述和概括西方文学的基本结构模式。

神话和现实主义分别代表着文学表现的两极。就叙述方面而言，神话是对以愿望为限度的行动的模仿，这种模仿是用隐喻形式进行的。换句话说，神为所欲为的超人性只是人类愿望的隐喻表现。随着抽象理性的崛起，人的愿望、幻想渐渐受到压制，神话变形为世俗文学继续发展。神话中用隐喻来表现的内容，到了后世文学中改

---

① 叶舒宪.文学与人类学——知识全球化时代的文学研究［D］.四川：四川大学博士论文，2003.

为用明喻来表现。现实主义强调所表现的东西与现实的相似关系，这实际上是一种明喻艺术。这样，从神话到现实主义的全部文学就都建立在比喻这种共同的结构基础上了。神话只求喻体与被喻内容的神似，现实主义为了获得真实可信性，不得不要求二者形似。在这两级之间是传奇文学。这里所说的传奇不是指文学体裁，而是指从虚构过渡到写实的整个文学过程。神话——传奇——现实主义，文学发展演变的规律线索在于原型的"置换变形"。以这种循环运动为尺度，可以肯定，在文学舞台上，传统的英雄主人公已经不复存在，那些在陌生孤寂的世界里显得极度渺小的可怜虫（如"局外人"、甲虫、推销员等）正扮演着主角，反英雄解构的时代已经到来。这是自神话以来，继由神到人的置换后文学主人公的又一次根本性大置换。

弗莱在《伟大的编码》中指出，在文学总体中，本源性的思想要素及表现形式均来自创世神话，只要破解了以创世神话为首的《圣经》神话的奥秘，也就等于掌握了破解全部文学密码的密码本。文学创作，在某种程度上就是对神的创造的模仿、追忆或回应。在我等心目中，那些关于创世、堕落，通过牺牲达到救赎或者通过末世和复活的二元性达到救赎等，并非远不可及的神话。

第二节　文学母题

母题是文学作品反复予以表现的人类基本行为、精神现象及关于世界的普遍性概念。由于人类存在的一般经验由"原型的""神话的"所决定，故有"不变"的东西，反复出现的东西，是谓母。比如，所有恋爱型母题不外乎：我爱你。你爱我吗？我值得你爱。比如灰姑娘的故事。它们是不同作品中容易反复出现的母题、"原型"、故事情节。

一、母题。从真实性和来源等我们可以将母题分为神话的、历史的、文学的、宗教的、民间传统和日常诸如飞行、烦扰、旅行、囚禁、父子冲突、兄弟争执、良知折磨以及自知之明等行为与情境，诸如生、死、别、离、时间、空间、季节、山脉、海洋、黑夜等客观存在。

这些母题的功能在不同时期、不同文化中可以是变化的，一些可能在一段时间内被遗忘或者被其他母题覆盖。比如人物性格、人物精神状态有关之母题。它们包括精神行为的全部领域，包括意志、良知及强烈情感、情绪、感觉，还有心理态度、善恶观念等。如忌妒、敌视、爱或复仇情结。[①] 如"疯狂""恐惧""孤独"或"挣扎"，在某特定文本中，同样的陈旧母题被重复着。如果更加具体化，像"人群中的孤独""无助孩子般的恐惧""饥饿中人的极度亢奋"，或引述不同类型的冲突，像"骑士般竞争及深谋远虑的战争"或"殖民者和土著间的冲突"，那他们将会得出一个不同的结论。

就母题而言，西方文学中最突出的母题——"人在宇宙中的地位"。作为生命个体，人显得如此渺小，人面对各种各样不知由来的敌对力量，做苦苦的挣扎与种种抗争。这种敌对力量虽然表现为外在的命运或者内在人性中的"恶魔"，但本质上都是宗教中那个万能之神。因而西方文学关注的不仅仅是现实中人和人的关系，更关注人和神的关系，还往往表现出对人生价值的终极关怀。而中国传统文学中最突出的母题是"劝恶从善"。文学直接承担起"教化社会"的任务，把它当作解决现实问题的手段。因此，"善有善报，恶有恶报"是中国传统叙事文学的基本情节模式。人生的幸和不幸决定着自身的行为；而行为的当和不当，就看是否符合忠、孝、节、义的道德规范。

---

① 王立，吕堃.母题的产生、识别、命名和定位——文学母题的重新认识与分类之一［J］.辽东学院学报，2006（04）:30.

因而中国文学关注的为人的现实行为，而这不仅是个人的幸和不幸，更关系到整个社会的太平。

二、原型。一个人用"原型"说话就是同时和千万人说话。"原型"具有典型性，在文学史中是可反复出现的可交际单位，所以，对这种文学单位的把握就使我们有可能从一个方面对文学传统做相对形式化的研究，从而去探求"文学形成它自身"的规律性线索。西方文学多抗争型人物，从古希腊的普罗米修斯、俄狄浦斯，到浮士德、鲁滨逊、于连，到海明威笔下的硬汉、存在主义作家笔下的自由选择的人们，他们对神力、命运、自然、社会和人生的种种窘境做种种抗争，在抗争中显示自己的价值与意义。西方文学常把人物推到两难选择境地，又非做出选择不可，在这个艰难选择的过程中，让人性中的神性与魔性来回拉锯、辗转，撕裂人的心灵，显示出惊心动魄的悲剧力量。中国传统文学多顺从型人物，顺从天道合一的道德律条。中国的文学形象是最大限度地克制自我、服从伦理规范，主人公在被安排的等级位置上承担起自己的责任与义务。中国四大古典名著中，《三国演义》是典型的道德演绎作品，《水浒传》《西游记》《红楼梦》似乎不乏抗争性人物，但梁山好汉终于被招安纳降，青埂峰下那块顽石与凭着金箍棒大逞威风的孙猴子，都终归佛门。中国文化内在的和谐气氛，以及对祖先留传下来的道德律条和客观规律相一致的认定，中国传统文学的喜剧氛围就是这种文化氛围的映现。喜剧氛围在中国文学中最突出的表现是大团圆的结局。中国文学敏于对现实的观察而少于对人生的形而上的思考，以中和温雅见长而短于西方文学的壮烈磅礴。①

---

① 黎跃进.中西文学的文化功能透视［J］.衡阳师专学报（社会科学），1994（04）:15.

第三节 文章的节奏

学习写作，节奏是一个需要关注的重要现象。

节奏，"或作或止，作则奏之，止则节之"。节奏的本意就是音乐中交替出现的急缓行止、强弱长短等现象。瑞典电影大师伯格曼说："节奏是至关重要的，永远是至关重要的。艺术形式的生命与灵魂是节奏感，而节奏感是通过节拍的重复与变化来实现的。诗歌的抒情气氛、艺术感觉、审美感受是通过对诗意的重复和对比的内容修辞来实现的，文学艺术内容方面的节奏感是艺术思维操作原理的核心与灵魂。"[①]

节奏的产生有其生理基础。具体说就是它和人们的呼吸调节和运动感觉有一定关系，符合生理的自然节奏的，人就感到和谐愉快，节奏使身心保持平衡协调，这方面最明显的莫过于诗歌了。著名美学家朱光潜这样谈自己领悟节奏的感受："我读音调铿锵，节奏流畅的文章，周身筋肉仿佛作同样有节奏的运动；紧张，或是舒缓，都产生出极愉快的感觉。如果音调节奏上有毛病，我周身筋肉都感觉局促不安，好像听厨子刮锅烟似的。"

由于我们在生命的初始阶段便习惯了母亲心跳的声音，类似"印刻现象"，我们会理所当然地对心跳一般的节律产生愉悦感。当诗的节奏达到一定次数时，心脏就会被同化诱导，会不由自主地去匹配那种速率。节奏稍快，我们就会感到振奋，但如果过快，则我们将无法承受。当然，对于一首诗，我们必须先读或听再转化为情感，这样的反应有一个明显的滞后过程，我们不必担心无法忍受，但节

---

① 朱伟东.电视专题片拍摄的节奏形式浅谈［J］.戏剧丛刊，2010（08）:16.

奏太快我们将丧失审美心情。同理，节奏太慢，以至于我们忘了前边的词句，或者慢得无法形成直觉，我们同样也无法被这种节奏唤起美感。值得提醒的是，这里的节奏与语速和语音顿挫有关，但不能简单地说就是语速或音乐般的时值线，因为汉语诗歌朗诵语速平均每分钟一百五十字左右，而大脑每分钟可以处理至少八百字的信息，音乐如每分钟一百二十拍则是快速了，但它们之间应该有一种较为客观的对应关系。

所有的生命都是有节奏的，比如人有情感、智力、体力周期，这就是人体的节奏。人的心灵把节奏组织成一种时间形式，唤起接受者的个性情感。冯特认为，节奏是情感表现的时间方式，节奏的审美意义就在于它能引起它描绘过程中的那些激情。或者，换句话说，由于情绪过程的心理规律，节奏成为激情的组成部分，它又反过来引起这种激情。

诗歌的节奏最为明显。诗歌的格律是定型化的节奏，目的是使语言的节奏具有普适性、最优化。而要有强弱明显的节奏，在声音的行进中，必然要求构成空白或间隔，以此形成起伏。英语中有"音步"为空白点，法语符号中有"顿"为空白点。汉语中有四声，四声本身就有声调高低，类似音乐高低因素，在若干字组成歌词时，前后单字互相制约而形成一种横向的旋律曲线，这种曲线体现了乐句进行的一种大致上的要求。这种要求是歌唱中声腔旋律进行所不得不考虑的，而唱词的句读结构对声腔曲体结构影响更大。

节奏是想象、联想的诱因之一，节奏尽可能阻止读者建立逻辑联系，从而更好地使读者进入艺术直觉状态。诗歌分行分节是明示的节奏，它割断读者与周围环境的联系，提醒读者由现实转到虚幻上来。以此视角浓缩每一个词，可使文句变得沉重而有厚度。建行除了直观体现建筑之美外，更重要的是它可以突出某些重点意象。

分行可以把视觉转化为听觉，更好地显示节奏的能力，而且行与行的组合还往往可以获得新的意思，如作家 E. E. Cummings 把"l（a leave falls）oneliness"分行拆开模拟树叶下落的样子，表现失落、孤独。又如"卑鄙是卑鄙者的通行证，高尚是高尚者的墓志铭"，通过建行，使之造成一种对比的动势，把它们放在同等重要位置，给人以无限思索、耐人寻味的诱导。[①]

　　诗歌以外的文章也会有明显的节奏。一般来说，文章节奏的确定与我们要描写的内容紧密相关。那些描写社会安定、生活悠闲的文章，节奏也比较舒缓优雅，比如朱自清先生的《春》，读起来朗朗上口，有微风拂面的清爽，有微波荡漾的节奏。描写人口稠密、社会竞争激烈、生活充满压力与不确定因素的生活文章，叙事则以快节奏为主。在极度压抑的环境中，节奏感往往被破坏。司马迁的《报任安书》，开始部分读起来文气很不畅，文章充满了作者受刑后的无限痛苦与悲凉，是太史公"舒愤懑"之作。而余秋雨的文章隐藏着一种难度最高的口语潜质，那就是内在节奏，可以说是内心节奏。这种内心节奏常常体现为作者在喁喁私语间的心理徘徊、进退自问。如："只要历史不倒退，时间不倒退，一切都会衰老。老就老了吧，安详地交给世界一副慈祥美。假饰天真是最残酷的自我糟践。没有皱纹的祖母是可怕的，没有白发的老者是让人遗憾的。没有废墟的人生太累了，没有废墟的大地太挤了，掩盖废墟的举动太伪诈了。"这是一段议论，魅力全在内心节奏。有无奈叹息，又有自我说服，然后产生联想，最后得出感叹式领悟，这每一层都由不同的语言节奏来表明。试读几遍，即可明白。读者受一种叙述节奏的诱惑，于

---

　　① 付新民.诗歌的形式与情感联系探析［J］.西南大学学报（社会科学版），2012.

无形中把所有的审美障碍与消化硬块都溶解了。

节奏让情感丰富细腻，富于个性。文章或婉约，如歌如泣，似恋人在柔柔月光下倾诉衷肠；或舒缓，似平静的湖面泛起的阵阵涟漪；或豪放，似狂风中的野马在无垠的草原上肆意驰骋；或激昂，似重锤敲击响鼓，荡涤心灵；或跌宕起伏，似大海的阵阵波涛，撞击出万千的清新与亮丽。

在写作中，我们应该根据写作目的，有意识地调动某些因素，处理好文章的节奏，使文章的形式成为诱发审美内容的"有意味的形式"，从而加深读者对文章内容的认同与共鸣。

下面我们探讨一下写作中该如何安排文章的节奏。

一、句子。句子对节奏的影响主要有两方面。

（一）句子的排序：文章的次序一方面反映作者的思路，另一方面则表现了信息间的逻辑关系。它可以影响节奏，尤其在叙述性文体中，按正常的时间、空间与心理逻辑顺序来连接，则文章节奏流畅连贯；而采用倒叙、插叙、回叙与时空交错等特殊次序安排，节奏就会产生跌宕错落之感。

我们可比较下面两个句子：

鱼，现在你干你的吧，他想。到时候我来抓你。

他想，鱼，现在你干你的吧，到时候我来抓你。

字词完全一样，仅排列次序有变动，那么呈现的节奏就不一样，给读者的感觉从回忆、若有所思的被动模式（临时冒出的想法）转入到主观主动模式（你别得意，迟早是我的那种感觉）。《周易·艮》讲："言有序"，我国古代学者论文也有"章法"一说，讨论章法之运用，必着眼于节奏。刘勰说："外文绮交，内义脉注，附萼相衔，首尾一体……是以搜句忌于颠倒，裁章贯于顺序。"又说："其控引情理，送迎际会，譬舞容回环，而有缀兆之位；歌声靡曼，而有抗坠之节也。"主张通过次序的安排体现文章的节奏。行文次序对文章节奏的影响由此可见一斑。

（二）句子的构成。结构复杂、较长的句子节奏较缓；简单的短句节奏较明快。例如美国作家海明威的文章，赫·欧·贝茨评价他像"手里拿着一把板斧的人"，"斩伐了整座森林的赘词冗句"，直到最后，疏疏落落，经受了锤炼的文字，形成他鲜明生动的风格，呈现出简洁明快的节奏。试读《老人与海》中的一段文字，我们就能感受到这一点："它的背像箭鱼背那么青，肚子银白，身上的皮又光滑又漂亮。要说体形，它像箭鱼，只是它有一对巨颌，这会儿闭得紧紧的，因为它正在水面下急速地游着，背鳍一路把水劈开。"

而张爱玲的这一段文字节奏则显得重而慢："木槿树下面，枝枝叶叶，不多的空隙里，生着各种的草花，都是毒辣的黄色、紫色、深粉红——火山的涎沫，还有一种背对背开的并蒂莲花，白的，上面有老虎黄的斑纹，在这些花木之间，又有无数的昆虫，蠕蠕唧唧地爬动着、叫唤着，再加上银色的小四脚蛇，阁阁作声的青蛙，造成一片怔忡不宁的庞大而不彻底的宁静。"

此外，句式亦能影响节奏。省略句造成节奏跳跃，设问句与感叹句使节奏加强，而主动句则相对显得轻快。句型构造对节奏也有影响，整句、对句的节奏和谐匀称，散句的节奏就灵动多变。我国古代学者对于句子和文章节奏的关系是有所认识的。如晋人陆机说："丰约之裁，俯仰之形，因宜适变，曲有微情。"宋人李涂说："文字须要数行齐整处，亦须有数行不齐整处"，就是主张句子要有参差，节奏要有变化。

二、段落的参差。如果说节奏以能量形式分布在文章中，段落就是它赖以存在之"场"。段愈小，"节奏能"愈集中，节奏就愈迭宕，愈错落，愈强；段愈大，"节奏能"愈分散，节奏就愈平稳，愈均衡，愈弱。

不仅段的大小可以影响节奏，段的衔接也能影响节奏，刘勰就说过："章句在篇，原始要终，体必鳞次。启行之辞，逆萌中篇之意；绝笔之言。追媵前句之旨。"关于段落之间的关系，古人讲文章有起、承、转、合，实际上它正是一种优美和谐的节奏。其中承与转最重要，一篇文章的多数段落在它们的牵引下显出节奏感。毛宗岗评《三国演义》"有将雨闻雷之妙""有浪后波信之妙""有寒冰破热，凉风扫尘之妙"，都是从段落关系对节奏的影响来说的。

三、行文的详略。行文详略也影响着文章节奏，行文越详，节奏越和缓；行文越略，节奏越跳跃。试看下面一段话："我一个人坐在黑房里，没有电。瓷缸里点了一只白蜡烛，黄瓷缸上凸出绿的小云龙，静静含着圆光不吐。全上海死寂，只听见房间里一只钟滴答滴答走。"

这段文字三层，首尾两层略写，节奏快；中间一层详写，节奏感觉慢。详略搭配，疏密相间，节奏里呈现出一种摇曳回环之美。[①]

所以行文不能没有详略对比的变化，而何处宜详，何处宜略及详略程度，则根据写作目的而定。

比如，我们要把"买两个包子，吃一个，丢一个"的节奏拉长。

这种行为若是在包子满天飞的时代，那么根本不值得一提，甚至会因为包子的气味产生排斥，产生此人落魄到吃包子的窘困程度，那么这样的设定就是悲剧了。如果你设定的世界是没有包子的，这样旁观者会产生惊异、好奇，在闻到包子的香味儿后，会产生对新鲜事物理所应当的追逐心理。读者甚至会想，主人公要如何将包子

---

① 董超，熊海英.试论影响文章节奏的几个因素［J］.湘潭师范学院学报，1995，（4）:20.

这种现代社会中平常不过的东西，在这个世界发扬光大呢？这就是一种初期期待感。

假如在每天都会碰上因为饥饿而死去的贫民环境中呢？吃一个丢一个，会有两种结果。

第一，她对大家充分需要的东西拥有与生俱来的优越性，她的奢侈浪费会令一部分人唾骂、忌妒，甚至无比仇视。这样一来，文章的情绪是否更容易凸显呢？

第二，她因不需要这东西而无心地丢弃，却偏偏可以救别人的命。如果被救命的是个聪明人，他会去想，贫民窟里如此多即将饿死的贫民，这个包子为何精准无误地落在自己面前呢？

主人公显现出来的优越性，是否有可能让人理解为她有心要带离他脱离窘境呢？面对一个聪明人"死"和"活"之间的选择，继而要延续出来情节还难吗？

若捡到包子的人偏偏是个死脑筋，非要讲究"滴水之恩，涌泉相报"，那主人公可就苦恼了，无心之失却为自己招来一个"死忠"。再给他丰富一下特长，他会成为她日后精锐的干将。任凭敌人如何诱惑、招揽，最后面对这个死脑筋家伙都毫无作用。若是当对手们得知，这个人人渴求的精锐干将，竟然是因为一个包子而下决心效忠，成为他们最大的对手时，他们会不会懊恼，当初自己为什么没去贫民窟溜溜，为什么丢出包子的人不是自己，而他今日的强大、忠心、效力，却因为区区一个包子。

假如主人公再狂妄一些，偏偏无奈地表示说："他愿意跟着我，我也没办法，赶都赶不走，不信你们看？""主人，在贫民窟之时，我是因为您的包子而活下来的，您的再造之恩，小人没齿难忘。"这样一来，主人公的对手在有所耳闻后，就算不气得吐血，也几天吃不下去饭吧？当然，这里的包子只是一个假设而已。世界里没有的，主人公却拥有，甚至多得泛滥，进一步提高她的优越性，等于间接让人知道，她能成为主角而别人不能的重要因素。

四、行文的断续。所谓"断"，有文断、意断之分，"续"亦然。文章之意要气脉贯注，首尾一体，不可断；而文（即行文的结构）又应有断续，有开合。形成跌宕变化的节奏，才能使读者产生对形式的审美感受。试看江河的一首诗《青春》：

我不是没有童年茂盛青春

即使贫穷、饥饿

衣衫破碎了，墙壁滑落着

像我不幸的诞生

沉闷

被爆发的哭声震颤

母亲默默的忍受有了表达

这首诗不拘泥于平板似的叙述，每段都起得突兀，接得突兀，节节间的联络都省略掉，节奏上呈现一个个大幅度的跳跃。初看此诗觉得有如一串断线的珠子，细细欣赏之下发现文意是连贯的，而形式上的断续开合使诗的节奏传达出一种独特的美感。

毛宗岗论《三国演义》也讲到文章断续之法："《三国》一书，总起总结之中，又有六起六结，……凡此数段文字。联络交互于其间，或此方起而彼已结，或此未结而彼又起，读之不见其断续之迹。"这告诉我们，行文的断，是文断意不断；续，则是有序而不呆板，连贯又有变化，由此形成文章的此起彼伏、错落有致的节奏美。

五、语音的变化。歌曲有节奏，我们都知道。文章也有节奏，文章是由一个一个的文字组成的，读出来则是一串音节连缀的语流。

由于不同音节有不同的声、韵、调，语流就会有高低缓急，抑扬起伏，就有了节奏。恩格斯曾说，意大利语"像和风一样清新而舒畅"，葡萄牙语"宛如满是芳草鲜花的海涛声"，法语"像小河一样发出淙淙的流水声"。① 而汉语有了四声，除了使语音有了抑扬顿挫以外，它还和语义有着潜在的切合，对文章的节奏影响很明显，例如李清照词《声声慢》中的"寻寻觅觅，冷冷清清，凄凄惨惨戚戚"。三句诗由低音调的叠音词构成七个均等的音步，呈现出一种缓慢、低沉的节奏，从这种节奏中我们就能真切感受诗人那悲凉落寞的心境，仿佛听到了诗人寻来觅去的沉重而迟缓的足音，这样，文章形式和内容得到完美结合，而语音节奏在其中的作用是不容忽视的。

我国古代学者很早就注意到这一点，齐梁时沈约说过："欲使宫羽相变，低昂互节，若前有浮声，则后须切响。一简之内，音韵尽殊；两句之中，轻重悉异。妙达此旨，始可言文。"稍后刘勰在《文心雕龙·声律章》中具体讨论了不同语音对节奏的不同影响："凡声有飞沉，响有双叠"，"沉则响发而断，一泛则声扬不还"。若处理得不好，文章读起来就会像患了口吃症，节奏不合顺。故而写作时要注意声、韵、调的协调，把高低，轻重，平仄适当搭配，才能产生"和体抑扬"的节奏效果。对此，明代声律学王骥德这样说："句字长短平仄调停得好，令情义婉转，音调铿锵，虽不是曲，却要美听。"

六、修辞的变化。总的看来，在写作中运用修辞，无论辞格如何，都是对语体、词句、次序、语境的介入和干预，因而都要影响文章的节奏。其中一些辞格对节奏的影响尤为明显，如排比、联珠、倒装、反复等。

以苏东坡的《百步洪》为例，诗云："有如兔走鹰隼落，骏马下

---

① 雷淑娟.文学语言美学特征修辞论［D］.复旦大学博士论文,2003（4）:15.

注千丈坡，断弦离柱箭脱手，飞电过隙珠翻荷。"形容水流之，连用七个比喻加以排比，语气充沛，节奏强烈中又见错综利落，句式和辞格的独特使作品的行文别具特色，作品的气势美因特有的艺术节奏而得到外现。

倒装、联珠等主要从声律上影响节奏，可使行文产生回环抑扬的节奏美。杜甫有诗句："香稻啄余鹦鹉粒，碧梧栖老凤凰枝"便是一例典型的倒装。按正常语序应为"鹦鹉啄余香稻粒，凤凰栖老碧梧枝"，虽然通顺也合平仄，但"鹦鹉""凤凰"是联绵词，两个音节才表达一个意思，显得句首轻飘平，后文分量过重显得局促，节奏因此失去了平衡。倒装后的诗句效果就大不一样了，不仅平衡了节奏，更增添了诗句的回环顿挫之美。[①]

第四节　文学精神

一、文学是精神的创造物。精神存在决定着文学的形态、结构与品质。文学，从某种程度上说，就是精神的还乡。[②]

精神乃人的根本，是精神充盈了文学的生命。精神匮缺是最大的匮缺。

我们称颂伟大的俄罗斯文学，就因为在文学中活着一具"俄罗斯灵魂"。广袤的地理环境让俄罗斯人习惯于空旷的物质世界，喜欢广阔的思维并热爱探求未知事物。他们富于自由幻想，深爱着脚下的土地，以致在苏联大清洗的日子里，还能听到普希金与涅克拉索夫的诗歌余响。"白银时代"的文学能够战胜"捕狼的猎犬"而发出

---

① 董操，熊海音．试论影响文章节奏的几个因素［J］．湘潭师范学院学报（社会科学版），1995（04）:20.

② 林贤治．中国文学呼唤精神还乡［J］．中国现代文学论丛，2008（08）:31.

抗议的声音是不容易的。

法德是盛产思想与思想家的地方，文学也独具特色。浪漫、炽烈的法兰西精神培育了法国大革命，这场“原创性”革命奠定了堪称典范的革命原则；而法国诗人、作家与思想家也都是非常富于原创性的。德国近世的“狂飙突进运动”也很著名，它让我们知道，在那里不但有深沉严谨的哲学，也有激情四射的文学。作家精神是健全的，在纳粹当政的险恶日子里，他们中间除了流亡者，还有“内心的流亡”。

美国一开始就凸显了一个独立的问题。边疆的开拓带来个人主义与民主经久不息的影响。反映在文学上，则充满着浪漫的理想主义与革新精神。实用主义是哲学的，也是文学的，在文学中，常常表现为现实主义、功利主义和精神信仰的融合。

在美国作家的“父母之邦”——英国，那是一个产生了弥尔顿、莎士比亚、拜伦与雪莱的国度。莎士比亚曾被美国批评家哈罗德·布鲁姆置于“西方正典”的核心位置。

拉丁美洲的“文学爆炸”，实质上也是精神爆炸，是一代知识分子作家在现代精神的感召下，对整个美洲变革的集体吁求。

二、文学精神里驻着“故乡情结”。文学上把“家”“家乡”“故乡”称为原点，于是有了“还乡”以及由此引申开去的诸如“流浪”“游牧”“在路上”等说法。显然，在这里，存在着一个“故乡情结”。法国思想家巴什拉说：“如果没有情结，作品就会枯竭，不再能与意识相沟通，作品就显得冷漠、做作、虚伪。”对作家来说，故乡情结有一种温暖的情感凝聚。比方说，如果说历史学家看到火，哲学家看到光，那么，只有作家才能感受到热。热是渗透的，深入的，虽不能见，却充盈于内心，是无尽的梦幻与永久的魅惑。文学之所以为文学，因为它自身的某些特质，比如柔软、湿润、迷离、蓬松、诗性、丰沛等。乡村是我们的故园，它有着自带的诗性。尤其是当我们从故乡走出，渐行渐远之时，经过时光的冲刷与沉淀，一些美好的东西越发醇厚、悠长。由于时空的阻隔，这种回望姿势越发被赋予某种美感。对于远离故乡的我们，写作就是还乡。

文学创作就是怀着一种冲动的乡愁到处去寻找家园。正如李白在浪迹官场后抑郁不得志，日日呼酒买醉写下的著名诗歌："兰陵美酒郁金香，玉碗盛来琥珀光。但使主人能醉客，不知何处是他乡。"现实的挫折、生活的压抑反映到诗人、作家笔下，便是一种寻找家园的冲动。这里所说的家园，并不是指某国某地那样具体的家乡，而是精神家园，哲学意义上的家园，内心的家园，因此也可以说，"文学，是精神的还乡"。

余秋雨先生在《乡关何处》一文中写道："诸般人生况味中非常重要的一项就是异乡体验和故乡意识的深刻交糅，漂泊欲念与回归意识的相辅助成。这一况味，跨国界而越古今，作为一个永远充满魅力的人生悖论而让人品咂不尽。"①冰心老人曾说，她在梦中多次遇到的回家的场合总是少女时代的那个家，一个走了整整一个世纪的圈子终于回到了原地，白发老人和天真少女融为一体。冰心梦中的家、艾芜心底的歌虽走向不同，却遥相呼应。他们都是世纪老人，都有良好的艺术家感觉，于是他们都用文学来抒写此种感觉，找回自己的精神家园。

现代人生活在钢筋水泥结构的空间里，走在喧闹的大街上，心态日益浮躁。静下心来时，一缕乡愁就袭上内心，于是产生了回归自然的念头。而所谓回归自然，也不过是游览郊外风景区，闻闻花草的芳香与泥土气息，那不是真正意义上的"回归"。前几年在我国

---

① 程淑贞.剪不断的乡情［J］.山西教育，2001（08）:30.

台湾地区有一种说法，即当夜幕降临，华灯初上之时，坐在灯红酒绿的酒吧或咖啡屋、茶社，品读余秋雨，是一种高层次的享受。这正反映了人们寻找精神家园的冲动：读《废墟》让你回归"历史的后院"，读《阳关雪》，让你找到古代文人的心路历程，读《老屋窗口》，让你寻回失落的童年，读《苏东坡突围》让你受到心灵的震慑，读《故乡河》让你想到精神的失乐园，读《乡关何处》更让你理解真正意义上的"家园"。

三、不同体裁题材的优秀文学作品都重视精神家园的营造。

文学作品包罗万象，不单前面提到的诗歌散文是人们的精神家园，小说亦然。曹雪芹的《红楼梦》，"经学家见《易》，道学家见淫，才子看见缠绵，流言家看见宫闱秘事，革命家看见排满"。这固然反映了"文学鉴赏的'仁者见仁智者见智'"的个性差异，但要真正欣赏《红楼梦》，我们一定要超越原始童稚的好奇心，摒弃个人的偏见，"去寻求艺术家对于人生的深刻关照及他们传达这种关照的技巧"（朱光潜语）。《红楼梦》正是曹雪芹由锦衣玉食、烈火烹油的公子生活落魄到"满径蓬蒿、举家食粥"境地的心路历程的写照，于是感叹："乱哄哄你方唱罢我登场，反认他乡是故乡。甚荒唐，到头来，都是为他人做嫁衣裳。"这正是心灵回归、精神返乡。

文学就是精神的还乡，庄子的"家"在濮水之上，陶渊明的"家"在桃花源中，李白的"家"在酒中，曹雪芹的"家"在《红楼梦》中，鲁迅的家在《故乡》中，贾平凹的家在《废都》中。在文学史上存在着这样一种现象，优秀杰出的作品可以引起不同历史时期读者思想感情的共鸣，其关键就是读者从作者的文字中找到了精神上的归宿。如果说文学作品是作家世界观之反映，甚至是作者的亲身经历，那么欣赏者也应该从作者的文字中去感受作者对生活、对人生世相的体验，从而找到某种精神归宿。

四、文学精神同哲学有着千丝万缕的联系。哲学为我们提供关于世界终极意义的解释，为我们提供对人生道理和有关世界的新的理解与认识；文学为我们提供心灵的慰藉，二者互通款曲，都有形而上的思考。白居易诗云："心泰身宁是归处，故乡可独在长安？""我生本无乡，心安是归处。"崔颢浪迹天涯，站在黄鹤楼上问："日暮乡关何处是？烟波江上使人愁。"这种被时空遗弃的感觉时时袭击着诗人们脆弱善感的神经，觉得一生都有一种落寞的置身异乡的感受。这样看来，东晋陶渊明"误落尘网中，一去三十年"，后来又"开荒南野际，守拙归园田"，恐怕也不能简单化地解释为本性使然，这一"守拙"正是一种"到家了"的感觉。

第五节　品味作品的言外之意

作家需要对语言有天生的敏感，需要品味作品的言外之意。

第一，分析语气是研究言语人的身份、品质与趣味的一个重要途径。语气的微妙区别却可能隐藏着叙述者的不同身份、不同经历、不同气质、不同情趣与不同教养这样一些重要事实。

比如作家在他的作品中的某句话就可能透露出上述差异：

（一）我的妻子　　（二）我的妻

（三）我那口子　　（四）俺老婆

"我的妻"仅比"我的妻子"仅仅少了一个"子"，但给人的感觉却就大不一样了。"我的妻"，这种口气是一个文化人的口气，并且是一个性格平和、感情纯正并略带了一些酸腐的文化人的口气。从"我那口子"可以读出这是一个非正式场合，说话人很质朴，夫妻情深；而"俺老婆"不仅地方色彩浓，而且说话人给人一种憨厚老实的感觉。

第二，语音背后往往也藏着秘密。

说话内容的表达在相当程度上取决于说话的方式，即语调的强弱、语音的轻重、速度的快慢及流畅与否等。这些言语中的声与调统称为"副言语"。副言语伴随言语而发生，帮助表明言语的含义。同一句话，采用不同的副言语，就可能有不同的含义。比如，"您多好"这句话，若加强"您"的音表示特别是你而不是别人是那么好，若加重"多"的声调，可能就有挖苦或讽刺的意思。

正常情况下，长音有宽敞、迂缓、沉静、广大、闲逸等韵味和情趣，而短音有急促、急剧、狭小的韵味与情趣。清音能引起小、少、强、锐、明、快、壮、美、善、贤、静、虚、易、轻等联想，浊音能引起大、多、弱、钝、慢、暗、丑、老、恶、愚、动、重、难等联想。[①]

汉语的调模（包括语阶和语速两个方面）具有传情达意功能：

（一）高语阶、快语速的调模常传递激动、急切的信息。（如：芳，12点了还不出来，不想吃饭啊！）

（二）高语阶、中语速调模常传递庄重而又慷慨激愤的情感信息。（如：烈士们的血是不会白流的。）

（三）高语阶、慢语速的调模常传达激动、复杂而又难以言表的情感信息。（如：芳～这是在空旷的地方呐喊，寻找该人。）

（四）中语阶在日常语言中用得最多，中语阶、快语速调模无论在日常生活中还是文学作品中都很常见。（如：我说了……这表示平静地叙述一件事。）

（五）中语阶、中语速的调模适用于日常语言以及报告、讲课等正式谈话语体，在文学作品中也常用于比较正式的交际情境，或者冷静而又客观地描写或陈述。（如：芳，你吃了吗？这是在招呼对方，

---

① 雷淑娟. 文学语言美学特征修辞论［D］. 上海：复旦大学博士论文，2003.

发出对话信息。）

（六）中语阶、慢语速的调模常常传递压抑、沉闷的情感信息。在文学语言中常见。（如：司马迁《报任安书》当中"虽累百世，垢弥甚耳！"）

（七）低语调、快语速的调模宜于在提醒对方而又不易张扬的语境使用，在文学语言与日常语言中都很常见。（如：芳，注意你的钱包。这是在提醒对方注意。）

（八）低语阶、中语速的调模适合近距离谈话，传递不宜声张的信息。（如：我们俩以前的美好时光怎么跟孩子们说呢？）

（九）低语阶、慢语速的调模在日常生活中少见，文学语言中却较常见，传达沉郁阴暗、恍惚幽眇的气氛。（比如《哈姆雷特》中的哈姆雷特在瞭望平台上与父亲的鬼魂相遇，老哈姆雷特的话："谋——杀——，最最意想不到的、最最恶毒的、最伤天害理的谋——杀——！"）

第三，词语背后的冰山。

我们阅读文学作品时常会遇到这种情况：作品中某个语言片断已经结束，而我们总感到它意犹未尽，于是情不自禁地展开联想。结果便会领略到一种跟词面意思似乎有某种联系又似乎风马牛不相及的东西，这就是"言外之意"。

"含不尽之意，见于言外"，是古今许多作家所苦心追求的艺术境界。为什么这"不尽之意"必须"见于言外"？这是由于语言在表情达意上的局限性所致。南朝刘勰在其文艺理论著作《文心雕龙》中说："方其搦翰，意倍辞前；暨乎篇成，半折心始。何则？意翻空而易奇，言征实而难巧也。"正因为如此，他主张"隐之为体，义主文外"。唐代皎然在《重意诗例》中也标举"情在言外"。南宋严羽的《沧浪诗话》则认为,一首好诗应当"言有尽而意无穷"。①

可见,"言外之意"确实是一个值得进一步探讨的课题。例如:

(一)耐人寻味的"弦外之音"

先看一首脍炙人口之唐诗:

众鸟高飞尽,孤云独去闲。

相看两不厌,只有敬亭山。(李白《独坐敬亭山》)

众鸟都已飞走了,仅剩的一片云也飘去了,只有一座敬亭山和诗人自己。而敬亭山景色如何?诗中没有描述。因此,单凭词的表面意义,读者实在看不出敬亭山到底有何值得留连之处。然而,只要透过"相看两不厌"展开联想,就可体会到:诗人之所以对敬亭山有情,是由于敬亭山对诗人同样有情,而这种感情不会因"众鸟"高飞、"孤云"飘走而改变。再进一步想下去:人和人间的感情呢?恐怕就未必如此了。世态炎凉,尽在不言中。

(二)难以言传的情感

例如鲁迅的散文《秋夜》开头一段:

在我的后院,可以看见墙外有两株树,一株是枣树,还有一株也是枣树。

这段话的表面意义当然是表述后院里有多少株树,以及它们又是什么树。那么,既然这样,说成"我的后院有两株枣树"就行了,因为这已经把语义信息传递得一清二楚。作者为何要将9个字便可表达清楚的意思拉成28个字?显然,作者所要表达的意思不在言内,而在言外了。我们不妨品味一下:"在我的后院,可以看见墙外有两株树",读到这儿,我们一定以为这两株树有什么不同凡响之处;然而看下去:"一株是枣树",普普通通,没有什么特别的。那么另一

---

① 罗康宁.文学作品中的"言外之意"探微[J].语文月刊,1998(03):01.

株可能就不普通吧？再读下去："还有一株也是枣树。"原有的期望全都落空了。掩卷沉思，就会感受到作者面对这两株孤零零的枣树时那种孤独寂寞复杂的心境。①

俄国大文豪托尔斯泰在《什么是艺术？》一文中指出："艺术是这样一项人类活动：一个人用某种外在的标志有意识地把自己体验过的感情传递给别人，而别人为这些情感所感染，也体验到这些感情。"因为感情，尤其是异常强烈或复杂的感情，是难以用语言直接表述的，必须靠"某种外在的标志"来传递，鲁迅笔下的两株枣树正是这种"外在的标志"。这段话的目的并非告知读者自己后院有多少株树、有什么树，而是通过它们来"把自己体验过的感情传递给别人"。因此他将两株枣树分开来写，使读者通过对原初经验的意会活动，去体会作者此时此刻的感受。伏契克的"从门到窗子是七步，从窗子到门也是七步"也有异曲同工之妙。在一些作品中，作家还故意打破根据习惯而形成的语言结构框架，使其辞面义变得模糊或悖理，这样，读者的注意力就自然转到言外，通过联想和想象而领会作者所要传递的情感。如艾青的《向太阳》：

> 太阳在我的头上
>
> 用不能再比这更强烈的光芒
>
> 燃灼着我的肉体
>
> 由于它的热力的鼓舞
>
> 我用嘶哑的声音
>
> 歌唱了：
>
> "于是，我的心胸
>
> 被火焰之手撕开

---

① 罗康宁.文学作品中的"言外之意"探微［J］.语文月刊，1998（03）:01.

陈腐的灵魂

搁弃在河畔······"

"火焰之手"这一组合本身就是超常的,它又怎么撕开"我的心胸"?又怎么将陈腐的灵魂"搁弃在河畔"?如果以"夸张"解释,这个太阳岂非过于残酷?然而,透过这一系列超常组合的诗句,我们是不是可以体会到诗人渴望太阳、追求光明的强烈感情?

(三)话语引发的思考

以上两种情况,"言外之意"和"言内之意"即辞面意义都有着内在的联系,读者只要从领会其词面意义的基础上再展开联想,进行审美再创造,便可领略其"言外之意"。下面一例则有所不同:

金猴奋起千钧棒,玉宇澄清万里埃。四海翻腾云水怒,五洲震荡风雷激。在全县人民大学毛泽东哲学思想的热潮中,在全国革命生产一片大好形势下,在上级党组织的英明领导和亲切关怀下,在我们大队全面落实公社党代会的一系列战略部署的热潮中,我们的罗玉兴同志被疯狗咬了······[1]

(韩少功《马桥词典》)

这段话中,"金猴奋起千钧棒"等诗句及一大堆政治套语仅是一种点缀,正因如此,读者完全可以撇开其词面意义,仅仅通过话语本身来体会那个时代中极其不正常的"话语权力"对社会生活的扭曲。

有时,作者笔下的某个语言片断没有确定词面意义甚至完全无词面意义,因此读者要领略作者所要传递的意思,就只有靠话语本身了。《红楼梦》中有不少"半截话"便是如此。这里仅举九十八回中的一段:

---

[1] 黄卫星,李彬.文风背后的"中国梦"——中国媒体"改文风"的历史与价值理想〔J〕.中国记者,2013(02):01.

刚擦着,猛听得黛玉直声叫道:"宝玉!宝玉!你好……"说到"好"字,便浑身冷汗,不作声了。紫鹃等急忙扶住,那汗愈出,身子便渐渐的冷了。探春李纨叫人乱着拢头穿衣,只见黛玉两眼一翻,呜呼!

"你好……"是林黛玉临终时留下的"半截话",其词面意义谁也说不清。曾经有人试图将后半截补足,结果总费力不讨好。其实,他们并不理解:这半截话的妙处就在于它是"半截话",故而可以引发读者无穷之思索,通过思索而领略到黛玉临终时那种"欲说还休"之情景,体会到她那"剪不断,理还乱"的复杂情感。[①]

总之,文学作品中的"言外之意"是作家运用语言的一种艺术,旨在突破常规语言表述观念的局限,使其笔下语言成为调动读者审美再创造的一种媒介。

第六节 语言打造

语言的打造是每个作家都必须面对的问题,谁不想像莎士比亚一样口吐莲花?可怎样才能驾驭好语言?

一、思维形象化

我们在创作时往往有一种冲动,比如创作出理想的情节、催人振奋的亮点,但无论你脑中构架得如何完美,都要注意画面感。缺乏真实感便会缺少视觉效应,如果读起来不能让人产生相应的想象画面,那么这样的文字便无意义。在文学世界里,令人信服,它就是存在的,富有人性、情绪、目的的,为此所走出的道路,就是带领着读者的视线前进。如周杰伦的"以敦煌为圆心的东北东 / 这民

---

① 黄磊 . 论文学语言的模糊性 [J] . 语文教学与研究,2001(5):15.

族的海岸线像张弓／那长城像五千年来待射的梦／我用手臂拉开这整个土地的重"，非常注重立象，通过选取新奇对象，把熟悉和不熟悉的事物联系在一起，形成一种艺术张力，借以表现主观情怀，让主观情怀有所附丽、有所寄托。

二、思维模糊化

理性的思维阻隔了人与宇宙的亲近。人类思维进程的第一步是靠着直觉、经验与在此基础上生发的幼稚幻想描绘出"万物有灵"的混沌世界图景的，遗留下了一堆直观生动、非理性的混沌概念。正如混沌属于自然界的一种属性一样，自然语言的模糊性也是人类文明世界中的一种混沌现象。

人脑信息主要是借助神经元突触传递信息的，在人类的思维过程中，人们固然要利用生物电脉冲去履行信息传递功能，但主要是凭借化学物质的释放，经过突触这个中介去进行信息传递，化学电脉冲的连续性与溶合性特征使得许多信息相互重叠，彼此沟通，这给模糊思维提供了生物学解释。一个神经元的活动能产生大约十分之一瓦特的功率，是那样的微小，而且它们存在的时间只有一毫秒那么短暂，因此具有相当大的不确定性。神经系统的这种不稳定性，是产生模糊思维的生理基础与根本原因。

文学语言的审美生成和接受注定是一个模糊的过程，审美创作的主体通过直觉、灵感、顿悟、想象、联想、回忆等多种跳跃式思维形式对原型素材进行模糊的整合。作家可以自觉地采取违反逻辑的言语策略，使语义表达上出现模糊的审美效应，借以表现深刻的内容。[①]如"花近高楼伤客心"；"有缺点的战士终竟是战士，完美的

---

① 雷淑娟.文学语言美学特征修辞论［D］.上海：复旦大学博士论文，2003.

苍蝇也终竟不过是苍蝇";"似花还似非花"。作家也可以利用修辞格营造审美意境上的模糊。"如问君能有几多愁？恰似一江春水向东流";"人疑天上坐，鱼似镜中悬";"水如环佩月如襟"。作者还可以利用缺省创造模糊审美。如"to be or not to be，that is the question"是"to be or not to be what"的缺省，朱生豪的理解是"生存还是毁灭？"梁实秋的解释为"是忍受命运的蹂躏，还是拿起武器奋起反抗？"作者甚至可以利用精确词语的模糊化营造模糊审美。比如"士也罔极，二三其德";"一竿风月，一蓑烟雨";"红肥绿瘦"。

三、最高境界——原始思维（诗性思维）

原始思维又称"诗兴思维"，它兼具形象化和模糊化的特点，是文学语言的最高形态。下面我们一起来看一看原始思维的特点：

第一，原始思维是一种具象化的、描述性的思维。卡西尔认为，"在原始文明中，对事物具体的与特殊的方面的兴趣必然占优势"。"原始人并不是以各种纯粹抽象的符号而是以一种具体而直接的方式来表达他们的感情和情绪的。"这也就是说，在认知与表征世界的过程中，原始人感兴趣的不是事物抽象的普遍性的特征与原因，而是具体而微的东西，譬如事物在形貌、声音、色彩等方面的细微差别，而这种细微差别又直接来源于原始人对客体的体验。在原始语言中没有我们所理解的概括了事物普遍性特征或原因的抽象的概念，有的只是现出事物形貌、状态或属性差异细微的具体的描写性概念。列维·布留尔在《原始思维》中引用了魏斯脱曼关于埃维语中 33 种表示"走"的概念，并认为在原始思维与语言中"一般的'走'的概念从来不是孤立存在的，走永远是借助声音来描写的按一定方式的走"。他把这种现象称为"心像——概念"，亦即一种特殊化的能够唤起清晰准确的心理图像的概念。"对原始人来说，纯物理的现象是没有的。流着的水、吹着的风、下着的雨，任何自然现象、声音、颜色，从来就不像被我们感知的那样被他们感知着"，"一切都以'心像——概念'的形式呈现出来，亦即以最细微特点的画面呈现出来"。这样的思维特征使原始人必须借助具体形象去对客观事物进行命名与表达，正如盖捷特所说："我们力求准确清楚地说。印第安人则力求如画一般地说。我们分类，他们则个别化。"这样一来原始语言就不仅是具体的、形象的，而且还是描写性的，"描写那种能够感知和描绘的东西。这些语言力求把它们想要表现的东西的可画和可塑的因素结合起来"，使语言成为"画了最细微特点的画面"。

列维·布留尔在原始思维中引用的一个例子很能够说明问题。颜色永远是按以下方式来指出的：把谈到的这个东西与另一个东西比较，这另一个东西的颜色就被看成是一种标准。例如，他们说这东西看起来像乌鸦，或者有乌鸦的颜色。……黑的用具有黑色的东西来表示，不然就直接说出个黑色的东西。例如，kotkot（乌鸦）这个词是用来表示黑色的。所有黑色的东西，特别是有光泽的黑色的东西都叫 kotkot。Likutan 或者 lukutan 也表示黑的，但多半是指暗黑的；toworo 表示烟煤烧焦后的黑色；luluba 是长满梼树丛的沼地的黑色污泥；dep 是金丝雀树的树脂烧成的黑色；utur 是烧焦的槟榔叶掺和油料的颜色。其实，相同的情形在我们传承至今的汉语中也大量存在。如表示黑色的：乌木、煤炭、墨汁等，这些词语一经提起，马上就能让人联想到与之相关的实物形象，唤起清晰准确的心理图像，从而更准确地理解词的意义和内涵。

正是在考察了原始语言这种具体性形象性特点之后，维柯说"最初的诗人给事物命名，就必须用最具体的感性意象，这种感性意象就是替换（synecdoche，局部代全体或全体代部分）与转喻（metonymy）的来源"。"在世界的童年时期，人们按本性就是些崇高的诗人。"

第二，原始思维是混沌的、自我中心性的。"所谓混沌性是指主体与客体的混然不分。""作为思维对象的人和自然之间浑然不分"，"思维主体和思维对象之间浑然不分"；"所谓自我中心性是指思维主体不去自觉地适应客观事实，而是用主观去改变客观事实，使之适应有限的认知水平"。原始人在认知世界以及思维进化的过程中，一个十分突出的现象就是把人作为万物的尺度，从而建立起一种幼稚而简陋却又一以贯之的原始自然哲学。正如英国人类学家泰勒谈到原始文化时所说：按照这个最早的幼稚的哲学（在这个哲学中，人的生命像是理解整个大自然的一把钥匙），野蛮人的世界论给一切现象凭空加上到处撒播人格化神灵的任性作用。这不是一种自发想象，而是一种结果导源于原因的理性归纳，这种归纳导致了古时的野蛮人用这些幻象来塞满自己的住宅、周围环境、广大的地球与天空。正是在这种"万物有灵"的观念之下，原始人把人所具有的灵魂观念扩大推广到他想要寻求解释的一切事物之上。"原始人并不缺乏把握事物的经验区别能力，但是在他关于自然与生命的概念中，所有这些区别都被一种更强烈的情感湮没了：他深深地相信，有一种基本的不可磨灭的生命沟通了多种多样形形色色的个别生命形式。"[①]一切事物和现象都像人一样，不仅是有生命的，而且是有感情的，"这种情感的统一性是原始思维最强烈最深刻的推动力之一"。原始思维"不仅想象着客体，而且体验着它"，带有强烈的感性化、体验性特色。原始思维这种感性化、体验性特色使原始语言呈现出一种带有鲜明主观情感色彩的"物我合一"的状况，也就是说，"人在无知中把他自己当成权衡世间一切事物的标准"。"在人类还那样贫穷的时代情

---

① 林伟. 中国古代神话中的"天人关系"辨析[J]. 江苏社会科学，1999（10）：15.

况下，各族人民几乎只有肉体而没有反思能力，在看到个别具体事物时必然浑身都是生动的感觉，用强烈的想象去领会与放大那些事物，用尖锐的巧智把它们归到想象性的类概念中去，用坚强的记忆把它们保持住。"

这样，原始语言就不仅是感性的、形象的、生动的，而且是想象的、隐喻的、拟人的和象征的。譬如我国关于天地万物形成的神话：首生盘古，垂死化身。气为风云，声为雷霆，左眼为日，右眼为月，四肢五体为四极五岳，血液为江河，筋脉为地理，肌肉为田土，发髭为星辰，皮毛为草木，精髓为珠石，汗流为雨泽。在这里，山川、河流、草木、雷电都是盘古的化身。正是因为山川、河流、草木、雷电都是人们景仰的创世英雄的化身，那么对这些自然现象、景观的敬慕、畏惧之情就有一个合情合理的解释了。不仅对世间一切寻求解释时是这样，"大部分涉及无生命的事物的表达方式都是用人体及其各部分及用人的感觉与情欲的隐喻来形成"。从传承至今的许多日常用词仍可看出这种情形，如以人体部位称谓自然物，像山头、山腰、山脊、腹地、山脚等。

从上述分析可以看出，思维的感性化和命名以及表达的具象化使原始语言不能成为抽象的、精确的科学语言，而成为一种想象的拟人形象、具体的感性语言。而诸如形象、想象、隐喻、拟人之类的东西，正是文学所追求的。"艺术创作与对待事物的艺术态度，主要是'拟人的'。除了我们同类的人外，我们用我们本身的特性及我们本身的生理构造来与外界事物相类比，来加以解释。""诗的最崇高工作就是赋予感觉与情欲于本无感觉的事物。"

正是在这个意义上，海德格尔说"诗是一个历史的民族的原始语言"，卡西尔也说，"人类文化初期，语言的诗与隐喻特征确乎压倒过其逻辑特征与推理特征"。

原始语言的这种特性在不发达少数民族、人类的童年及人的童年很普遍。比如部落的人说我们的山鹰就要飞起来了，蓝天的孩子，我们永远欢迎你；小孩说拖拉机在咳嗽，说北川的房子哭了等，我们常常感叹于这种美的言辞。事实上，这些对说话人来说是非常自然的，往往是脱口而出。为了快速地达到美化语言的目的，我们不妨借助原始思维。下面我们就从可操作层面来深入剖析原始思维：

（一）比喻、联想等以人的器官感觉或行为等为中心，即以人为审美中心。如 Achilles' heel, go in one ear and out the other.

（二）外引内联产生审美感，具体表现形式多为：

1. 以人喻物，如：拖拉机在咳嗽。

2. 以物喻人，如：夹尾巴狗。

3. 以动喻静，如：鸟鸣山更幽。

4. 以静写动，产生审美增值意象。如：春风又绿江南岸。

5. 时空转换。时空转换可以使人心理上产生永恒感，从而引发内心的审美快感。如：门掩黄昏；一滴烛泪扎入深深的春夜；秀口一吐就是半个盛唐；踏遍青山人未老。

6. 忘掉词性、语法，尤其是名、形、动词，把古今文字差异当作文学审美来理解，使其真正生动起来。如：六王毕；四海一。

7. 在理性与非理性交融中体现人的生命意志力，忘记逻辑概念，寻找生长着的与生命一体的语言。如：假如没有了嘴，就用伤口呼吸（任洪渊语）。

8. 内觉外化，情动于衷形于外，融入丰富的人生体验，如：手接红杏蕊；醉里挑灯看剑。

9. 纵横交错产生绵密感，如：凌波不过横塘路；无边落木萧萧下，不尽长江滚滚来。

10. "移情别恋"，抽象行为具象化。如：载不动许多愁；寂寞梧桐深院锁清秋。总之，把情感转换成一片风景是原始思维的核心，它既便于认识对象，又使得其能传达语言无法言尽的东西，即"形象大于思想"。

（三）修饰的选取物基本上是群体熟悉的事物。如眼、耳、口、鼻，又如树叶、猴子、牛等，因为这些便于理解联想沟通。

（四）修饰的东西与本事物往往相似度大，信息蕴藉丰富，如林黛玉、哈姆雷特式的忧虑，古代的成语、典故。

（五）淡化感官意识，甚至根本不区分，我们俗称通感。如眼睛在说话，嘴巴有点滑，甜甜的笑，倾泻下了百合花似的声音。

从现代科学的角度来认识，原始思维处于抽象、普遍的最佳结合阶段，是统觉发挥作用的直接结果，是统觉的被动反思的结果。当然，实际使用过程中语言美与语言创造的美的形式是互渗的，是人与自然、社会、精神融合的结果，它的核心在于变化着的生动，万物有灵。语文教学强调整体感悟，这可以从一定程度上恢复原始思维。

第七节　写作习惯与技巧

写作技巧就是表现时运用的方法，是作者为表情达意而采取的有效艺术手段。从根本上说，写无定法，谈写作技术本身就有点蹩脚。但对写作初学者来说，有方法永远比没方法好，甚而至于写作习惯本身就是写作技巧不可或缺的一部分，所谓大巧不工者也。

谈到写作技巧，很多人马上会想到悬念、照应、联想、想象、借古讽今、铺垫、伏笔照应、卒章显志、承上启下、开门见山、抑扬结合、点面结合、动静结合、叙议结合、情景交融、首尾呼应、衬托对比、白描细描、正面侧面描写、比喻象征、烘托、渲染、动静相衬、虚实相生、实写与虚写、托物寓意、咏物抒情等表现手法。

想到各种人称叙事，顺叙、倒叙、插叙、补叙、分叙、详叙等表达技巧，这诚然是写作技巧，但这些技巧是建立在落后的写作指导思想上的技巧，在写作临界状态中未必会这么思维。这些技巧好看好讲但不好用。一般来说，下边的做法有助于你提高写作能力。

一、写作习惯

（一）尽可能地多写。每天坚持练笔。有生活经验的人知道，农村里冬天冷，很多人往往不出门就往外泼洗脚水，时间一久，地上自然形成一条水槽，以后即使再乱泼水，水也会流向水槽。写作也是这样，坚持写，自然就写得好了。写写你自己，写写博客，向出版社或媒体投稿。全情投入地写，练得越多，写作水平就提升得越快。

（二）专门的写作时间。每天找一个没有任何人打扰的时间段，相对固定时间写，让你的写作神经中枢定时兴奋，这样会越写越有感觉。

（三）带着写作困惑阅读优秀作品。这是立竿见影的方法。从写作者的角度看小说，你会看到很多平时不留意，甚至完全看不到的风景。

（四）随时随地记下自己的灵感，尤其是梦境。一旦有了好的构思或想法，要记在随身携带的小笔记本上，因为灵感转瞬即逝，及时地记录下来，便可以成为你以后写作的素材。

（五）集中精神。集中精神让我们很快进入虚静的写作状态，这样灵感就会迸发。关掉邮箱，关掉电话与手机，关掉电视，清理掉书桌上无用的东西。清除和写作无关的一切杂念，在没有任何干扰的情况下进入写作状态。

（六）创新。你可模仿与你性格、气质相近的名家，你可以试试新写法，你可以从时间、空间的角度去试着拓展。渐渐地，你就会有自己的风格、文体、思路。

（七）冷却后修改。在写作的当时，由于情感的不可遏制，不太适合停下来修改，因为这样有害文意的表达。而且写作当时情感会一定程度上影响我们的判断力。放置一段时间再看，往往会发现很多问题，如此这般，可以让我们的文章更为精致洗练。修改不仅仅是那些拼写与语法错误，还有那些无意义的词、混乱的结构与让人搞不懂的句子。修改的目标是更清晰、更直接、更鲜活。

（八）简明扼要。简单就是力量。想想庞德的《地铁车站》，一个短句比一段冗长的废话更具说服力，大白话比晦涩的专业术语更受欢迎。

（九）获取别人反馈。闭门造车不会有任何进步，让别人读读你的文章，最好是有经验的作家与编辑，然后给你反馈。他们经验丰富，会给你中肯、有见地的建议。

（十）采用对话式文体。很多人写作都很正式，其实，像说话一样写作会使文章更流畅（没有叹词、生词）。这样读者看起来更舒服。刚开始这么写也许并不容易，但你需要坚持。也许，这会带来另一个问题，为了读起来更口语化，你需要打破一些语法规则。因为假如生搬硬套语法的话，会让文章看起来很不自然。如无其他原因，就不要破坏语法规则。你要知道你在做什么以及为什么这样做。

（十一）好的开头与结尾。开头与结尾是文章的重点，特别是开头。如果你不能在故事开始就吸引读者，那他们就很难有耐心地把整篇文章读完。所以投入更多时间去考虑怎么写好开头是值得的，读者一旦对你文章的开头感兴趣，他们就会想知道得更多……写好开头后，再创造一个精彩的结尾，这会让读者更加期待你的下一篇佳作。[①]

---

① 写作指导［DB/OL］.http://www.1daba.com/html/xueshengzuowen/yszw/xiezuozhidao/20140104/75802.html.

二、构思

构思是写作者对生活素材进行去伪存真、去粗取精、由表及里、由此及彼的加工、提炼过程。写作者要在构思中为作品的思想内容寻找尽量完美的艺术形式，使思想性和艺术性达到和谐统一。因此，构思要解决立意、选材、创造意境、确定体裁、基本手法和布局谋篇等问题。这里重点以散文为例，着重讲讲确定体裁、寻找线索和创造意境三个问题。

第一，确定体裁。散文体裁灵活多样。我们有了一个好的想法，并且选取了表现这一想法的材料，那么就要考虑：是写成书信体呢，还是写成日记体？是写成随笔呢，还是写成偶感？是写成游记呢，还是写成回忆录？是写成序或跋呢，还是写成读后感？确定具体体裁的原则是内容决定形式，形式为内容服务。比如到缙云山旅游后，你感到要向父母报告一下自己的游踪与观感，你就可以写成书信；你在游玩中遇到一些使你感动的人或事，你就可以写随笔；你在游玩了黛湖、白云观、狮子峰、舍身崖等地后，觉得白云观的钟声特别吸引人，并引起你的遐思，你就可以写成如《社稷坛抒情》那样诗意浓郁的抒情文；你如果是旧地重游，吃到白云竹海某种土特产而想起往事，则可以偏重于回忆，写成《小米的回忆》那样的回忆式散文……总之，要根据立意内容来确定表现形式——具体的体裁。

第二，寻找线索。散文材料应该是很"散"的，每一个材料都是一颗珍珠，但这些珍珠相互间有内在联系，我们写作者要寻找一根线，用笔作针，将这些散乱的珍珠穿起来，成为一串光彩夺目的项链。那么，有哪些东西可作为线索呢？

感情。比如笔者的拙作《头枕故乡河》先是由凌江园观景想到水，想到女人，想到爱情，想到家庭温暖和传统意义上的家正在消逝，无论是父母、子女还是恋人，都因为家而串在一起，淡淡的失落和淡淡的忧伤让人心悸！

事物、人物、思绪、景物、行动都可以作为线索。"文无定法"，文章的线索很多，以上几种线索是较常用的。

第三，创造意境。散文的意是灵魂，境是血肉。意高则境深，意低则境浅。散文这种意境应是诗的意境，即所谓"诗情画意"。它是可捉摸的、可感受的，是物质的、形象的，但它又是动人心弦的、震颤魂魄的，是精神的、性灵的。如郁达夫的《故都的秋》、林语堂的《秋天的况味》、史铁生的《我与地坛》、朱自清的《荷塘月色》，这些文中的意境，正是散文写作者要努力追求、刻意创造的。①

三、写作角度

人们在拍照时，都会注意选择一个好的角度。作文如同摄影，也要讲究角度。选择什么样的角度来表现文章的主题，往往能决定一篇文章的优劣与成败。

要写好一篇文章，根据题意要求去选择最佳角度，是忽视不得的。那么，怎样选择最佳写作角度呢？关键是要从自我出发，选择能深刻揭示题意的、有社会价值的、自己有真切体会并能给人以启迪的写作角度。所谓"从自我出发"，就是选择的写作角度一定是自己有话可说、有理可论的，不能感到陌生，以至于心中无数，言不由衷。

具体说来，最佳写作角度要求角度要小。选择角度太大，一方面涉及面广，不容易面面俱到；另一方面因为驾驭要求很高，容易泛泛而谈。角度小，集中一点，效果就好得多。《最后的"作品"》抓住了茅盾临终前写的"入党申请书"这个角度，深入议论，而不

---

① 散文写作技巧谈［DB/OL］.http://www.sanwenzx.com.

去泛泛而论茅盾一生中的许多事迹。这样，文章角度小，主题却很集中，而且由小见大，从中折射出茅盾光辉的一生，立意十分深刻。同时，角度要新。所谓"新"，就是不要落于俗套。对同一个问题与事物，从不同角度去阐述，见解也会不同。有些文章，写出来就感觉似曾相识，这除了材料陈旧之外，主要是写作角度不够新，无法议论出新意来。我们必须明白，只有从新角度观察事物，才能发现事物的新特点，从新角度分析事物，才能获得对事理的新认识。①

读了课文《失街亭》以后，选择"孔明用人"的写作角度，提出"与其执法如山在后，不如任人唯贤在前"的主张，对"识才、荐才"问题发表见解，这比论述"骄者必败"之类众所周知的道理新鲜多了。

角度小和角度新，是衡量最佳写作角度的两个标准。由于打开思路后，会发现多种写作角度。因此，要确定最佳角度，还必须对可以入题的角度进行比较筛选。例如，鲁迅先生曾说："第一个吃螃蟹的人是很可佩服的，不是勇士谁敢去吃它呢？螃蟹有人吃，蜘蛛一定也有人吃过，不过不好吃，所以后人不吃了。像这种人我们当极端感谢的。"

可以选择下面几个角度对这段材料展开议论：1.创新需要勇士，要敢于做前人没有做过的事情。2.探索会有失败，失败者也值得感谢。3.对创新者的成果，应该不断发展与完善。比较一下，角度1和3显得太大，"前人没有做过的事情"与"创新者的成果"议论起来容易流于空泛；角度1还显得缺乏新意，这类议论已经见得不少了；角度2不仅小而集中，而且颇有新意。以材料作为"引子"，围绕"探索会有失败"去展开议论，重点是"感谢失败者"。能讲出"感谢"的道理并令人信服，无疑是对"探索精神"的有力支持与促进，

① 议论文作文教学讲义［DB/OL］.http://wenku.baidu.com.

这比一般情况下"感谢胜利者"的意义要深刻得多了。这样比较一番，筛选一下，最佳写作角度也就不难确定了。[①]

四、思想深度

思想有多远，我们才能走多远。要写出新意，需要我们有深刻的思想，力求达到"创意造言，皆不相师"的境界。

仍以《失街亭》为例。一般人认为挥泪斩马谡，是诸葛孔明"执法如山"。放在更宏大的背景看，诸葛亮断然处斩了马谡，有没有可能其心里就是想杀马谡？从功利主义的角度看，杀马谡可谓一举多得：可以化解诸葛亮自己的政治危机；可以转移矛盾焦点，使得无人再对他在北伐时机不成熟强行北伐、北伐战略判断失误、蜀国不宜继续走军事主义路线等大是大非问题产生质疑；还能大大增强蜀军的军事战斗能力（最亲近的人都敢杀）。

再往前溯，诸葛亮为什么要派马谡守街亭呢？他违众拔谡，有任人唯亲之嫌；空降指挥官，不利于战斗；马谡的实战经验差，控制部队能力弱；街亭乃粮草要道，事关战略全局呀！因为身边可用之人不多？魏延性格与关羽一样，两人都勇猛、善养士卒而且同样心高气傲看不起别人。因为想有意识地锻炼他？因为自我欣赏？人有自我欣赏的本能，如同希腊神话中的纳西司；诸葛与马谡有很多相似之处。

更有可能是诸葛亮的命令里藏着命令，马谡是最合适的破解人员。从表面上看，诸葛亮教马谡"下寨当要道之处，使贼兵急且不能偷过"。这在军事上叫作战略防御。但是街亭未必就是最理想的防御地点，它后有略阳城，前有陇堤，都是天然屏障，而独独安排在街亭；

---

① 怎样选择最佳写作角度 [J].家庭与家教，2002（04）:15.

蜀军主力当时处于非战斗状态，声东击西，攻其不备才是对《孙子兵法》的活用。可是事与愿违，诸葛亮没有算到司马懿能出山，而发动战争的前提之一是曹睿即位，对手司马懿被弃，此时诸葛亮难明，尚无破对之法，想撤退又找不到理由。马谡洞悉了丞相的战略意图，却只能做，不能说。如此一来，马谡可谓死士，用他的死来成就诸葛亮的大事，避免李严集团和其他人发动对诸葛亮的攻击。

如果我们再思考，还会发现更多有意思的东西。空城计，谁算计了谁？是司马懿算计了诸葛亮，还是诸葛亮算计了司马懿？关键要看谁更有智慧。我们都知道，"慎重初战"，"指挥靠前"，这是古今中外军事家普遍倚重的军事思想和作战指导原则。从战役来看，赵云疑兵未起到真正的牵制作用。从战略来看，魏国守的策略无疑是明智的。从双方主将的利害关系看，司马懿敢跟诸葛亮打吗？所谓"飞鸟尽，良弓藏，狡兔死，走狗烹"。从战争的最终结果来看，司马懿笑到了最后。我们完全有理由怀疑，司马懿并没有受骗。如此精明的一个军事指挥家，他就算估计不准，也应该能大致算出当时城中有多少军士，更何况城中不大，不好用兵，带15万人不敢去碰最多可能只能容纳5000人部队的城，这从情理上说不通。就算城中真有伏兵，他不进去，也没有必要撤退啊。所以啊，司马懿完全可能在作秀，因为两人无论在军事斗争的策略，还是指挥艺术，以及谋略方面都难分上下，两人都没能将对方置于死地，相反，却因为对方的存在而保全了自己。蜀国有了诸葛亮，魏国司马懿才得以手握军权；也正是有了司马懿，把国家纳入战时轨道，诸葛亮才能始终处于权力的中心（都为托孤大臣，都功高盖主，都处于矛盾的中心）。当然也不排除这样的可能，即当魏国大军压境，兵临城下时，诸葛亮深知司马懿羽翼未丰，取而代之的时机不成熟，过早地把蜀国灭了，虽然会取得战争的胜利，风光一时，但没有自己这样的对手，他本人也就失去了存在的价值。在措手不及的情况下，逃跑是死路一条，一世英名也必将毁于一旦。他诸葛亮死亡，司马懿还能长久吗？此时此刻，老谋深算的司马懿，是取小利还是得大利，是做名将还是得天下，孰轻孰重自然就清楚了。因此，他算准当司马懿带领大军来到城前，形在听琴，实在权衡利弊，决心一定，便会佯装惊恐，慌忙逃离。可以说此乃高手之间心照不宣的默契，是一次天衣无缝的配合。

五、细节

细节描写就是指抓住生活中细微而又具体的典型情节，加以生动细致的描绘与刻画。恰当地运用细节描写，可以使作品更具有感染力，做到写人则如见其人，写景则如临其境，能给人以真切的感受。细节是组成人物性格、故事情节、社会环境与自然景物的关键，成功的细节可以增强艺术感染力，是文学创作不可忽视的技巧。

典型细节可以刻画人物性格。如鲁迅的《孔乙己》中，孔乙己会"回"字的四种写法，典型地表现了这个人物的迂腐与呆气。吴敬梓的《儒林外史》第六回，严监生临终前望着灯盏里点了两茎灯芯而不肯断气，入木三分地表现了这一人物的吝啬与刻薄。

我们来看看名家笔下精彩的细节描写：

例一：服饰细节描写：穿的虽是长衫，可是又脏又破，似乎十多年没有补，也没有洗。（鲁迅《孔乙己》）描写长衫又脏又破，长期不洗不补，既可说明孔乙己很穷，只有一件长衫，又说明他非常懒，连洗补衣服都不肯动手。不肯脱下这么件长衫，是唯恐失去其读书人身份。这个服饰的细节描写，揭示了孔乙己懒惰而又死爱面子的特征，把孔乙己的社会地位、思想性格与所受教育揭示得十分深刻。①

---

① 姚建芳. 最是动人一"细节"——赏析中国古典诗歌中的细节描写［J］. 语文教学之友，2009（06）:08.

例二：场景细节描写：锯木厂后边的草地上，普鲁士兵正在操练。（都德《最后一课》）

这个细节是对社会环境的描述，真实、简单地交代自己的国土已被敌人占领。向读者揭示了"最后一课"这场悲剧的社会根源。

例三：心理细节描写：他们该不会强迫这些鸽子也用德国话唱歌吧！（都德《最后一课》）

这个细节描写表现出了小佛朗士对敌人禁止教法语的卑劣行径之轻蔑、憎恨与珍视祖国语言的深厚感情。

例四：动作细节描写："……叶尔德林，帮我把大衣脱下来，……真要命，天这么热，看样子多半要下雨了……"……"哦！……叶尔德林老弟，给我穿上大衣吧……好像起风了，挺冷……"（契诃夫《变色龙》）"军大衣"是沙皇警犬的特殊标志，是奥楚蔑洛夫身份的象征，是他装腔作势、用以吓人的工具，"脱"大衣的动作表现的不是天气热，而是"判"错了狗，急得浑身冒汗的胆怯心理。"穿"大衣的动作表现不是天气冷，而是遮掩刚才辱骂将军的心冷胆寒。一"脱"一"穿"的细节，勾勒出这个狐假虎威、欺下媚上的沙皇走狗的丑态。

这些细节描写在文章描写中的地位看似闲笔，无关紧要，可有可无，但都是作者精心的设置与安排，或烘托环境气氛，或刻画人物性格，或揭示主题思想，在文章中起到了重要作用。

细节描写如此重要，那么，怎样在平时练笔，在考试时发挥呢？这里有一个基本的思路与一套系统的方法。

第一，要树立有故事必有细节的写作意识。一般叙事写景文章都有细节描写，鲁迅在"故乡"捕鸟、看"社戏"等，无一不具有撩动人心的细节。

第二，细节描写的挖掘与展示必须充分而舒展。树立写文章有细节的意识后，要对生活中的纷繁表现进行加工，深入挖掘，力求使细节描写生动、深刻与形象。

　　第三，细节描写要注意多角度展示，一般不能草草收场。除非三两句就能传神展示人物与事件。

　　细节描写需要注意的几个问题：

　　第一，选用典型细节。细节描写须能抓住典型细节，这样才更有广泛性，利于突出文章中心，从而给人留下更为深刻的印象。如美国幼儿园里的黑人小孩回家对爸爸说自己想死，因为他听说地狱里分不出哪是白人小孩，哪是黑人小孩。该说法对种族主义的揭示就非常到位。再比如《孔乙己》中的一段肖像描写："他身材很高大，青白脸色，皱纹间时常夹些伤痕，一部乱蓬蓬的花白胡子。穿的虽然是长衫，可是又脏又破，似乎十多年没有补，也没有洗。"这段描写抓住了"长衫"这一典型细节，穿长衫是科举时代读书人的象征，而孔乙己的长衫却"又脏又破"，一个穷困潦倒的、迂腐的封建社会知识分子形象出现在我们眼前，也由此可见封建科举对知识分子的愚弄和迫害。

　　第二，细致观察事物。要使得描写生动形象，在观察事物过程中，我们要调动自己的各种感官，对事物做非常细致的观察。如以下这段文字："天边那一弯新月发出淡淡的清辉，静静地洒在阳台上。迷朦的月色下，那些白天里姹紫嫣红的花，青翠欲滴的叶，都显得暗淡多了。这时候，几朵刚开的昙花冰清玉洁，散发出缕缕清香，沁人心脾。啊！还有一朵正含苞欲放的蕾儿，会不会开呢？我端详了好一会儿，忽然间，花蕾动了一下……终于，花蕾尖上不知不觉裂开了一个小孔，接着，小孔缓缓地张开，然后花瓣一片片地逐渐舒展开来。那一片片花瓣象是水晶雕成的，连一条条花脉都看得清清楚楚；花心洁白柔嫩，花边透出了一层鹅黄。"

　　作者对花进行了详尽描写，花的质地、纹路，色彩、气味、花蕾开放的整个过程，让人如临其境，写得细腻生动。

第三，精心锤炼词语。在细节描写中要选择恰当的词语，以期以少胜多，乃至一字传神。要像杜甫、贾岛一样凝练、推敲语言。

第四，巧妙运用修辞。修者，调整也；辞者，词也。调整词语，达到陌生化、审美化的结果，尤其是运用转品、列锦、移就、通感等修辞格，可以增强语言的生动性，变抽象为具体，使无形变为有形。[①]

现在让我们一起来研究一下写人的细节的一般结构。

写人细节＝行为内容（A）＋行为方式（B）＋行为代价（C）＋行为动机（D）

1. 他果断地命令大家撤退（A）；

2. 他果断地命令大家撤退（A）＋他要求党员最后走（B）；

3. 他果断地命令大家撤退（A）＋他要求党员最后走（B）＋他留下来殿后（C）。

第一级形态描写了人物的行为内容——指挥战士们；而第二级形态描写使人物的行为内容体现了个性化行为方式——在撤退过程中他要求党员最后走。这二级描写材料可以说是直接印证、直接对等人物高尚动人的性格元素。这是写人细节中的直接性材料。然而，这个写人细节真正动人的力量并不全部集中在 A 项与 B 项的相加，而是体现在 C 项上。因为安排党员最后走，是主动把生的希望留给一般战士，而把死留给了自己。这个 C 项相对于 A、B 二项来说已不是写人细节中直接的、印证式的材料，而是一种体现了后果的间接性材料。这个间接性材料相当有力度地揭示人物这个行为内容与行为方式的价值。他不是一般地完成任务，而是以身作则，以付出自己生命为代价的。因此，指挥跳出敌人包围圈这一行动就远远地

---

① 陈志华. 记叙性文章如何进行细节描写［J］. 今日科苑，2010（01）:23.

突破对生活表层现象的一般性描写，而显出了人物深层次的动人人格价值与人格力量。这个写人细节正因为有了 C 项的加入而大放光彩，它十分有力地托举出了人物的高尚灵魂。

一般说来，只有 A 项内容的写人细节仅为一般记叙文的写法，许多初学写作的文学青年往往要从这里起步，要学会把 A 项内容描写得清楚、生动；而作为文学创作，特别是对一般小说的创作来说，初学习作者提炼的写人细节必须体现 B 项内容，因为只有写出了 B 项内容，才能使这个写人细节脱离一般化范围而走向个性化。对于初学习作者来说，A 项和 B 项的完成并不困难，而且这两项内容正是他们在创作过程中的强项。然而，感受生活中人物在行为中所付出的代价，在构思中铸造高质量典型的写人细节，就必须注意 C 项的内容。许多习作者创造人物为什么并不感人？为什么他们的个性化细节体现不出动人心弦的力量？不能给人们留下深刻的印象？原因恐怕在于 C 项是他们的弱项，在于他们描写人物的行为内容与行为方式上缺乏行为代价描写。习作者在感受生活与人物时，他们的艺术注意力除了要从人物的行为内容战略性地转移到人物的行为方式外，还要向人物心灵的纵深地带掘进，即还要深入地体味、琢磨人物行为的价值。人物在完成这个行为内容时所付出的代价大，那么这个人物就不一般，就能给读者留下深刻之印象，就能使人物具有强烈的情感冲击力。

许多读者肯定还记得于国颖的作品《只是这一次》（见《1985–1987 年全国优秀小小说》第 174 页，邢可主编，山东文艺出版社 1989 年版）。作品描写的那个女医生的命运确实令无数读者唏嘘不已。她作为一个医生，用错了药，造成了医疗事故，这是她的行为内容与行为方式。A 项与 B 项的内容已经比较充分了。然而作者感受这个人物与表现这个人物的注意力并不只停留在 A 项与 B 项上，相反，作者要突出描写的是她在这个行为内容与行为方式的过程中所付出的极其沉重的代价——她一生也只用错了这一次药，可这个受害者竟是她的亲生儿子；她一生中只用错了这一次药，但从此以后，尽管她医术十分高明，病人们却不敢再找她看病了。C项的内容不只一项，而是两项（C1+C2）。女医生为自己的行为内容付出了如此高昂的代价，这个人物扣人心弦的力量、促人深思的内涵便十分醒目了。

从上述二例的分析中，我们可以得出这样的结论：真正成功的典型性写人细节应该有一种体现人物行为价值的内容，这个行为价值的艺术描写应该成为这个典型细节的重要组成部分。许多写人细节因为没有这一项内容，故仍停留在一般化阶段而不能推进到典型化的境地。

这个 C 项的内容除了成为写人细节的重要组成部分外，它在艺术表现上也应该具体化。这就是说，作者把这个表现人物的间接材料写得越具体、越形象，就越富有小说味。只有当这种间接性的代价材料写得具体、生动、形象时，小说也才能真正摆脱那种直接印证、直接对等的写法，而体现出了作者感受人物、表现人物的真正的艺术才华。

D 项内容揭示了人物更深层次的行为动机，这可以使读者从更高角度来理解人物的行为内容与行为方式。小说人物的深刻内涵往往与这种真实而深刻地揭示人物的行为动机密切相连。人物的行为动机凝结了丰厚的社会生活内容与时代内容，人物产生的这种愿望与追求是扎根人物生活的这块现实与历史土壤上的。人物动机的准确揭示，可让人物折射厚重的生活内涵，体现一种意蕴丰富、耐人寻味的生活逻辑。"典型环境中的典型人物"的诞生应该说是与这种准确把握并生动揭示的人物动机分不开的。《高女人与矮丈夫》中那个矮丈夫奇怪的打伞举动，体现了矮丈夫对妻子深沉的爱。人物行为动机的意义正是体现在这里。对一个作者来说，无论是否明确地写出 D 项，他在观察人物、理解人物时，却一定不能忽略 D 项的内容。在观察、感受人物时，作者能突破人物表面的言行，深层次地把握人物的行为动机，那么他就能从更高更深的角度去理解人物；他在表现人物时，也因为做到了这种高屋建瓴，才使人物在塑造过程中不至于陷入表相与皮毛。

因此，如何区别一般性写人细节与典型性写人细节，我们就有了如下的判断：光有 A 项内容的细节，这就是一般性的写人细节；如果这个写人细节不仅有 B 项内容，而且有 C 项内容，还有 D 项内容，那么这样的细节就可达到典型性细节所要求的品位与高度。同时，我们还可以进一步说，B 项越是充分，C 项越是突出，D 项越是深刻，那么运用这样的写人细节来创造小说的人物，就可以把人物写得既生动，又感人，同时还赋予他深刻的令人回味不已的艺术内涵。小说典型人物的创造，必须依靠这种典型细节才能获得成功。

如果我们更进一步，还可以把描写变为叙述，由描写化为叙述更容易体现叙述人的个性色彩。假如作品在短小篇幅里成功地将一些一般性的写人细节从描写转为叙述，那将使作品产生一种快节奏、高密度的情节流动，出现富有个性色彩的叙述魅力，这无形中等于机智化地扬长避短，扩大作品的审美信息，增加作品语言的艺术感染力。

六、情节的故事性

古人云："文似看山不喜平"，情节曲折回旋，波澜起伏，所谓"尺水兴波"，趣味盎然。比如一个故事：传说有一位富贵人家的老太太做寿，她的儿孙请来唐伯虎为她题诗。全家大小以及亲朋好友争着来看。唐伯虎挥笔写下"这个婆娘不是人"，顿时在座之人都大惊失色；诗人笔锋一转接着写"九天仙女下凡尘"，大家转怒为喜，大声地喝彩。不料他又冒出一句"儿孙个个都是贼"，子孙们大怒；但他马上又写"偷得寿桃献至亲"，这下全场一致叫好！

短短四句，听众的心情一惊、一喜、一怒，最后赢得满堂彩。为什么会有如此奇妙的效果？这是因为诗句出人意料，一波三折，吊足胃口。

写文章就是讲精彩的故事。我们写作时如果也能做到出人意料，一波三折，那这样的文章肯定会是让读者印象深刻的高分作文。

（一）运用倒叙、悬念等手法巧妙地安排情节。同样一件很有趣的事，有人讲起来头头是道；可是有人讲起来却像白开水，一点意思都没有。这种差别是什么原因？是因为方法技巧。比如《我的叔叔于勒》的情节安排：

情节发展：①赶于勒（开端）→②盼于勒（发展）→③遇于勒（高潮）→④躲于勒（结局）

技巧：②盼于勒（发展）→为什么？于勒是谁？（悬念）→①赶于勒（开端）→③遇于勒（高潮）→④躲于勒（结局）

通过两种情节顺序的对比，我们可以看出以倒叙手法设置悬念，巧妙地安排情节会带来意想不到的效果。

（二）写出事情的起伏变化。一波三折，有起伏、有变化的事才能将引人入睡的状况变成引人入胜的境界。如《变色龙》中奥楚蔑洛夫对小狗的六种态度。《德军剩下来的东西》中，一个落魄女人在街上拉客，拉到的竟是自己昔日的恋人！她该怎样地羞愧难当、痛苦万分啊！读者不能不思考起来：侵略者剩下来的是些什么东西？文章正是通过运用合乎事理的巧合激发出巨大的艺术力量，震撼了每个读者。

七、重复与对比赋形

重复与对比，是人情感从发动到增强的过程和必要方式，文章要写得感人，就必须遵循这样的原则和步骤。

所谓赋形思维，就是写作者对自己所要写的文章的主题、立意进行渲染、造势、清晰化的写作行为中所运用的思维操作技术。简单地说，赋形思维就是在文章写作过程中，你选取什么样的材料、结构、语言及文体来体现你将要在文章中表达的主题、立意。打个不太恰当的比方，就好像一个死人的灵魂去寻找一个肉身，将其灵魂附在这个肉身上，于是这个肉身就具有了那个死人的灵魂，完成了死人的重生。这就是所谓借尸还魂。"尸"就是作文的形式因素，"魂"就是作文的主体、立意和观点。所以，这个过程就相当于作文时运用赋形思维展开作文一样。运用赋形思维，为你的作文主题找到"肉身"——体现主题的材料、结构、语言和表达方式等形式内容。

举个例子。要写一篇《随地吐痰有害》的文章，主题定为"吐痰的害处"。但我不能在文章中只说这一句话呀，我得用具体的材料、结构、语言以及文体把这个主题具体化，变成一篇实实在在的文章。这个过程就要用到赋形思维。可选取痰能传播多种疾病、随地吐痰破坏环境、随地吐痰有损人格等材料，而且可准备三段式写作样式，即开头举出有人随地吐痰这一不文明现象，引出"吐痰的害处"；中间用三段分别写前面提到的能体现"吐痰的害处"的材料；结尾重申"吐痰的害处"，号召人们改掉随地吐痰的陋习。最后还要根据题目要求确定文章的体裁等。这个思维过程就是赋形思维。

所谓"重复"赋形思维操作模型，就是指主题展开的过程中，选择那些与自己写作主题、立意相关的信息、情调因素，进行谋篇布局、造语行文，以增强文章的感染力、说服力与说明性程度。这种思维操作习惯就是"重复"性赋形思维操作模型。"重复"性赋形思维操作模型是文章写作最为必要的、基础的、主要的、普遍的写作思维技能。

所谓"对比"赋形思维操作模型，就是指主题展开（材料生成、结构生成、起草行文）的写作过程中，选择那些与自己的写作主题、文章立意的主题信息、性质、意思、情调相反、相悖的文章因素（文章材料、结构单元、段落、语段、句子、词汇）进行谋篇布局、造语行文，以增强（反衬）文章的感染力、说服力、说明力的清晰度。这种思维操作的习惯就是"对比"性赋形思维操作模型。"对比"性赋形思维操作模型是文章写作中辅助的、次要的、修饰的写作思维技能。故而，一篇文章可以没有对比性的写作赋形思维操作，但绝对不可以没有重复性写作赋形思维操作。

一般情况下，"重复"与"对比"这两种写作赋形思维模型在文章写作中常常是组合运用的。在这里，"重复"指形式的不断变异、差异、变化和内容（主题、意思、内涵、语义）方面的相同、相似、相近。即在形式的变化中保持内容、性质、内涵的统一、协调。也就是文章主题、立意不变，文章的材料、内容等在变化。

"重复"与"对比"既可以是整篇的，也可以是局部的，甚至是句子的、词语的。比如马致远的《天净沙·秋思》："枯藤、老树、昏鸦，小桥、流水、人家，古道、西风、瘦马，夕阳西下，断肠人在天涯。"在这首元曲小令中，几乎找不到西方所说的语法结构、语篇逻辑，但它的确是中国古代诗词中的千古绝唱。其中的奥秘不是别的，正是对"重复"和"对比"的赋形思维模型的精彩运用。

第一句用三个孤立无援的、情调相同而形象不同的艺术意象——"枯藤、老树、昏鸦"，渲染出了一种浓郁的绝望死寂的生命感受。然后，采用"对比"赋形思维操作，将一幅明快、清新、温暖的情调意象——

"小桥、流水、人家"——送到你眼前，使人产生强烈的对比审美感受，使前者的情调更加孤寂。而在属于"对比"的第二句中，仍然运用"重复"的赋形思维，这样使这种温馨的情调更加温馨。第三、四、五句——"古道、西风、瘦马，夕阳西下，断肠人在天涯"——仍然像第一句那样，无论是整体还是局部，都运用了"重复"的赋形思维模型，从而将那种悲壮苍茫、孤立无援的死寂渲染得淋漓尽致、氤氲郁郁、生气勃勃。[①]

下面我们具体看一看在高考作文中如何运用对比和重复：

面对诱惑

人生时时面临诸多诱惑，权重的地位是诱惑，利多的职业是诱惑，光环般的荣誉是诱惑，畅欢的娱乐是诱惑，甚至漂亮的时装、可口美味都是诱惑……面对这些诱惑，我们该怎么办？

现在的社会，是一个充满诱惑的世界，如果你抵挡不住诱惑，你就会成为诱惑的奴隶，被诱惑淹没；如果你勇于抗拒诱惑，保持自我，你就能做好自己的事，成就自己的功业。

做律师是一个赚钱而体面的工作，巴尔扎克的父亲让巴尔扎克学做律师，可巴尔扎克抵挡住了名与利的诱惑，宁可蜗居在租来的房子里，靠借钱度日，也不改变自己的志向。也许正是这种拒绝诱惑的坚毅品格，才使他成为举世闻名的大文豪，才使他的作品永垂青史。

司马迁完全可像其他官宦一样，皇上让他说什么他就说什么，皇上让他干什么他就干什么，不忤逆，不坚持，这样就可以高官厚禄，万事无忧。但司马迁不为高官厚禄所动，该说则说，该逆就逆，结

---

① 马正平.颠覆与构建：作文教学前沿路径（之二）——重复与对比写作赋形思维操作模型［J］.新作文 中学作文教学研究，2006（03）:05.

果遭受宫刑。但宫刑又怎样？受了刑后的司马迁照样在监牢中面对四壁写出了传世巨著《史记》。

曹雪芹曾经生活在豪华富贵家庭，过惯了锦衣玉食的日子，可到了晚年，家庭发生了巨大变故，变得常常连饭都吃不上。他该去参加科考（凭他的才华应该可以考上），他该去当官（凭他祖父辈在官场的关系完全可以当上），可他却抵抗住了这些诱惑，而潜心于自己的文学创作，终于写出了《红楼梦》这本不朽的经典著作。

西绪福斯禁受住了神仙生活的诱惑，所以他能每天乐观地推石头；海伦·凯勒禁受住了诱惑，所以她用三天时间要去看的是对她有恩的人与人类历史的文明。

相反，如果禁受不起外界的诱惑，就难以保持自我，难以做好自己的工作。曾经为科学事业做出贡献的牛顿，本可以为人类做出更大的贡献，但由于晚年没能经受住神学的诱惑，结果放弃他研究了大半辈子的科学，一头掉进了神学的陷阱，最后白白浪费了很多时间而一无所成。

我们生活的时代更是一个充满诱惑的时代，网络游戏会诱惑你，网上聊天会诱惑你，歌星影星会诱惑你，色情场所会诱惑你，淫秽读物会诱惑你，名牌商品会诱惑你，灯红酒绿纸醉金迷的生活会诱惑你……如果你不能以顽强的意志保持自我，今天受这个诱惑，明天受那样诱惑，你哪还有时间与精力来学习文化知识？

所以我们要勇于保持自我，勇于抵抗诱惑。①

举例分析：

1. 这篇文章的主题是：勇于抗拒诱惑，保持自我，就能做好自己的事，成就自己的功业。

---

① 例谈高考作文赋形思维模型 [DB/OL]. www.exam8.com.

文章第一自然段列举现实生活中存在种种"诱惑"，提出问题：面对这些诱惑，我们该怎么办？这是起笔，引出话题。同时，在列举时使用了"重复"的赋性思维模型，"——是诱惑"连用四个，且句末用省略号。这是段内重复。

第二自然段是对前一自然段提出的问题的回答，提出全文的中心。这是承笔，总承"重复"主题。

接下来，第三、四、五、六四个自然段，分别列举巴尔扎克、司马迁、曹雪芹、西绪福斯四人禁受住了各种各样的诱惑，最后取得成功的故事，再次说明主题、重复主题。这是分承主题。

第七自然段，作者话题一转，写牛顿禁受不住神学的诱惑而一无所成，与主题形成对比。这是转笔。第八自然段，作者列举现实生活中的种种诱惑，指出如果坚持不住就可能导致无所事事，再次与主题对比。这仍然是转笔，只不过是一个概述。这个自然段与前一个自然段形成分——总关系。

最后一个自然段，作者重申自己的观点：勇于抗拒诱惑，保持自我，做好自己的事，成就功业。重复主题，这是合笔。全文结构井然，很有条理。

2. 第二自然段是承笔，总承，整体是"重复"。但这个自然段又是由"重复"和"对比"构成的。先对比，后重复。如果你抵挡不住诱惑，你就会成为诱惑的奴隶，被诱惑淹没是对比，这个"对比"既是与主题的对比，又与本段后文形成对比，构成段内对比；"如果你勇于抗拒诱惑，保持自我，你就能做好自己的事，成就自己的功业"是重复，以分号为界。

3. 巴尔扎克、司马迁、曹雪芹等三人禁受住了各种各样的诱惑最后取得成功的故事，也用了"重复"和"对比"。以"可""但"为标志，构成段内对比。西绪福斯、海伦·凯勒两人，构成段内重复，再与全文构成重复。

4．文章"对比""转笔"时,用了过渡句。如第七自然段,用"相反的"来标志这是在转笔、对比。

5．整篇文章用"重复"来构思,结构采用了"起、承、转、合",条理清楚。七、八两个自然段用"对比",是针对全文来说。但在部分段落内也用了对比,如二、三、四、五自然段。因此,"重复"是这篇文章的主要构思手段;"对比"是补充,是为了更充分说明主题。

范围:面对诱惑,该怎么办?

主题:勇于抗拒诱惑,保持自我,就能做好自己的事,成就自己的功业。

分主题:

1．名和利的诱惑

2．高官厚禄的诱惑

3．科考、当官的诱惑

4．神仙生活的诱惑

5．个人享受的诱惑

选材重复:

1．巴尔扎克的故事

2．司马迁的故事

3．曹雪芹的故事

4．西绪福斯的故事

5．海伦·凯勒的故事

结论:

1．牛顿晚年没能经受住神学诱惑的故事

2．概述不能经受住诱惑的后果

八、过去式开头

过去式开头往往使文章有深度和内涵，给人一种沧桑感和无限可能空间。时间距离是作者态度、情感能够在叙述中介入的前提，过去式使叙述的主观色彩得到加强。比如：

《废都》："一千九百八十年间，西京城里出了桩异事，两个关系是死死的朋友，一日活得泼烦，去了唐贵妃杨玉环的墓地凭吊，见许多游人都抓了一包坟丘的土携在怀里，甚感疑惑，询问了，才知贵妃是绝代佳人，这土拿回去撒入花盆，花就十分鲜艳。"

《老人与海》："桑提亚哥老人已经八十四天没有捕到一条鱼了。"

《鲁宾逊漂流记》："一六三二年，我生在约克市一个上流社会的家庭。我们不是本地人。父亲是德国不来梅市人。他移居英国后，先住在赫尔市，经商发家后就收了生意，最后搬到约克市定居，并在那儿娶了我母亲。母亲娘家姓鲁宾逊，是当地的一家名门望族，因而给我取名叫鲁宾逊·克罗伊茨内。由于英国人一读'克罗伊茨内'这个德国姓，发音就走样，结果大家就叫我们'克罗索'，以致连我们自己也这么叫，这么写了。所以，我的朋友们都叫我克罗索。"

《在细雨中呼喊》《三国演义》《水浒传》《巴黎圣母院》等开篇也是如此，详情可参看本书第五章中时间论述的相关举例。

九、关于新老作者遇到的一般问题

1. 文风过于直白，故事情节欠缺合理性与严谨度，缺少整体思考。

2. 人物塑造太浅薄，主角们感情进展过于快速，导致人物性格发展不成熟，偏于幼稚或刻板化。

3. 女主人公背景铺陈得太多，故事前言交代得太长；男主人公出现太晚，致使情节缺少矛盾与张力，不够吸引人。

4．华丽优美的辞藻过多，拖慢了正常的情节节奏。

5．一口气让太多人物出场，模糊了重点。

6．过于注重细节描写与叙述，该精简的场面也着墨较多，所以显得啰嗦拖沓。

7．文中经常没有人称主语，让人看得吃力费解，如坠五里雾中。

8．情节太过平淡，过多地描写家长里短之琐事，缺少应有的故事转折、感情起伏。

9．情节跳转太快，旁枝线索太散，人物视角太多，导致节奏太快、头绪太乱，读者很难有代入感、体验感。

10．慢热，重细节而令整体进展缓慢，情节不够紧凑，5分钟看不到一个矛盾，半小时还看不到一个大的冲突，容易令读者失去耐心。

11．单单着重于故事的起承转合，却忽略感情戏的描写，应加强"言情"的意识。

12．构架太大，线索太多，背景太复杂，却没能以化繁为简的手法去写。

以上问题当然不是大家会遇到的全部问题。不过，其中"慢热"与"情节散"是不少作者会有的毛病。写作并没有捷径，也没有根治毛病的速效药，只有多看多学多写才能多进步。

下面有几点建议，大家可以参考一下。

1.每一个章节写出来之后，回头看看该章有没有重点，即有没有吸引读者继续追文的"点"。

2.列下主角每一次的情绪转折，然后回想是什么事令她/他有这样的心理起伏，而你又该如何把"事"写得扣人心弦。

3.尽量在一定的篇幅里集中一个人物的视角，引导读者进入这个人物的内心，随其而喜、随其而悲；不要急于一下子写太多人物。

4. 平时看别人的文章时，看到你觉得精彩的段落，停顿思索一下，为什么这段让你觉得精彩；如果由你来写，你又会怎样去写。

5. 暂时从你的构思中跳脱出来，假想自己只是一个看自己文章的读者，想想你最希望和最想要看到的是什么场面、什么情节、什么波折。

上面这么多点看起来似乎很复杂，其实只需要先厘清最根本的两个点：你写出来的文章是给哪些人看的，以及他们最想要看的又是什么。你心里最想写的是什么故事，你将如何表达。

十、20 条给初学者的写作建议

1. 养成探究因果逻辑、情感逻辑的习惯。

2. 冲突是情节引人入胜之王，要制造人物冲突。冲突是指意见、兴趣等各方面的碰撞或分歧，尤其是指由于不可调和的愿望、目的等所引起的思想与道德上的斗争。

3. 创造有张力的情节。张力可能来自性格、社会、命运等冲突。

4. 情节主次分清，抓大放小。去掉无法推动故事的情节跟对话。情节强化会降低真实感或增加戏剧性，情节淡化会缺少激情或回归自然本色。

5. 细节描写的要点。a. 作品的真实感需要足够的细节描写来支撑。b. 因此，落笔之前要在脑中构筑足够的场景细节。c. 构筑的时候要有颜色、气味、声音、触觉等，从眼耳鼻舌身五方面去体验它。

6. 创造人物必须有缺点，避免单一化、扁平化，最好有性格变化。要从多方面多角度描写刻画出人物性格。

7. 添加角色要慎之又慎，不要出现无用角色。以角色的观点来描写事物，而不是以周围的事物来描写角色。观点尽量用一个角色来传达，不要胡乱转换。要对主角进行设计，使其有个性。用事件让角色动起来。在人物跟剧情上不可喧宾夺主。

8. 小说结构有以下几种：单线曲折、双线交叉、反复回环、蜘蛛网、包孕式（大结构内含有小结构）。

9. 配角 = 衬托主角 + 推动剧情。

10. 懂得制造悬念。悬念：a. 人物命运中潜伏着危机。b. 生与死、成功和失败均有可能出现，存在两种命运、两种结局。c. 发生势均力敌而又必须有结果的冲突。d. 剧中主要人物的性格、行动能引起观众在感情上的爱憎。e. 观众对未来事态发展的趋势清楚。合乎逻辑的剧情发展和对人物的强烈爱憎是构成悬念的两个重要元素。

11. 叙述：a. 介绍事情、事件的发展过程。b. 介绍人物的经历与事迹。c. 为议论说理文章提供论据。[①] 叙述的几种技法：a. 横切悬念，倒叙事件。b. 意料之外，情理之中。c. 淡化情节，形散神聚。d. 偶然中必然，必然中偶然。e. 一箭双雕，一点两面。f. 银丝串珠，数点一线。g. 明线暗线，双环连套。h. 欲扬先抑与欲抑先扬。i. 盆中藏月，以小见大。j. 余音绕梁，三日不绝。叙述语言风格分为：a. 散文语言（抒情）。b. 作者语言（跳脱）。c. 诗意语言（典雅）。d. 剧场语言（简洁）。e. 生活语言（亲切）。f. 原生态（梦幻）。

12. 结局要精彩：a. 死。b. 诗意。c. 揭秘。d. 解嘲。e. 大团圆。f. 有去无归。g. 梦魇。h. 头尾相接。i. 得而复失。j. 戛然而止。k. 歪打正着。l. 留下迷茫。

13. 写作过程 = 聚材 → 分析 → 创意 → 运思 → 构篇 → 修改。

14. 修改过程：a. 从宏观上审阅主题、材料、结构、语言。b. 以读者的角度审视一遍。c. 从微观上斟酌、修饰字、词、句、段。d. 修改错

---

① 李广德. 短篇小说的情节提炼、首尾构思和时间安排［J］. 湖州师专学报，1986（01）:02.

别字跟标点。

15. 将积累的材料提炼为小说的方法有：a. 依据主干充实血肉（把一件事添枝加叶）。b. 改头换面，更置关键（把平淡的事情艺术化）。c. 移花接木，糅合综合（把数个故事融合到一起）。d. 依据情感连缀片断（把自己的情感抒发出来，衍生出一个故事）。e. 依据因果环环推导（根据一件小事思考，推断来龙去脉）。f. 依据性格推导揣测（以人物的性格做故事性发展）。

16. 小说结构可分为：a. 情节结构。b. 散文结构。c. 心理结构。d. 蒙太奇结构。e. 板块式。

17. 吸引读者的九种办法：a. 引人注目、富于刺激性的标题。b. 在故事情境或主要人物身上安排某种独特的东西。c. 故事情境（要去完成或决定的事）。d. 这种情境或与之相关的事物的重要性，并将这种重要性通过一个或几个场面表现出来。e. 用独创思想或阐释使表面平淡无奇的事情变得非同一般。f. 对立事物之间的对比或并列。g. 提出关于困难、冲突或灾难的悬念，使读者的兴趣从小说开端进到主体部分。h. 有冲突或敌对力量之间的斗争。i. 象征性行动。

18. 时间就是节奏感和文字张力，空间就是场景运用。精神决定人物，人物决定情节，而环境为情节真实而服务。

19. 故事的惊奇不如人和事的亲切；故事的出奇不如有深长的意味；人物面临的难题越大，读者越关心。

20. 故事的来源有意思。"意思"更多时候指向的是思想性。（a. 来自历史。b. 来自现实生活。c. 来自作者的遐思想象。d. 来自作者对社会人生的理性思考。e. 来自超现实的幻觉、梦幻。f. 重写经典。）

十一、情节安排

情节是什么？高尔基认为："文学的第三个要素是情节，即人物之间的联系、矛盾、反感与一般的相互关系，各种不同的性格、典型成长与构成历史。"(《和青年作家的谈话》）也就是说，情节是围绕着人物性格以及人物之间的相互关系所展开的一系列生活事件。

爱·摩·福斯特指出："情节是小说中较高级的一面"，"情节是小说之逻辑面"，"情节同样要叙述事件，只不过特别强调因果关系罢了"。（《小说面面观》）

传统小说的情节一般包括破题、开端、发展、高潮与结局等五个环节。当代小说的情节安排已经不受这些环节的限制，如有的没有破题，直接写开端；有的可在高潮中暗示结局。

在写作时，情节通常是由场面与线索构成的。场面，指小说中被处理在某一时间、某一地点的具体矛盾冲突——人物间的关系，它是比事件更为具体的生活画面。线索，指把人物活动贯穿起来完成情节发展的事物或事件。短篇小说多为一条情节线索，也有两条的，一是主线，一是次线；一是明线，一是暗线。安排故事与情节需要使用"大纲"。一般来说，"大纲"包括：1.主要人物表；2.故事要点；3.重要场面；4.作品主题；5.篇章结构。这样的"备忘录"式大纲，虽然在实际写作时会有修改，但是它比没有大纲要好得多，尤其对初学写作小说的人更为重要。6.精于首尾。善于叙述一篇好故事包含三个要素：一是必须简单；二是能引起读者的广泛兴趣；三是要有一个好的开头。所谓好的开头，不仅仅是个结构问题，实际上是小说如何截取生活片断、恰当地"切入"的问题，是小说的总体构思的问题。好的开头必须直截了当，引进人物，展开故事。至于结尾，在写作中同样重要。这是因为好的结尾可以提高与深化作品的思想意义，加强作品的感染力与艺术效果。优秀作品的结尾或给人以人

生哲理思索，或给人以希望与鼓舞，或使人掩卷深思……[1]

十二、美国中学微型文写作训练内容

1. 写作技巧重。2. 生动细致的说明。3. 时间的顺序。4. 有效的重复。5. 清楚的组织结构。6. 统一。7. 表现因果关系。8. 使用有力的语言。9. 预先估计问题。10. 适合媒体的风格。11. 一个清楚一致的目的。12. 适应读者。13. 利用过渡词表现地点。14. 适应媒体的需要。15. 因果关系的组织结构。16. 精确的细节。17. 适合于目的的语言。18. 生动的动词。19. 附加细节使文章生动。20. 详细阐述，支持论证21. 个人化语气。22. 感官细节。23. 清楚的事件顺序。24. 详细描述加强情感深度。25. 创造一种气氛。26. 特征刻画。27. 吸引听众的注意力，详尽说明，提供信息。28. 气氛。29. 使用清楚而有逻辑感的组织结构。31. 解释一个程序。32. 遵守格式。33. 主要印象。34. 详细说明来支持你的观点。

思考：

1. 什么是人的"类"属性，常见的人的"类"属性包括哪些？

2. 如何进行语言打造？

---

[1] 李广德．短篇小说的情节提炼、首尾构思和时间安排［J］．湖州师专学报，1986（01）:02．

第七章　正确认识文学对人的作用

正确认识文学对人的作用，认识到写作的力量，可增强自豪感和使命感。文学能给人以温暖，能培养人的人文素养，可培养人的自审意识和忏悔意识，提升民族精神和文化竞争力；文学有助于解放思想，可培养民族的文化竞争力，促进真正的文明。

第一节　文学需要给人以温暖

人心是需要被照亮的。文学需要高品质的"温暖"，它如黑暗中的灯火，给读者以希望；它如川江号子，给疲惫心灵以力量。古今中外，能够打动人心、让人难以忘怀、给人以生活的智慧与生命勇气的文学作品，大多是具有"温暖"的文化品质与文化精神的。其实，不单文学需要温暖，整个社会与时代都需要温暖。

社会要发展，必须讲求效率；讲求效率，必然导致竞争；注重竞争，必然导致弱者或相对弱者处于失意乃至痛苦状态，对于这部分人，我们尤其需要关注。即令处于竞争的有利地位的人，也必然有身心分离的时候，需要有精神性的东西看护人的心灵。

在市场经济条件下，文学靠什么打动人心与赢得读者？离奇的故事情节可能不如电子游戏来得刺激。传奇式人物可能不如道听途说或网络浏览来得淋漓痛快。实验探索？读者早就见怪不惊。就像央视年度"感动中国"人物评选与颁奖晚会，那些感动千千万万观众的普通民众就在我们身边，是他们身上散发的高品质"温暖"一遍又一遍叩击着我们的心扉！这虽与文学无关，但是否可给文学更多启示？

铁凝曾说，优秀作品一定是直面内心的，文学是让人的灵魂提升、给人希望的。巴金先生曾说，文学能给人光热与希望，能让人变得更善良、更纯洁，对别人更有用。要作品有光与热，首先作家自己心里要有光与热。文学应该有能力温暖这个世界……文学作品中应该有一个厚重的、温暖的灵魂，有一颗温润、坚强而沧桑的心。

人的内心是天生需要温暖、温情与柔软的，但是这些温情与柔软在生活中并不会直接产生，文学的魅力就在于此。我们经常会有这种感受，在阅读某部作品时内心一下子会变得很柔软。通过阅读，我们可以与作品共同经历一些人生大事，这样人的内心就会变得更加厚实，更加饱满。温暖是一种让人感动的文学品质。沈从文与汪曾祺都反复强调这种品质，这是面对苦难的一种方法，毕竟人是需要慰藉的。人在寒冷之中，你告诉他如何规避寒冷并没什么用，但如果给予其一点温暖，那么他就可能活下去。所以，在作家看来，温暖是一种慈悲，更是一种智慧。

文学中的温暖是一种力量，它能够超越时空，直抵心灵；是一种慰藉，能使冷漠的情感火热起来；是一种生命，能感染乃至唤醒另一个生命。[①]文学作为人类前行的号角与引力，有责任把那些黑暗而危险的噩梦曝晒在阳光下，把那些脆弱而绝望的噩梦发动者平摊在人类视线下，把那些踏着噩梦前行的人类精神播撒到人类之涯，进而唤醒人类原先归之于神的力量，勇敢地寻找神的责任与智慧，

---

① 陈树义．文学需要给人以温暖［J］．人民日报，2009（11）:10.

去剔除人类给自己造成的最大危险，张扬人类自己给自己创造的无限希望。

文学是撒播火种的文学，我们从它那里得到温暖，也把火种传给别人……巴金的世纪忏悔让世界为之侧目，成为 20 世纪中国的良心，中国现代文学馆展厅旋转大门的门把上就有巴金先生的手模，每一位来此参观的人都能和文学大师的"手"相握——这是一种象征，一种文化的象征、精神的象征与信仰的象征。在巴老的深情牵引下，我们开始对新文学温暖地游历与体认，碑刻中所书写的文学的温暖意义也由此获得了久远的生命延伸。

第二节　文学有利于人文素养培养

所谓"人文"，是指政治学、文学、历史、哲学、法学等人文科学。所谓"素养"，是指能力要素与精神要素的组合。人文素养指的是人文科学体现出来的以人为对象的、以人为中心的内在品质与精神。人文素养的灵魂不是"能力"，而是以人为对象、中心的精神，其核心内容是对人类生存意义与价值的关怀，它追求人生与社会的美好境界，推崇人的感性与情感，看重人的想象与生活的多样化。人文素养以人的价值、感受、尊严为万物的尺度，主张思想自由和个性解放。

人文的核心是"人"，以人为本，关心人、爱护人、尊重人。这就是我们常说的人类关怀、生命关怀。人文精神，就是让学生在精神上成人，一个重要方面就是培养学生独立的思考能力、价值判断以及一种普世性的人文关怀。北大教授钱理群先生说得好，目前我们的语文教育中最缺的就是人文教育。这种教育应该给人以浪漫、理想，给人的生命一种亮色。缺少这种生命亮色做底，学生过早面对世俗丑恶，过早地学会世故；当他们遇到黑暗沉重的东西时，便可能走向绝望，走向极端，就容易只顾及个人目的，追求私利，放弃政治与社会责任，关心自己狭小的私利，遇到和自己私利相冲突的事，便不顾道德、法律不择手段地去实现，因此一幕幕的悲剧在我们身边不时地上演。

缺乏信仰、修养和人性美，也就是缺乏人文精神。人之所以是万物之灵，就在于它有人文，有自己独特的精神文化。人文精神就是人之所以为人的文化精神。它强调以人为本，主张尊重人，肯定人的价值，崇尚人格、理想和道德，向往人的自由与全面发展。其精神实质是对真善美的认同和追求。人文精神是对人的终极关怀，体现了人类的道德情操、人格精神、心路历程、生存状态，它关注的是人生的价值与意义、人与社会与自然之间的本质联系、社会的终极目标、人类的安全、发展和命运等。它滋养了一代又一代人的心灵，丰富了一代又一代人的情感，健全了一代又一代人的人格，陶冶了一代又一代人的情操，为一代又一代青少年奠定了"精神底子"，也树立了人类观照自身、批判自身、不断完善自身的精神标准。它是人类的特质、人类的哲学，是人类的出发点，也是人类的归宿，为人类构造起了一座精神家园，指引和呵护我们一切的行为。

法国诗人荷尔德林曾说："人，应该诗意地栖居在大地上。"诗意生活是一种对人间、对世界怀着美好愿望的情感生活，是远离粗俗、愚钝，走向精致、聪慧的生活，是崇尚高尚、向往崇高、在生活中随处都能感到的意趣与美的存在，是对生命的领悟、肯定和热爱。叶圣陶也告诉我们："假如你有两块面包，你得用一块去换取一朵水仙花，因为面包是身体的粮食，水仙花是灵魂的粮食。"

人文精神是人类的家园，缺了人文精神人将失去灵性。可正是由于教育的偏差，人文精神的缺失不仅仅是一种担心。一位西方学者说:"现在中国一些人最缺乏的不是货币、彩电,不是煤炭、粮食,而是精神。"当追求超越价值的"人本主义"哲学在西方被作为"救世良药"广为接受之时,当西方校园倡导起中国"雷锋精神",西方企业倡导起中国"长征精神"之时,这些经过历史积淀的民族文化结晶却被一部分中国人无情地抛弃和不齿。追求个人名利,不计后果;只求索取,不知奉献;没有孝心,虐待老人;不会感动,不懂仁爱;不能与人和睦相处;自我封闭,妄自尊大;娇生惯养,不会生活;志趣低下,理想不高,性格卑劣;缺乏勇气与诚信;是非不辨,美丑不分;只能成功,不敢面对挫折和困难;为所欲为,漠视法律;对人类灾难的淡漠,对个体生命的漠视……这都是人文精神缺失的具体体现。

文学作为人学,人文精神在写作中体现得最为明显。作家的经历、人格,作品中的人物性格、思想、情感、精神都能对读者产生深刻的影响,写作本身就是要以自己所知之事去晓人,以自己所明之理去服人,以自己所蓄之情去感人,是对一个人的综合素质的全面考察。具体说来:

一、文学可让我们获得独特而稳定的心理素质教育

人生苦短,我们不可能样样经历,文学让我们模拟了丰富的人生体验。"文章自古憎命达",坎坷与不幸是文学家丰厚的财富。我们喜欢司马迁的《史记》,绝不仅仅是因为这部文学与史学著作本身,还因为其中包含了他那种忍辱含垢、发愤著书的人格精神;我们喜欢苏轼,也是喜欢他面对几十年宦海沉浮能够随遇而安,泰然处之,化解苦痛从而战胜苦痛的精神;当代作家史铁生对于自身生命、死亡、人生意义的深层思考,充盈于《我与地坛》《病隙笔记》的文字当中……苦难不但丰富了生命的内涵,又为日后战胜苦难积累了经验。因此,

苦难感、幸福感、成就感和人生意义，在我们的生命中是融为一体而交感互动的。[1]

二、文学作品能够让我们获得丰富的社会历史知识与生活知识，得到高层次享受

恩格斯说他从巴尔扎克的《人间喜剧》中学到的东西，甚至"比从当时所有职业的历史学家、经济学家与统计学家那里学到的全部东西还要多"。

文学有利于增加人生阅历与真谛感悟。文学作品是一面折射某个时期政治经济、道德宗教、物质精神、行为心理等种种社会生活现象的多棱镜。任何文学作品都离不开一定的社会历史生活，其中必然有社会时代背景的深深烙印，也必然体现作家的思想与情感，这些背景知识有利于增强人们对自然、社会的了解与对人生真谛的感悟。孔子曾说过，《诗经》不但可以"兴、观、群、怨"（兴，启发鼓舞；观，认识社会；群，互相帮助、共同提高；怨，批评讽刺），还可以"多识于鸟兽草木之名"。

从《诗经》到《红楼梦》，都包含着上自天文星象、下至地理生物等丰富的自然科学知识。曹雪芹的《红楼梦》使我们感受到了封建没落王朝摇摇欲坠的挣扎；老舍的《骆驼祥子》使我们了解了北京的风土人情与旧社会下层人民的苦难生活，增强了对半封建半殖民地旧中国的认识；路遥的《平凡的世界》让我们了解了转型期处于夹缝中生存的青年的苦闷和奋斗；余华的《活着》让我们了解到了千百年来中国人所承受的苦难与在苦难面前所表现出的韧性。

---

[1]　李美歌.文学教育的作用与途径［J］.文学教育（上），2009（01）:08.

古今中外的优秀作品莫不如此。读《三国演义》，可在一定程度上了解三国鼎立时期各种政治力量之间的军事斗争与外交斗争，认识到国家分裂给人民带来的苦难，但我们更直接获取的是其对统帅们用智、战士们使勇、使臣们巧言利嘴的描写，其间的奇谋巧智、神威骁勇，人物的悲欢离合、命运遭际，更强烈地感染着我们的情绪。巴尔扎克的《人间喜剧》，托尔斯泰的《安娜·卡列尼娜》，往往承载着对社会、对人生厚重的思考，需要我们去解析。学生通过文学欣赏或写作，无疑会增加对自然、对社会、对世界、对现实人际关系等的认识，提高鉴别判断能力；有利于正确的人生观及世界观的形成；有利于调整知识结构、储备更多的潜在能量，增加阅历，提高综合素质，自信地面对挑战。

对孩子们来说，文学可以启迪他们对事物的认识，扩大他们的视野，增长他们的见识，提高他们感知生活的能力。尤其是故事情节、各种新鲜的人物、事物与景物吸引孩子们注意的同时又使他们不知不觉地体验了认识生活、认识世界的方式。

儿童文学对发展儿童读者的想象力、训练其思维方式，具有很好的启发作用。对少年儿童性格、兴趣、爱好等个性特征的形成，能产生积极影响。比如儿童通过阅读都德的小说《最后一课》，就可以了解普法战争时期法国被迫割让阿尔萨斯与洛林两省而丧权辱国的历史；通过阅读比安基的科学童话《尾巴》，就会获得关于动物尾巴功能的知识，等等。由此可见，文学对儿童的认识作用是多方面的。[①]

三、文学有利于身体健康与精神愉悦

阅读文学作品可以带给读者精神上的愉悦与满足，唤起人们对

---

① 王义兵．儿童文学作品的教育作用［J］．科技资讯，2008（04）:23.

美好事物的热爱与追求，从而远离粗鄙、庸俗、肤浅与自私猥琐，让读者受到思想、伦理、道德、情感等教育，感受人生的多滋多味与人性的多彩多姿，从而养成高雅的审美情趣，提升生命层次。

文学欣赏给人以情绪的激动与感觉的快适，使人在精神上得到满足和愉悦。优秀的文学作品往往不乏生动的形象、优美的意境与健康的情趣，给人以自由快乐的享受与有利于身心健康的积极休息。在阅读文学作品或看电影、看戏的"无意注意"中，人们不自觉地接受了教育、增加了知识或提高了认识能力，寻求到了一种精神享受与情感满足，在一种暂时超越的自由境界里获得了快乐与休息。

其实，对于优秀的文学作品而言，无论是何种体裁、何种风格、哪个时代的作品，无论是阅读喜剧作品抑或悲剧作品，无论是吟咏爱国诗词抑或山水田园诗词，我们或多或少可从中获取或喜或悲、或抑或扬的情怀，获得愉悦和满足（愉悦是心灵深处的认可）。思想感情均是自由驰骋的，无所牵制。如"此情可待成追忆，只是当时已惘然"的空灵意境与宁静之美以及缠绵哀婉的情绪；"今宵酒醒何处？杨柳岸，晓风残月"的无奈感伤之情等传颂千古的唐诗宋词；《文化苦旅》《阿Q正传》等脍炙人口的美文佳作，无不给人以美的享受，引起心灵的共鸣。这种因作品而引起的震撼与悸动，与作者原初心情的贴近与共鸣，无疑会陶冶性情、净化心灵，让人在不知不觉中受到潜移默化的人文精神教育，文学让我们诗意地栖居在大地上。

四、文学有利于坚强意志品质的培养

文学通过描绘社会生活图画以及作家渗透于其中的感受、理解与评价所显示的是非爱憎倾向，对道德情操、性格素养、政治思想有深刻影响。这种影响是感性的、直观的。现在许多座右铭、自勉自励的格言都出自优秀的作品，如"天道酬勤""宝剑锋从磨砺出，梅花香自苦寒来""业精于勤，荒于嬉"，年轻的读者在背诵这些名言警句时，无疑会受到这些作品所浸透的坚韧意志品格的教育与激励。①

屈原、司马迁这类饱受磨难却顽强地走下去的作家，他们的坎坷经历无疑可引导学生思考怎样承受理想和挫折，以及生和死的严峻考验，使他们树立正视现实挫折的思想，提高他们承受挫折的心理素质。文学作品中典型人物经历的磨难可激发克服挫折的勇气。如《诗经·周南·关雎》中君子对爱情的"乐而不淫，哀而不伤"，《诗经·卫风·氓》中的女主人公在遭到抛弃后的坚强果决，元稹在《离思》中表达的对妻子的无限忠贞的爱情，陆游的《钗头凤》《沈园》等抒写的对唐婉的无限深挚爱情；作品中这些人物在面对现实挫折时所表现出来的自强不息、积极进取的精神和斗志，无疑能激励学生勇敢面对现实中遭遇的困难和挫折。《易经》中的"天行健，君子以自强不息；地势坤，君子以厚德载物"；屈原的"路漫漫其修远兮，吾将上下而求索""亦余心之所善兮，虽九死其犹未悔"；《论语》中的"士不可以不弘毅，任重而道远。仁以为己任，不亦重乎？死而后已，不亦远乎"；孔子的"君子谋道不谋食。……君子忧道不忧贫"；孟子的"天将降大任于斯人也，必先苦其心志，劳其筋骨，饿其体肤，空乏其身""生于忧患，死于安乐"；荀子的"人定胜天""锲而舍之，朽木不折；锲而不舍，金石可镂"，这些都能在思想上对读者产生强大的感染力。②

---

① 赵丽光.文学欣赏对提高青年人综合素质的重要作用［J］.长春大学学报，2005（06）：30.

② 唐祖敏，邓姿.文学教学与大学生健康人格的培养［J］.西南交通大学学报（社会科学版），2008（10）：15.

综上所述，人的文学对写作的影响是长久的、持续的、广泛的、深入的，从促进学生非智力因素的发展角度看，阅读文学经典能潜移默化地影响学生的思想、情感、意志、人格，为其一生的健康成长奠定良好的人文根基。文学欣赏用文学的艺术形式以情育人，给学生提供了一个知、情、意、行全面发展的难得契机，这是任何以传授知识为主的教育方式都无法取代的。

第三节　培养自审意识和忏悔意识

自审意识是自己审视自己的意识，即能克制自己的欲望，能吃一堑，长一智，学会在不断的犯错中完善自己的意识。人作为世界的主体，是要为自己的行为负责的。环境历史固然对主体有激励或制约作用，但更主要的还是源于自主选择，并将知识人有意无意犯下的罪责，顺其自然地推演到主体文化素质、个人修养合成的人格因素。

文学也许有其他使命，但是，伟大文学的根本使命却始终围绕着生命个体灵魂的冲突展开。在人类意识发展史上，生命个体成熟与否是与追问"不朽"联系在一起的，这就产生了对永生的追问和渴望，产生了生和死、灵和肉、本我和超我、此岸和彼岸的冲突。对灵魂的叩问与对话是非常个体化的神秘对话。事实上，对天堂和地狱的叩问，对神秘世界和超验世界的叩问，以及对命运和存在意义的叩问都不是群体化和社会化的。

一、首先作家要追求自我和追求终极价值

作家本人在面对人生的宿命和虚无、荒谬和痛苦时，要下决心去追求自我，去追求内在的真实，在生活中确立一个安身立命的意义与目的，把一切非人格非人性的面具统统撕去，自我整合并重构

人格的终极价值。从这个意义上说，作家重要的不是如何启蒙、拯救大众的问题，而是一个如何认识自我、警醒自我的问题。作家不要动不动就把自己摆在灵魂的拯救者、启蒙者、开导者的位置上，而应和笔下人物共同承担痛苦，在作品中渗入自审意识。写作要有真人，而后有真知。真，是真实陈述者不可或缺的品质。毋庸讳言，作家中不缺乏有思有智有语言技巧的人，缺的是具有主动实践意志的作家，乏的是具有纯粹个人道德经验的作家。语言和实际、思想和行为发生重大脱节。作家和作品普遍的非对应错位关系，暴露了一些中国作家亲证意识、道德能力和实践勇气的缺乏，暴露了他们极有可能沦为职业化的单面人、传声筒、留声机、打字员。写作者容易被一种"伪人格"所围困，想爱无力爱，渴望得到身份感却无法得到。这种失去人的灵和肉统一的假自我、内自我系统，缺乏人所具有的真正活力、生命力。

终极原因是超越理性的缺失。中国作家的出路兴许只有向内挖掘，向内超越，经过灵魂搏斗，自我较劲，自我解剖，将个体的有限融入宇宙的无限。作家欲达到质变，必先解决写什么的问题，再解决怎样写的问题；作家需先整合自我人格，再整合自我和现实的关系。作家应从思想到实践、从文本到人本全面和世界联合。作家无论是深入社会政治，还是走向内心，或者是关注百姓平民的生活，都不能仅仅停留在复制社会政治、复制人性欲望与重复一地鸡毛的琐事层面上，而应致力于存在层面的探究。文学应该更关注人的灵魂能够达到的深度，并以生命力在抵御外部压力所能承载的力度为至高标准。也就是说一个人在多大程度上和何种意义上保有自己的独特性与完整性。

许多作家都在拼命地追逐着不同的思潮，但是并没有开掘出真正属于自己的一亩三分地。中国作家缺乏一种从眼前的问题问起，然后追问到远方的意识与能力。大多作家在他们的写作中，内视移位为描述，自审转入寻找外在的批判，他们看不见来自生命本体的大冲动、大压抑、大分裂、大矛盾。找不到寻找自我、剖析灵魂的战栗和颤抖，更不要说由对人生的痛感转化为对自身超越的快感以及对人类苦难的通感经验了。

二、我们需要扭转时代人文精神萎缩的突出症状

王晓明认为："今天的文学危机是一个触目的标志，不但标志了公众文化素养的普遍下降，更标志着整整几代人精神素质的持续恶化。文学的危机实际上暴露了当代中国人人文精神的危机，整个社会对文学的冷淡正从一个侧面证实了我们已经对发展自己的精神生活丧失了兴趣。"张宏认为，文学的危机表现在媚俗与自娱两方面上，并总结说："文学没有自己的信仰，便不得不依附于外在的权威。"徐麟指出，在文学上，"'王朔现象'并不罕见……它们都是正统价值观念崩溃后的产物，并都是对文学废墟的嘲笑"。王晓明谈到的"人文精神的危机"、张宏谈到的"没有信仰"与徐麟讲的"嘲笑废墟"，都反映了我国人文精神萎缩的现状。

我觉得突围必须从提倡鲁迅精神开始。赵歌东指出：当前的文学理论界以一种表面的多元化掩盖着一种极度的精神贫困。这种精神贫困的一个重要标志就是缺乏鲁迅那种严峻而深刻的自审意识和忏悔意识。[①] 今日的知识分子并未完全丧失对生活的敏感，他们清楚地知道自己的精神困境，也强烈地渴望走出这种困境，"人文精神"的讨论就体现了当代知识者对精神价值的近乎本能的向往与追求。

---

① 赵歌东. 走近鲁迅的尴尬——鲁迅与20世纪中国文学观察笔记之一〔J〕. 文艺争鸣，2001（07）:23.

三、保持忏悔与觉醒，在疼痛中寻找出路

忏悔是有关灵魂的一个严肃主题，也是有关人性的一个严肃主题，如果拒绝思索这一主题，就会影响文学挺进到灵魂的深处和人性的深处，就会影响到文学精神内涵的深广度。通过对自我人性追问来探索人性的需要，才能诞生鲁迅所谓真正意义上的独立个体。这种经过地狱之火锤炼的灵魂已经具有了前所未有的强度、韧度和深度，只有这独立的精神个体才能承受精神创造与社会责任，承担孤独的艰辛与压力。

我们需要立足于对现实生活的真实体验与思想穿透的痛苦、焦灼、愤懑、激烈。不仅要有批判的、异议的态度与自由思想的立场，还要有勇于实践与承担的立场。我们能勇敢地承担起历史赋予自己的重担吗？能不在无奈中消磨人生，从而自觉地选择自己的人生吗？能抛掉自己作为知识人的优越感，主动迎接生活的锤炼吗？能够彻底摆脱各种依附，成为一个独立"个体"，从内心反省与反思自己吗？

离开了"个体的觉醒"和"罪的觉醒"，对国民性、历史文化、知识分子、强权的批判让人无法设想，但即便是像鲁迅这般具有强烈"内省"意识的文人也陷入被环境伤害后的怨毒里不能自拔。刘再复先生说得非常中肯，承认自己脆弱、软弱、微弱，可以避免许多妄想，包括成为超人的妄想。

以鲁迅为参照，我们应该深刻地感到当代中国文学的精神贫困和思想危机，这种精神贫困和思想危机一方面表现在历史所决定的现代化思想资源的贫乏，一方面表现在我们对鲁迅创作中那种以自审意识和忏悔意识为基础的丰富的精神痛苦感到的陌生与隔膜。王晓明称鲁迅是"中国现代最苦痛的灵魂"；的确，就"苦痛"二字来说，再没有别的作家能超过鲁迅了。但是鲁迅在痛苦、绝望的重重包围

中，始终选择了一条承担痛苦、反抗虚无的道路。基于对无路可走的惶惑心理和对黑暗的深刻体验，鲁迅拒绝了一切对未来绝对、全面、永恒的幻想，拒绝逃避现实，正视人生和现实的不完美、不圆满，并从这种正视中杀出一条路。

近年来，刘小枫、王开岭、摩罗、刘烨园、谢有顺、筱敏等对俄罗斯作家以及其承载的精神传统怀有深深的敬意，他们洞察到中国文化中缺乏超验思维与灵魂拯救，故而特别引入原罪和忏悔，以此来解决中国文化的疾病。刘小枫引进了"十字架上的真"，关心个体灵魂生与死的"真"。他说他引进的这种"真"，只是为了拯救自己的灵魂。刘小枫在《走向十字架上的真》一书中深刻反省了几千年来中国文化中盛行的"冷嘲"。冷嘲在汉文化中确有悠久传统，并被视为人在困境中或无可奈何的处境中的最佳自卫手段与反抗手段。冷嘲在作为一种反抗手段的同时，也是对自我心灵的伤害，它摧残了人对存在的基本信赖感，败坏了人对珍贵的、令人感动的神圣品质的感受力，阻止了人在生存论上对爱与希望的认同。只能用爱、同情、信仰、宽容、真诚来超越。基督教认为根本问题在于原罪，即人对上帝的背离或疏离。所以它更注重内在问题，即人性的"堕落"。与人的外在苦难相比，人性的堕落或者人类本性的丧失才是根本问题。刘小枫从价值根基或终极关怀这个信仰的角度来批判中国文化传统，从而引入基督教神性价值观，意义十分重大。在《拯救与逍遥》中，他过于关注中国传统文化和西方文化在精神结构上的差异，以至于将鲁迅这个"立意在反抗"的精神巨人划归到现代虚无主义者行列并大加痛斥。可以说，他对鲁迅的评论因为过于建构自己的基督教文化立场而忽视了鲁迅在虚无中的痛苦与价值担当。由此可见，怎样从儒—道（佛禅）互补的心理结构与集体无意识转换为基于原罪认知的救赎、忏悔与担当意识，是当下中国学界所要认真思考的。

第四节　培育民族精神

民族精神，是一个民族长期形成的带有本民族特点、体现本民族精神风貌的意志与品格。民族精神是民族文化的深层内涵，是一个民族在历史活动中表现出来的富有生命力的优秀思想、高尚品格与坚定志向，具有对内动员民族力量、对外展示民族形象的重要功能。民族精神是一个民族自立于世界先进民族之林的必要条件。

文学的影响力、感染力决定了文学必须承担民族精神塑造的功能。当然，这种说法不等于文学的功利性。功利性是短视的、主题先行的。鲁迅青年时代在《文化偏至论》一文中谈到了中国必须接受世界先进文化的影响时说"外之既不后于世界之思潮，内之仍弗失固有之血脉"。作家作为民族的良知，理应抱着崇高的民族使命感、责任感与博大的仁爱心、悲悯心，时刻关注民族的前途与命运，关注同胞的生活与斗争乃至他们的生存与苦难。只要能够做到这一点，我们相信不论他写什么，他的文学都必定是具有民族精神的，都必定是民族的。①

一、文学可增强民族凝聚力

崇尚"居庙堂之高则忧其民，处江湖之远则忧其君"的中国古代士人们，面对民族发展遭遇到的种种劫难，将个人的苦难和民族的苦难联系起来，从而使个人的苦难具备了超越个人的普遍的启蒙意义。

---

① 郭国昌．文学是民族精神的载体［J］．人民日报，2009（07）:10.

文学有利于培养爱民、爱国的良好情感。文学欣赏能够培养人的情感，使人有一种对他人、对一切生命、对祖国兴衰的关注之情。在艺术家、文学家那里，我们可以感受到他们关心别人、关心自己同胞、关心国家命运的伟大情怀。如伟大的爱国主义诗人屈原为振兴祖国而上下求索、九死未悔的执着精神；被梁启超称为"情圣"的唐代大诗人杜甫，在风雨交加的夜晚于自家"床头屋漏无干处，雨脚如麻未断绝"之时想着天下不幸的人，"安得广厦千万间，大庇天下寒士俱欢颜"；文天祥"人生自古谁无死，留取丹心照汗青"的耿耿忠心；文豪鲁迅"横眉冷对千夫指，俯首甘为孺子牛""我以我血荐轩辕"地为祖国与人民献身的伟大民族精神，无不证明了这一点。学生在学习这些作品时，从中受到作家对人民与对国家的深切热爱之情的感染，无疑会增加爱民、爱国情感，从而树立为国争光的远大理想，为国家的荣誉而奋勇拼搏。①

文学可以为民族发展增强亲和力与向心力。浓浓的乡音、熟稔的景物、大好的河山、共同的苦难，等等，读者一旦进入民族文学，便因其催化作用而更容易领略作者的情感，有利于勾起人们对同一片热土的挚爱，对同一个家国的热爱，对同一民族的认同，就像"床前明月光"可勾起中国游子无尽的思乡之情……

二、文学可增强我们的忧患意识

在古代作家屈原、杜甫、陆游、辛弃疾等人的作品中已包含着深沉的忧患意识。生活在殖民主义入侵、民族危机严重的近代文学家，这种忧患意识更加强烈。作为"一虫独警谁同觉"的近代启蒙主义先驱者龚自珍，在其诗文中表现了浓重的忧患意识。他在一般文士

---

① 赵丽光.文学欣赏对提高青年人综合素质的重要作用［J］.长春大学学报，2005（06）:30.

正醉生梦死地大唱"四海宴清，天下升平"赞歌、学者们钻进故纸堆中考订"鱼虫"为清统治者"文治武功"的"盛世"装潢门面时，他便异常清醒地认识到清王朝已历史性地进入了它的"衰世"，从而产生了一种忧患意识，他的诗文多处提到"大忧""大患"或者"忧患"并提。他在文中说"大忧不正言，大患不正言"（《壬癸之际胎观》第六），"其声无声，其形无名，大忧无蹊辙，大患无畔涯"（《尊隐》）。在他的诗中，诗人又把"忧患"拟人化，把忧患写成伴随自己之好友，"忧患吾故物，明月吾故人"（《寒月吟》）。《赋忧患》一诗更具代表意义："故物人寰少，犹蒙忧患俱。春深恒作伴，宵梦亦先驱。不逐年华改，难同逝水徂。多情谁似汝，未肯托襄巫。"

如果说龚自珍等人的忧患内容主要还是对清王朝"衰世"到来所暴露出来的种种弊端的忧虑，那么，甲午战争之后，忧患意识中则增添了对民族存亡、国家命运的关注。谭嗣同有诗云："世间无物抵春愁，合向苍冥一哭休。四万万人齐下泪，天涯何处是神州。"

甲午战争失败，《马关条约》的签订对当时的中国人刺激很大。谭嗣同在写给他的老师欧阳中鹄的信中说："经此创巨痛深，乃始摒弃一切，专精致思。当馈而忘食，既寝而累兴，绕屋彷徨，未知所出。"他还说，中国处于被四邻瓜分之中，国家灭亡就在眉睫。所谓"被发左衽，更无待论"，诗中所抒发出的这种忧患与悲愤，正是诗人对祖国命运的深切忧患。

对民族危亡、祖国前途的忧患意识在近代作家中普遍存在。有时表现形式不同，但其忧患的内容是共同的。南社诗人有一首《沪江重晤秋枚》，诗云："国事如斯岂所期，当年与子辨华夷。数人心力能回变？廿载流光坐致悲。不反江河仍日下，每闻风雨动吾思。重逢莫作蹉跎语，正为栖栖在乱离！"

这首诗作于1918年，这年5月，黄节自京赴沪，吊亡友苏曼殊，与好友邓实（字秋枚）相会。诗人想到辛亥革命的失败，革命果实被袁世凯篡夺，加上各派军阀混战，国难日深，深感沉痛。然此诗出语平淡，我们更可体味出埋在主人公心底深处的忧患。这种忧患意识作为一种历史积淀与优良传统一直深深地根植在人们的心理结构中，激励和鼓舞着中国人民为拯救民族危亡与保卫祖国而战斗。[①]

三、文学应在走出去的过程中发展民族精神

通过与世界的对话与交流，中国作家们对我们的民族传统、民族文化与民族特性有了更深刻的体认。我们和他人不同，这才构成对话，构成交流。全球化没有、也不可能泯灭不同民族与文化之间的差异，相反地，它只会进一步加强民族的文化自觉。全球化造成了世界历史上空前规模的文化比较。有比较才有鉴别，我相信，通过此种比较，中国的作家们会更深刻地领会到，什么是属于我们的，是我们所独有的，什么是我们血液里与生命里不可混淆的密码与记号。我们可以从比较和交流中获得力量与自信，展示中国的特色、风格、神韵、气派，为人类文明的丰富与发展做出我们的贡献。[②]

由于语言、文化、政治原因，中国文学走向世界还面临重重困难，还需要做大量耐心细致的工作，包括进一步加强和国际主流文学界、国际汉学界的联系。在文化交流不平衡、不对称的情况下，我们越要保持文化自信与艺术自信，越要警惕被"他者"化。所谓"他者"化，就是人家说好，我们就认为好；人家不说好，我们就不太自信。事实上，越是民族的，越是世界的。

弘扬和培育以爱国主义为核心的民族精神，不仅对我们在新世

---

① 郭延礼.试论中国近代文学精神［J］.山东大学学报（哲学社会科学版），2003（10）:25.

② 铁凝.走向世界的中国文学［J］.散文选刊，2010（01）:03.

纪新阶段全面提升综合国力、维护国家文化安全、保持国家稳定发展与实现祖国完全统一具有极为重要的理论意义与实践意义，而且对抵御与防范各种腐朽、落后的文化观念侵蚀，丰富人们的精神世界，以及全面建设小康社会、实现中华民族的伟大复兴也具有深远的时代意义。

第五节　文学与思想解放

文学的感染力是潜移默化而持久的，因而很多现当代作家不约而同地选择了用文学去改造国民性。尽管这需要经历相当长的时期，而且效果也极不好衡量，但谁也不会否认，文学对于思想解放确有重要作用，当然这种解放有被动的，也有主动的。

一般认为，春秋战国时期伴随着礼崩乐坏、社会大裂变的百家争鸣是中国历史上第一次思想解放运动，此时出现了群星闪耀的先秦诸子著作。诸子百家言论反过来又进一步促进了思想解放。

到了汉代"罢黜百家，独尊儒术"，大一统的同时也压制了人们的自由创造精神，模糊了文学的本来面目，社会发展活力变得不足，文学按自身规律独立发展的进程受阻。这种状况到了东汉末年随着大一统社会的崩溃，经学对人们思想控制的松弛而得到了根本性改变，从而宣告了文学自觉与趋于独立的时代的到来。

思想解放体现在文学领域首先是对文学本体的正确认识。尤其是当时当政者曹氏父子的爱好和提倡使文学进入了一个全新的发展阶段。魏文帝曹丕明言"夫文本同而末异，盖奏议宜雅，书论宜理，铭诔尚实，诗赋欲丽"（《典论·论文》），不仅第一次明确将纯文学的"诗赋"侧重文学性与肩负国家大事的应用文体"奏议""书论"说理及"铭诔"崇尚平实文风划清了界限，而且直截了当地指出了诗赋"欲丽"的美学特征。到了南朝宋文帝元嘉十五年，文学更是独立为四馆之一，完成了从观念更新到制度确立的过程。至此，文学进入了自觉时代。

其实最能说明问题的还是文学创作实绩。任何旧秩序的解体都是从否定旧规则、建立新规则开始的。为了减少阻力，最好的否定就是托古改制，穿旧鞋走新路。曹操借乐府古题写时事，事实上开了后世文人拟乐府的先河，其五言古诗更属新时期诗歌形式的开拓。其子曹丕更以帝王之尊公开宣布他思路清晰的文论，创作也多有建树。曹氏父子并非专业的作家，但统治者身份本身就是最好的影响力。政治上，他们"好法术""慕通达"，使天下"贵刑名""贱守节"，导致了正统思想束缚的松弛。文学上，他们对传统变革作用了一个时代，范围遍及整个辖区。在他们周围形成了以"建安七子"、曹植与蔡琰为代表的作家集团，成就斐然，影响了"正始文学"，乃至两晋南北朝文学总体上都沿着这条道路走下去。从五七言古诗到拟乐府，从骈体文到《桃花源记》等文艺性散文，从"永明体"诗歌到唐诗的繁荣，文学创作与审美追求成为人们的自觉行为。

不管我们对每一历史阶段文学发展的原因做出何种个性化、创造性解释，但整个魏晋乃至南北朝唐宋的文学自觉与独立发展，却不能不追溯到汉末大一统经学的衰微所带来的思想解放。正是有了这个前提，文学才得以摆脱了传统精神的束缚。如果说在先秦两汉，文学处于早期混沌状态，或者甘为经学附庸而不自知，还停留在"自在"阶段的话，那么，魏晋以后无疑进入自觉、独立的"自为"阶段。20世纪20年代，鲁迅即曾明确指出："曹丕的一个时代可说是'文学的自觉时代'。"（《魏晋风度及文章与药及酒之关系》）与他同时稍前，日本汉学家铃木虎雄也说："魏代是中国文学的自觉时代。"（《中国诗论史》）他们所指虽仅在于曹魏这个时代，但文学的自觉与独立是一个历史进程，曹魏的文学变革正标志着这一进程的开始。整个魏晋南北朝完成的文学自觉与独立，则为唐宋时期中国古典文学的繁荣打下了坚实的基础。儒学体系自汉武帝"罢黜百家，独尊儒术"后即成了汉民族传统文化的核心。汉末大一统社会随着黄巾起义与军阀混战崩溃后，经学式微，儒学之统治地位第一次受到了强有力的挑战，由此导致曹魏时社会性思想解放与文学自觉时代的开始，然而这种冲击与挑战来自内部，是汉民族文化在面临时代变革时所做的内部调适。魏晋南北朝虽然处于大一统崩溃后，但社会的宗法性并未改变，世家大族掌握着政权，极重门第血统。少数民族入主中原，也将宗法制移植于自身。这样，集中反映宗法制的儒家纲常名教，仍然是维系国家、社会的基本原则。故而，当时尽管儒学独尊地位已经失去，统治者采取兼容佛道的思想政策，但并不意味着儒学失掉了它的正宗地位。经学虽然风光不再，但构成"五经"的诗歌与散文形式仍为此时期自觉、独立的文学所继承。

至唐宋时，统治者将诗文作为国家选拔治国人才的科举考试的主要形式，以诗歌散文为主流的中国古典文学终于发展到了繁荣阶段，这里面当然有文学自身的发展规律在起作用，但显然也和儒家传统文学观念的鼓励与指导，甚至统治者的提倡有关。

宋代以后，理学大兴，儒家理论更加严密、充实，诗歌散文为主体的古典文学自然构成了儒家正统文化的组成部分，亦变得更为精致、高雅。从某种意义上说，随着儒家思想社会功能的强化，魏晋以后儒学文学间日趋分离的关系至此时又具有了一定程度的结合，而元帝国的建立则再一次拆散了这种结合且连文学自身也发生了根本变化。

元王朝蒙古贵族进入中原之初，不懂得"马上得天下，不能马上治之"的道理，他们的行为方式对汉民族传统文化造成了巨大冲击，甚至一度动摇了它赖以生存的精神支柱。幸好耶律楚材等的存在，不然"汉人亦无所用，不若尽去之，使草木畅茂，以为牧地"（《元朝名臣事略》）。事实上，蒙古军事贵族在灭亡金与西夏等华北、西北地方割据势力之时，就已经严重破坏了广大汉族人的经济结构与生活方式。大批儒家文化典籍与文物遭到洗劫、破坏，许多堪称儒学楷模而又具有民族气节的汉族官员，如文天祥、陆秀夫等相继被俘或自杀，而一些卖身投靠、为虎作伥的汉人军阀如张柔、史天泽等却封王封侯，成了新王朝的功臣。此外，大批原来信奉"万般皆下品，唯有读书高"的儒生进取失度，社会精英更多地被当成战利品，这些消解了汉族士大夫心目中的神圣传统，旧的伦理标准与是非观念被涤荡得干干净净。正如时人刘因总结："昔金源氏之南迁也，河溯土崩，天理荡然，人纪为之大扰，谁复维持之者？"（《翟节妇诗序》）物极必反，我国历史上继魏晋南北朝后又一个思想解放时代不可避免地到来了。

　　和前次不同，发生在蒙古军事贵族南下过程中的这种思想解放已不仅局限于体系的内部调适，而是伴随着政治、经济制度与生活方式调整的深层变革。如果说魏晋时玄学仍未放弃儒学招牌，而南北朝时佛、道二教也未否定儒学正宗地位的话，到了这个时候，情况便已有了根本性的改变——士风大沮。这在以前是从未有过的。时人记述当时的社会等级，从"一官二吏、三僧四道"到"七猎八猖、九儒十丐"。连身为色目大臣、后为有元第一忠良的余阙也说当时"小夫贱隶，亦以儒为嗤诋"（《贡泰父文集序》）。元代儒学儒生社会地位如此，其对社会思想的控制能力则不难想象。正因为如此，元代文人的思想解放程度亦远远超过了以往（类似于现在之解构），以致周文王、姜子牙、诸葛亮这些历史上的圣君贤臣、道德与事业楷模亦成了人们笔下嘲笑的"五眼鸡""两头蛇""三脚猫"。传统文化的权威陵替，由此不难想象。

以儒学为核心的中原传统文化权威衰落导致了社会思想控制的松弛，也造成了时代文学观念革新与文学进程的改变。

从先秦到唐宋，文学重视个人抒情，诗文强调诗歌与文章"言志抒情"的特性，历代统治者出于思想控制，人为地抬高这种文学地位，以至于隋唐后将其作为科举取士的重要标准，传统诗文自然而然地成了我国古典文学的主流。有所崇则必有所抑，我国古代戏剧、小说等叙事文体长时期不受重视乃至受到压抑，人们的思维习惯于抒情而短于讲故事，综合想象与虚构能力先天性不足。这样，再加上以宗法制为特征的传统伦理道德体系的束缚，人们的思想日趋封闭与保守。具体表现为对戏曲小说等叙事文体的极端鄙视，鄙视的结果自然导致了文学形式间的不平衡，假如没有外来因素作用的话，这种不平衡还将继续下去。

就事论事，元朝的一统短时间内摧垮了汉族文人赖以存在的精神支柱，原来处于独尊地位的正统文学观念一下子被摧毁，儒家诗教也随之失却了它的制约力量；再加上此前外来佛教的影响，大大刺激了民族的想象力与讲故事的能力，我国古代长篇叙事文学与综合艺术的产生与繁荣便水到渠成了。

在一个相当长时期内，元王朝废弃了传统科举取士制度，元代汉族文人的地位也在短时间内一落千丈，只比乞丐稍强一点，甚至不如娼妓。传统精英文人们只好和娼妓乞丐真正打成一片，从事起戏曲小说这类"贱业"而其乐融融了。如果说此前处于支流地位的叙事文体（宋金杂剧院本及诸宫调、讲史平话等）未能也无法吸引大批专业作家投入其中，因此未能蔚为大观的话，到这时，原先一直萎缩难振的通俗叙事文学（以元杂剧和讲史平话为代表）一下子如火如荼地繁盛起来，此后明清传奇与章回小说、拟话本一直兴盛不绝。而相反，原先占据正统地位的诗歌、散文却失掉创新精神，从此走了下坡路。客观地说，站在文学自身发展的角度考察，一代有一代的文学，传统诗文已经走过了它的黄金时代，后人的努力也不过是超越前人的余响与尾声而已。戏曲小说等通俗叙事文学之所以能够自元代开始压倒正宗诗文而成为文学主流，要因正是作家摆脱了传统思想束缚而走上了创造新兴艺术样式的道路。

至此，我们很容易得出结论，社会性思想解放和时代文学变革有关。如果说汉魏交替经学式微促成了文学自觉时代来临的话，则过了一千年，到公元13世纪宋元之际，漠北草原文化对中原儒家正统文化的强力冲击导致了中国文学进程发生了质的转变，性质与类型均发生了根本性变化。中国文学发展到元代后出现了根本性转折，正是由于文学整体性质、类型发生了前所未有的变化，从而导致了前后迥异的文艺思潮。明代中叶文人注重个性、反抗传统及市民文艺的抬头，正是强化而不是扭转了这股文艺思潮的方向。[①]

中国现代文学发生时期，文学对思想解放运动的作用非常明显。当时，内忧外患促使时人深入思考。文学界可以和世界文明正常沟通与交往，社会空间并不封闭，民间力量在社会生活中有着完整存在形态；同业行会、学术组织、宗教团体及其他一些自治程度很高的社会组织能够独立存在，新闻制度、出版制度与大学制度等基本制度保障都发育得相当成熟并具有活力。中国现代文学达到的高度依赖比较充分的私人与其他社会力量的介入，中国现代作家的大量出现也是这个制度的结果。在中国现代文学时期，中国现代大学制度的建立与完善是一个主要标志。中国现代大学已成为中国现代文

---

① 徐子方.思想解放与文学变迁——兼论中国文学史的分期问题 [J].江海学刊，1999（06）:30.

学活动的重要场域，中国现代文学史上最重要的作家都和其有非常密切的关系；重要的文学社团与文学流派，大体上可说是由中国现代大学而来。中国现代大学中所形成的大学独立、教授治校、学生自治与学术自由等传统，是中国现代文学发展中主要的文化气质。中国现代文学发展的另一个基本制度保障，是它依赖中国现代出版制度的形成与成熟。有现代出版制度才能形成以自由写作为基本生存方式的作家，中国现代作家之所以在文学创作上达到了较高的水准，就是因为中国现代出版制度还保持了相当高的开放度。

如果以纯粹文学的角度评价中国新时期的文学，人们会发现它的幼稚；但如果以思想解放运动的视角观察，就不能不为那些作家的勇气与思想而感动。在思想解放运动初期，中国新时期文学的贡献体现在相当广阔的方面，甚至中国的企业改革与经济体制变革都和中国新时期文学活动相关，比如蒋子龙、李国文、张洁的文学创作就代表了追求企业改革的理想，应当说当时他们作品中表现出的思想与勇气，是当时经济学家所不及的。另外，关于中国法制的思考也是作家的思考走在了法学家的前面，比如戴厚英、遇罗锦等的作品。简单说中国新时期文学负载过重的非文学任务可能并不恰当，因为在提升民族精神品质方面，中国新时期文学尽了很大的责任，当然这也是文学题中应有之意，在启蒙时代，文学负载非文学的重任，也是世界文学中的普遍现象，并非只有中国新时期文学如此。[①]

白桦说过，文学是思想解放运动的锋芒。文学真正地展露严峻的生活场景，揭示生活中不能掩饰的矛盾，有着频频跳动心灵的人物。比如战争的胜利是人民付出高昂代价所换取的。一旦作品里写到死

---

① 谢泳.思想解放运动背景下的中国新时期文学[D].江苏：南京师大学报（社会科学版），2008.

了人，流了血，有的人就觉得不能接受，认为今天的观众会因此而害怕战争。当年哪一个冲锋的战士没有从自己战友未寒的尸骨上跨过呢？正直的人谁会因此而怯战？恰恰相反，只能使战士对敌人更仇恨，变得更加无畏。白桦说，我们宁愿被某些人误解、冷遇、放逐一百次，一百次最终都会还其历史的本来面目！①

改革开放以来，文学又有了大的发展。尤其是新世纪以来，莫言获得了诺贝尔文学奖，无疑代表了中国文学的一个高峰。

第六节　信仰应是文学之根

如果人的心里没有永恒信仰与准则，必然会为所欲为。我们的民族精神在面对苦难与不幸时，缺乏一种健全情怀，这是一种迫切需要疗治的民族精神的残疾。②只有重建一种对永恒意义和价值的"基本信赖"感，才有可能在挚爱和希望受到现实否定时仍然挚爱和希望。在西方文化传统中，存在着一个高于世俗法庭的超越性尺度，这个尺度远比人类公正合理，掌握着善恶是非的最终标准。西方文化本质上是罪感文化。罪感文化是种批判性文化，它直指人类灵魂深处的罪孽，西方思想家因此能够不断警惕与纠正自身罪过。这种警惕性由个人走向群体，由自我走向社会，从而形成思想家强烈的批判意识和社会责任感。

邓晓芒一针见血地指出，西方个人主义与人道主义本来是靠一种超越世俗生活的彼岸信念而结合成一种普遍的独立人格的，但在引至缺乏彼岸信念的中国文化时便解体了，个人主义被理解成中国

---

① 白桦．文学在思想解放运动中的作用［J］．文艺理论研究，1980（06）:29.
② 丁辉．亟需"引起疗救的注意"的精神残疾——反思鲁迅的一个角度［J］．社会科学论坛，2004（06）:01.

传统"越名教而任自然"的狂士风度，失去了普遍性；人道主义则被理解成中国传统"先天下之忧而忧"的圣人主义，失去了独立个性。

我们文化精神中缺乏人类最重要的心灵资源，缺乏永恒的神圣内心真正服膺的道德理想与精神信仰。由于缺少更高的光亮与声音，导致了当代中国文学的短视。真正的文学必须正视人类的苦难与眼泪，站在良知的立场上，在苦难的深渊中发出终极的呼告，它要拒绝任何形式的消解。[①]面对存在的困境，受难是人类的命运。陀思妥耶夫斯基笔下的人物在灵魂的挣扎中被撕裂，卡夫卡笔下人物充满着被苦难异化后的无助和恐惧，托尔斯泰笔下的人物充满痛苦的拷问。中国文学界缺乏的就是这种对苦难、命运与绝望反抗的思考精神。

作家陈希我说，我们的文学太注重世俗逻辑了，从来没有建立起真正的精神价值观与苦难意识。我们太强调利益，我们的文学中总是充满着活命的哲学。我们没有《神曲》《哈姆莱特》《浮士德》《尤利西斯》，这是我们文学的悲哀。

一、文学是一种独特的信仰

从表面上看，文学与信仰似乎相去甚远，甚至风马牛不相及，实际上二者有着非常密切的关系。换句话说，文学就是一种独特的信仰。国人的发展就像青春期的小孩，经济快速发展，长得很快，而心理年龄和生理年龄不相匹配，精神贫瘠乃至荒漠化。当然，我也并未有夸大文学作用的意思，在信仰缺乏的年代，文学有春风化雨的功效，理当得到重视。

信仰具有"形而上学性""超越性"和"神圣性"，优秀的文学作品完全具有这种精神特征。信仰让我们产生归属感，它能平息我

---

① 雷达.《狼图腾》的再评价与文化分析欲望与理性的博弈［J］.小说评论，2005（07）:20.

们的焦躁不安，给我们以信心、力量与情感的慰藉。

（一）文学具有形而上学性，注重超越性精神建构。形而上者谓之道，文学来源于现实又超越现实，文学是作家的白日梦。人们由于对现实的不满足，便借助想象创造另一种人生，另一种现实，它让我们看到希望，免于真实世界的凡俗不堪和沉沦，使我们窥见我们人生中的神奇。文章千古事，乃"经国之大业，不朽之盛事"。"不朽"，就是对现实世界的精神超越。"而生也有涯"，人的生命始终是有限的，文学作品让我们有限的生命模拟体验见所未见、闻所未闻之事，跨越古今，穿越时空，增长我们的智慧。

文学的世界是一个令人心醉神迷的世界，贯注了作家的情感和思想。人们通过对现实生活的描绘和对理想世界的想象，关爱生命，讴歌真善美，从而构建人类的美好精神家园。当人们通过文学阅读的方式进入到更高更美的审美体验中时，人的情感被全面地、充分地调动起来，在更高的层次上完美自我，尚真、向善。

（二）文学具有超越性，具有强大的感染力，影响深远。文学创作者怀着对文学宗教般的虔诚，将文学作为人生最大的事业来看待与追求，奉献自己的精力乃至整个生命。古往今来，多少文人墨客为作品呕心沥血。贾岛挖空心思推敲，曹雪芹殚精竭虑创作，卡夫卡也曾表示自己的幸福、能力与所作所为的每一种可能从来都存在于文学之中，不写作，自己的生命会坏得多，并且是完全不能忍受的，必以发疯而告终。文学是作家的生命流淌，当这些浸透了作家们心血的优秀文学作品面对读者时，必会在读者的心里引起波澜。人通过艺术这一中介向无限超越之时，时间的流向发生了变化。人在文学审美体验中构造出一个全新的文学时空。这种时空消融了过去未来的矢量感，不再像日常生活时间是从过去走向未来，而是以未来朗照现时；其携带生命的全部过去与现在进入未来之中，并以未来消融全部时间。最为典型的就是一些文学爱好者表现出对文学的深挚痴迷，如有《红楼梦》《牡丹亭》的读者感怀于林黛玉与杜丽娘的命运而伤心绝世，有人冲向舞台打《白毛女》中扮演黄世仁的演员，有人因想像孙悟空一样驾筋斗云而坠崖。文学以美的形式愉悦大众，以形象与精神意蕴陶冶人们的心灵，让人们理解和寻找生命意义与归宿，潜移默化地影响着社会时尚、道德情操乃至时代的价值取向，影响着时代的社会规范与价值标准，其影响是难以估量的。

（三）文学是一种精神信仰，但又不同于普通信仰，它是自然而隐性地体现出来的。早期的文学还曾经历过从附属于巫术到脱胎于宗教成为独立信仰的过程。同一般的信仰相比，宗教信仰往往劝诫人修来世，以神性作为基础，以现实为前提。文学肯定人的生命，注重人文关怀。文学关照的是人而不是神，它在肯定关怀现实的基础上超越现实，背后是对人类生存与命运的关爱，文学是为了使现实变得更美好，是入世的、现世的，它不以神性和未来昭示人。故此，文学信仰往往带有浪漫理想主义色彩与乐观主义基调。当然，这并不意味着文学就失去了锋芒，不对现实进行批判与反思。批判精神与理想主义是文学思想内涵的重要两翼。文学揭示现实中的黑暗与不公正，鞭挞人性中的丑恶与伪善。文学致力于探索人性奥秘，揭露人性丑恶，是为了唤醒与完善人性。文学对自然状态所给予的赞美与讴歌，更显示了文学的自由精神。文学赞美自然生命力，以热情的姿态歌颂大自然，描绘自然的美景，呼唤人和自然的和谐相处。文学形式本身也能够给人以情感的愉悦与美的享受。可以说，文学美是人性美、自然美和形式美的统一，是真善美的统一。这种统一是文学美的基本精神特质，也使文学拥有了和宗教、政治等其他文化所不一样的价值标准。比如，从历史主义立场看，曹操可能是进步的，堂吉诃德可能是落后的，但《三国演义》与《堂吉诃德》为我们树立了文学自己的标准，赋予了这些人物和历史评价完全不一样的评判。

文学比一般信仰更为宽容与理性。从某种程度上说，文学是人类文明发展到比宗教信仰更高阶段的产物，它给人们提供的是和宗教不一样的精神超越体验。因为许多信仰往往从单一情感出发，带有强烈的偏执与唯我独尊的色彩。唯文学信仰是完全自愿自主的，没有任何强迫性。文学虽然主要是建立在人类情感价值基础上的，但它和理性和谐共存，也没有外在的信仰形式，它以亲切温和的方式感染大众，以内在的精神蕴涵影响社会，充满人文气息。

二、文学信仰的意义

任何一个时代，精神都不能为空，它必须有一个落点，这个落点还不能太虚无缥缈让人难以把握。人类是无法长期生活在空虚的境况中的——倘若他无法朝着某个方面成长的话，他不是单单停滞那么简单；他长期禁锢的潜在剩余能量将被迫转变成病态与绝望，而到最后，将不可避免地导致破坏性行为。没有精神信仰是难以想象的，缺乏信仰的支撑，心灵就会失去崇高的力量，就会导致没有节制的欲望泛滥、没有罪恶感的暴力横行、没有同情心的自我膨胀。

没有信仰的文学是轻飘飘的文学。"文以载道"，"润色鸿业"，历史上中国文学过于社会化、政治化，作家往往被动地屈从于一个世俗化的思想目标，艺术想象力萎缩。在物欲横流的时代，人性受到了前所未有的影响，有些作家在非人化的思维方式与行为手段上仿佛什么都学会了，但他们在人的自我生成理性精神上却自甘堕落。在这种情况下，作者始终不愿把人物的精神生活作为一个相对独立的部分加以突出描写，而是把人物的感情波澜、灵魂探求揉进外在现实生活漩涡中给予含蓄深沉的表现，过分地突出人的社会属性，让他们的现实人生处在复杂的功利纠缠与命运遭际中。

我们的文学正逐渐丧失着自身独特的精神内涵特质。这种独特的精神内涵是成为信仰不可或缺的，文学必须拥有对人类生存的深层关切，为人类提供美好精神家园的情怀，才能得到人们的热爱与向往。但近年来的文学却严重丧失了这些特性。文学应该"在人间，看见人间"。当前，社会正处于剧烈转型期，其中充满着各种权力的压迫与偏见，人性世界也高度变异。面对这种现实，文学应该秉持自己的价值判断力与思想把握力，表现正义精神与人文力量，对黑暗与丑恶进行犀利的揭露与鞭挞的同时，保持对弱者的关爱与同情。然而在许多作品中充斥的，是强烈的利己主义和功利主义，是绝对的自我中心和对他人的高度冷漠。[①] 与此同时，文学受利益驱动，内部涌动着对物欲的疯狂追逐与享受，物质崇拜已经在很大程度上取代与颠覆了传统的文学价值。爱受到嘲弄，真实被虚假包围，美受到亵渎、扭曲与玷污。物质交换、情感与肉体贿赂、政治交易充斥其中，文学已经沦为商业文化的奴仆，文学精神荡然无存。最近几年盛行的各种网络文学、青春写作，也基本上沿袭了以娱乐消遣为唯一目的的写作套路，很少去思考生命的价值、尊严与意义。即令是当前有一定影响的形式主义文学潮流，具有一点文学自律精神的特点，但它以单纯的形式美代替对全面文学精神的追求，也缺乏深层的人性关注，事实上还是偏离了文学的精神信仰。

我们的文学精神趋于平庸化。如果说文学人文关怀的沦丧虽大面积地存在，但还不是那么绝对的话，精神的平庸则是近年来中国文学的集体顽疾。从20世纪90年代初"新写实小说"开始至今，平庸精神居然被人作为文学大众化，作为平视大众、认同大众的表现，这是对文学精神的严重曲解。文学的这种恶俗蔓延，让作家们普遍

---

① 陈维果.缅怀的时代：憧憬，还是幻象？[J].西部，2012（07）:01.

满足于琐碎地描述与迎合现实，将庸俗化的搞笑与市场化的媚俗作为文学的高标。没有批判的人文关怀无异于纵容，没有理想的平庸是文学的宿敌而绝非同道者。由于文学没有了理想主义与超越精神的照耀，爱的渴求蜕变成了物欲展示，充盈的生命力蜕变成了慵懒的虚无，时代精神的盛宴蜕变成了颓废、反讽，裹挟着物欲消费的疲惫与空虚，充斥于文学的每一角落。

我们有将宗教信仰简单化为文学信仰的趋势。盗西方的火煮自己的肉，在他人的烧炙与自己的煎熬中认清自己固然没错。因为不这样，我们难于发现自身内部的问题，就永远难以找到自己思想的源头。① 但简单地借鉴移植"基督宪政"与"儒家基督徒"仍然是纸糊的理论，是一种失败的阿 Q 精神。摩罗在《耻辱者手记》和《自由的歌谣》里曾说，他自己是个精神上一无所依之人。他老是感到精神虚弱，希望找到一个深层次的东西解决他的困惑，支撑活着的意义。摩罗坚持绝望，不寻找绝望之外的东西来消解绝望的举动让人肃然起敬。然而，当个人的意识真正觉醒后，他才真正发现了"成为个人之难"，故而他在《因幸福而哭泣》中指出："人是自己的奴隶"，开始了"罪性的觉醒"。摩罗在一系列文章中开始关注西方文化中的信仰问题，他说："有人说革命压倒启蒙，或者说革命压倒了其他什么东西，可是终极关怀、灵魂得救、信仰自由这个层面就根本谈不上什么压迫，它根本就没觉醒过。"

我们的文学信仰存在时代性缺失。随着席卷全球的后现代文化思潮的传播，传统精神价值被肢解，传统文学的意义也正被颠覆。这些思潮在没有反思与批判的情况下，造成了全民性信仰颠覆喜剧。反叛与颠覆、理性消解、商业文化冲击，导致部分国人精神严重"缺

---

① 郜元宝.在失败中自觉——马上自传一至七[J].南方文坛,2004（05）:15.

钙"。此外，网络文化也在对传统的媒介方式与思维方式产生影响。正是这多方面的文化风云际会，导致精神被放逐，虚无主义占据文化舞台，物质崇拜与金钱崇拜无孔不入、无所不能，社会伦理与道德严重失范，思想文化杂乱无章，人们找不到精神出路，更无力思考生存的信念。从这个意义上讲，当前文学的精神状况就是社会整体精神状况的折射与缩影。这种信仰危机又反过来进一步加深了精神匮乏。上帝死了，头顶的星空和内心的自律离他们太远了，19世纪的理想主义道德观在他们心目中不复存在了。何况人自己迟早是要死去的，没有谁为了要拯救人去操心。作家们丧失了信仰，世界不再使他们觉得是必要的了。这些西方文学的描述，何尝不是今天中国文学的写照？许多作家在时代精神匮乏的潮流中，乐于随波逐流，甚至推波助澜，推卸和躲避自己的责任，而文学的虚无与精神溃散又加速了精神文化的崩溃，构成了当前文化景观中吸引人眼球的一部分。

在西方文化与中国传统文化的重压之下，如果文学没有信仰，容易陷入一种个体意义上的"沉思"，这种自省式的沉思往往促使作家自身从失败的经验中逐步建立起一种精神"自觉"，建立起属于自己的观察方式与话语方式。所以，当代知识分子需要建立起一种精神上的"自觉"，将"失败"带来的"悲观主义"追问到底，之后才会发生精神转折。

三、文学精神重建

当文学失去了自己的精神特征，也便将失去它传统的社会影响力。

（一）我们必须加强对文学的信心。在全民都为中国梦而努力时，我们文学也应当有梦想。当前文学信仰的困境有相当一部分原因在于信心丧失与热爱匮乏，文学信仰重建也应首先加强信心建设。只有在信心的基础上，才可能重建对文学的热爱与奉献，才可望重燃激情，恢复文学应有的地位和影响力。文学有其自信的理由，它的传播形式独特，更为重要的是，文学的价值与文学内在的人文精神密不可分，对文学的信心也就是对人文的信心，对精神的信心。无论在任何时代，人都是社会的动物，一旦基本物质需求得到满足，精神就成了更重要更根本之所在，是人之为人的本质价值。故此，文学形式有可能会发生嬗变，但其生存绝对不会随物质文化的发达而消亡。正是在这种意义上，许多哲学家在人类出现信仰危机时将希望寄予文学。莎士比亚、陀思妥耶夫斯基、列夫·托尔斯泰、司汤达、马塞尔·普鲁斯特等人在理解人的本质方面，比经院哲学家、心理学家和社会学家也许耕耘得更深。宗教衰落是不争的事实，再没有任何世俗力量能够将它再支撑起来。18世纪以来，只有文学才有可能获得宗教般的信仰结构，获得成为被人理解与欣赏的那些中介地位。立足于长远也许能够给予我们更多信心支撑。尽管文学在眼下仍面临困境，但它终将在人类信仰史中占据更重要的位置，对人类文化产生比历史上更为深刻的影响。

（二）我们必须坚持文学对世界独特的关注方式。独特性是一事物存在的前提。要保持文学的生命力，就必须对文学的独特性进行坚守。否则，就无所谓文学，无所谓文学生命力。在当代，一方面要依靠商业来发展文学，另一方面又要坚持文学独立性，不让文学沦为商业、权力等的附庸是非常重要但很难权衡和把握的选择。具体而言，文学需要以人文与爱作为中心价值观。在社会信仰严重匮乏、人们彼此间缺乏关爱与信任的情况下，文学应该凸显自己人文关怀的特点，深切关注人的生活与生命，以对人类爱心的维护与追寻影响人、感染人。同时，文学要坚持对美的追求。近年来，文学美受到了严重削弱,这也是文学失去众多读者的重要原因。文学的魅力在于美,文学的影响力应该以美的方式,依靠内在的精神潜移默化地感染人,得到大家的热爱。当然,美不是封闭的,文学美并不排斥创新与发展,文学的根本在于对美的本质的坚持。

(三)直面生活中的"苦难"。必须指出的是,这里的苦难是相对而言的,本处指的是我们生活中的逆境,并非单指常人理解的苦难时代。任何时代、任何地方都会有身处逆境的受难者。先秦的思想家比古希腊悲剧家更了解宇宙、自然、世界意志的不可战胜,更了解人的力量的有限性,更了解人的苦难,也就是说,更清醒地意识到人和宇宙、自然、世界的分裂与对立,更了解人类在世界上的悲剧性地位,因而也有了更强烈的悲剧意识。但是,先秦思想家的任务不是在意识到这一切之后去增加人类的苦难,而是要消除这种苦难。他们为我们民族贡献的是消除这种苦难的方式,而不是在这种苦难中意识人的力量与人的意志的伟大。[①]形如西绪福斯推石、吴刚伐树,他们正是在苦难的重复中寻觅希望与意义,为生命的品质树立起让人肃然起敬的价值参照,没有神圣价值参照的生命只是一种深渊似的贫乏。文学安顿我们的灵魂,让我们的生命能够从渴望神圣的信念及践行中获得存在的丰富性与高贵性。否则,历史与精神就是空白,虽有延绵,但无意义,至多留下一堆物质的垃圾而已。

极端应激反应下的行为是无法掩饰的,苦难中的幸福与危险中的从容就是如此。为了医治无限制地放大灾难所带来的时代抑郁症和个人心理疾病,在苦难中保有寻觅幸福的激情,我们在直面苦难的同时,要坚守对明天的希望,做一个精神明亮的人。面对困难,首先需要爱与希望,其次才是理智。正是绝对的爱与不灭的希望,

---

① 王富仁.悲剧意识与悲剧精神(上篇)[J].江苏社会科学,2001(01):25.

无条件地构成了人性向善与生存意义的必须前提。苦海茫茫，人无以逃遁。应该承担的不要放弃，应该放下的也无须执着。

环顾世界，惨剧无处不在，难逃人性恶之阴影，怎样才能化解仇恨？欲望满足的界线在哪里呢？罗素说过对爱情的渴望、对知识的追求、对人类苦难不可遏制的同情是支配他一生的单纯而强烈的三种感情。对爱的渴望、对知识的追求是每个人都可以具有的近乎本能的东西。作为哲学家的罗素，对人类苦难有一种先验感知。人生这样充满苦难；如何面对苦难折磨，如何安置我们的灵魂这类深重的疑问便呈现在我们面前。

余华让我们看见了人类一生的苦难。面对苦难，他选择的是用忍耐与幽默来消解苦难。人在苦难面前是被动的，而消解是被动的承担，它鼓励人们遗忘苦难、接受苦难，用现世的、短暂的欢乐来消解苦难的沉重。而消解的直接后果，是福贵和许三观成了被生活榨干了生命力的、充满暮气的老人，他们的眼神貌似达观，内心却是一片寂静。在他们面前，站立着的只是厚重的麻木，广阔的虚无，以及庄禅式的自我逍遥，而没有受难后的豁然和快乐。事实上，苦难是无法摆脱的，消解与遗忘只能带来另一种虚无，很多人不能真正感知苦难之内涵，他们逃避开了，"走出荒诞的墙"，可"城墙内荒诞与恶的世界依然原封不动"。所以我们并不赞成消解与遗忘，因为这并不能真正擦去人生存中苦难的痕迹，顶多不过是一种掩耳盗铃的掩饰罢了，它的结果只会使人被苦难吞噬，继续忍受苦难和恐惧对肉体与灵魂的双重折磨。

面对苦难，只有担当苦难，才能带来拯救，只有承担才能体味到苦难的真正意义。① 就像雅斯贝尔斯所言："我要对世上所犯下的

---

① 于仲达.爱与痛的边缘（外二篇）[J].青年作家，2009（02）:01.

一切罪恶负责，除非我已经竭尽所能，甚至牺牲生命来阻止它。我是有罪的，因为在罪恶发生的时候我活着，并且还会继续活下去。因此在所发生的一切罪恶中，每一个人都是同谋共犯。"著名作家萨特说过："简而言之，对我们作家来说，必须避免让我们的责任变成犯罪，也就是使后代在五十年之后不能说：他们眼睁睁地看着一场世界性灾难的来临，可他们却沉默不语。"今日的中国正面临着精神困顿和信仰匮乏，文学能否直面这一现实，能否重新建立起文学的信仰，并以这一信仰的方式参与整个社会精神信仰的建设，是对中国作家艰巨的考验，也是中国文学走出颓境、呈现新生的重要契机。

（四）寻找文学的理想主义方向和超越精神。理想主义是民族发展的基石。一个缺乏理想的民族是不可能拥有光明的未来的，我们不能因为曾经的理想幻灭就放弃理想本身，让社会文化丧失活力和信心。文学应该有更强的超越精神，应该有更高的价值关怀和精神向度，因为文学的本质就具有超越性，它能够给人以更高的关怀，给人以精神启迪。引导人们进入更高的精神境界，才能得到人们的崇敬和热爱，也才显示其精神意义。

在这里，我们要特别澄清文学的现实要求与超越性之间的关系。文学与现实是不可能分割的，尤其是在当前中国社会，现实是文学深厚的资源和热切的关怀所在。但是，文学关注现实并不意味着文学要完全沉溺于现实。文学需要以精神映照现实，需要超越现实的更高的人类关怀，也需要非现实的其他题材的创作，需要浪漫主义和其他非现实主义。

应该明确的是，超越与现实并不矛盾，而是有着内在的和谐性和密切关系的。美国著名作家詹姆斯曾这样说过："要想伟大之至，一部艺术品必须鼓舞读者的心灵；艺术家的秘密在于让这种状况与最贫瘠、最严酷的现实相协调。生活让人心灰意懒，艺术催人奋发图强。"这正是对当前中国文学的要求。只有具有深切的理想主义，文学才能超越"贫瘠"的现实，显示出文学的价值和魅力，才能像一束灿烂的阳光照亮我们的世界，洗涤我们被物化和欲望化的心灵，促使人们对更美好心灵和现实的追求。

第七节　培育文化竞争力

文化无国界，但文化的竞争因为国家的存在一定会存在。文学作为文化的主要载体之一，具有凝聚人心、思想导向、鼓舞和推动等重要作用，有利于增强综合国力、推动经济、社会发展与应对国际文化竞争。

一、文学的竞争力须通过建立亲经济的文化才能实现，文学的竞争说到底是以经济为依托的综合实力的竞争。文学无可替代的感染力与影响力决定了文学的竞争力。在传统中国文化中，集权与垄断不利于商品的流通，而且重义轻利观念也不利于亲经济文化的建立。"五四"以降，国外的坚船利炮不断冲击着传统文化中不利于经济发展的因素。改革开放以来，反映描写经济发展的文学作品在改造人们思想方面功不可没，经济已经成了中心议题和风向标。从根本上说，经济发展过程也是一个文化过程。一种新型的、现代的、亲经济性的文化正在形成中。当然，我们也必须看到，我国国内经济发展还很不平衡，保守落后的思想观念还有很强的势力，先进文化的建设还有很长的路要走。中国目前还处于一种经济文化相对落后的状态，文化的国际竞争力与经济竞争力还明显不匹配。因此，我们必须向一切先进文化学习，尤其是向文化输出强国学习文学管理的有益经验，逐渐改造原有文化中不适合经济发展之因素，使中国文化真正建立一种"亲经济性"的文化。这样，文化的综合效应就会进一步显现。

二、文学的竞争力与文化的竞争力相互倚重。文学不可能独腿走路，它和其他人文科学之间有或多或少的关联。

我们必须明白精神文化、制度文化、物质文化发展充分制约着文学的深入发展。尤其是人文学科知识等精神产品，与西方文学的发展有着不可割裂的联系。文学观察的质量取决于主体的理论准备。理论是观察的驱动力，它给了观察以主题和目标，一种穿透事物而抵达最后的本领。哲学、心理学、传播学、语言学、社会学对现代文学有明显的促进作用。比如，浪漫主义首先来自哲学领域，后来再扩展到文学领域；意识流作品与弗洛伊德的学说与柏格森的哲学进步不无关系。比如，新的传播方式进入了读图时代，要求感性化、视觉化、动漫化、精神消费化，文学写作正在走向大众化，意象化作文需求越来越旺盛，"中国的指甲还未染红的乡下"比起"经济开始发展，温饱问题基本解决，乡下人还没有小资情调"形象生动得多；社会学的结构、制度等也为文学提供了创新的动力源泉，文学创作的内容与手段也随之一新。

随着分析和综合，尤其是分析法的应用产生了很多科学门类和知识，人们有理由相信，技术可以解决一切发展中的问题。直到两次世界大战，科技让现代化的武器成了绞肉机，人们反思科技是否真能让人类的生活更美好。人成了整个社会链条的一个部件，人们的生活、消费、思想观念完全商业化了，被商业广告、大众传媒左右，失去了主体性、选择性，成为"单面人"，也"死了"！对应于文学创作，他们彻底反传统，摈弃所谓"终极价值"，崇尚所谓"零度写作"，蓄意打破精英文学和大众文学的界限。在文体上，惯用矛盾（文本中各种因素互相颠覆）、交替（在文本中，对同一事物的不同可能性的叙述交替出现）、不连贯性与任意性、极度（有意识地过度使用某种修辞手段以达到嘲弄它的目的）、短路（运用某些手段使对作品的阐释不得不中断）、反体裁（破坏体裁的公认特点与边界）、话语膨胀（把在文学创作中一直处于边缘地位的话语纳入主流）等手段，使语言陌生化，使作品呈现出五彩缤纷的局面，不同的流派、不同的手法应运而生。

三、文学产品不等于意识形态本身，采用市场机制来配置文学资源有利于提高文化之国际竞争力。文学要适当远离权力、经济等，不等于文学作品问世之后不能市场化发行。文学作为文化资源主流的一部分（为方便叙述，后边文化、文学不做严格区分）通过市场机制来配置，长期以来曾遭到否定，结果很多体制外作家连生存都成问题。难怪有人说诗人已死，难怪我们的文学会整体凋零。在我们的思想观念中，文学之神是高雅的，而商业却沾满了铜臭气息。以为文学和商业结合就会受到玷污，其实这是一种极端错误的想法。文学写作者从社会分工的角度来说，也需要专业化，和其他高度分化的职业一样，这些人也需要生存。故而我们不能从艺术和哲学价值评判的双重角度对"文学工业"予以否定。文学工业固然有受满足"大众"需要的商业力量操纵、以娱乐消遣为目的、丧失作为艺术本质的否定与超越精神的可能，但如果把文学定位为公益项目，或者政府提供的公共产品，也许就能部分解决这个问题。这里有一种危险，就是有可能凭借对媒体的垄断，文化工业会控制大众日常生活直至内心意识，取消个体的批判精神与否定意识，使之成为"单向度"的人，现代很多资本主义国家就是通过文化工业进行意识形态控制、巩固自身统治的。当然，我们也知道，很多高明的作家仅靠自己的作品也完全可以养活自己，甚至可以让自己活得很滋润。

法兰克福学派认为，文化工业可能操纵意识形态。然而，随着信息时代与知识社会的到来，文化出版系列产业迅速发展壮大，并且呈现出越来越强劲的势头。现在文化产业已经在许多国家成为支柱性产业。在过去20年中，文化商品之国际贸易额呈几何级数增长。随着经济的全球化，文学商品市场也越来越全球化了。随着世界范围内文化产业的迅猛发展，法兰克福学派理论越来越显出其局限性。很明显，这种理论已不再能解释文化产业的丰富实践；如何吸引关心文化文学的知识分子跳出文学本身，更多地从经济学、社会学与管理学的角度出发，对文化产业的生产、流通、传播的过程进行深入探讨尤为必要。

在我国，对在经济方面让市场来配置资源已达成共识，但对文化资源用市场来配置还存在颇多异议，远未达成共识。事实上，中央已经明确提出要发展文化产业，解放文化生产力。也就是说，解放文化生产力与意识形态引导并非矛盾，甚而至于更能调控某些东西，所谓"以瓦注者巧，以钩注者惮"，既得利益者说话更要掂量轻重。作为文化资源配置的手段得到中央的肯定，证明中央对此已有考虑。国际文化竞争主要是在商业化平台上，通过市场化的手段进行的。[①]如果我们不能够尽快建立起一套市场化的文化投资融资体制、规模化生产模式、国际化的销售渠道与消费化的接受方式，中国文化产品"走出去"就是一句空话。文化的竞争力主要源于独创和迅速地适应变化，如果我们不能够尽快消除阻碍文化资源市场化配置的错误观念与体制，我国文化的国际竞争力就无从谈起。

文学以其独特的方式给我们提供方向、动力和智力支持，支撑国家崛起。尤其是从有思想的文学家那里，我们在汲取他们精神营养的同时，还可以了解作家对时代的诊断和思考，乃至对未来的艺

[①] 李怀亮.国际贸易:中国文化政策的语境选择［J］.中国文化报,2005（1）:14.

术设想。在现有条件下，虽然出现了像莫言这样为世界所认可的作家，但我国文化国际竞争力整体还相对较弱。我们应该以一种务实的态度，把文学作品变为文学产品。学习外国文学高明的生产与经营策略，让从事文学创作的人能够有相对丰盈的收入，能够独立体面地生活，心无旁骛地创作。这样文学就有了源源不断的动力源泉，这样一来，既提高了国民素质，又让作品以"做强"带动"做大"，让我们在国际市场的深海中如鱼得水。[①] 有消费支撑的文学尽管具有一定的功利性，但此功利非彼功利，巴尔扎克催债催出来的作品并没有掩盖他作品的光芒。

---

① 李怀亮.加强中国文化的国际竞争力［J］.文艺报，2005（02）:03.

参考文献

1. 吴丝丝. 橘子香水 [DB/OL]. http：//www.itxtbook.com/read.php?tid=381620.

2. 傅光明. 中国作家的诺贝尔文学奖情结 [J]. 长江学术，2008（1）.

3. 何少聪，陈莉莉. 诺贝尔文学奖的审美追求及其嬗变 [J]. 重庆科技学院学报（社会科学版），2008（5）.

4. 朱立元. 当代西方文艺理论 [M]. 华东师范大学出版社，2003.

5. 程三贤. 给诺贝尔一个理由：诺贝尔文学奖获奖演说 [M]. 中国广播电视出版社，2006.

6. 儒家思想能不能抵御西方文化侵略？[DB/OL]. http://www.docin.com/p-191008201.html.

7. 特别策划：拿什么拯救你，沦落风尘的文坛 [DB/OL]. http：//www.sina.com.cn，2003.11.26.

8. 文学与人生 [DB/OL]. http：//hnjygx.shuren100.com/wenhua/142792.shtml.

9. 人性在中国文学中的流变 [DB/OL]. http://wushuichulishebei.blog.163.com/blog/static/23798002020152138493184.

10. 贾玉丹. 面对理想与现实矛盾的不同人生选择——哈姆莱特与孙少平人物形象比较研究 [J]. 教师教育学报，2012，10（5）:133-137.

11. 人的有限与无限——远志明 [DB/OL]. http://blog.sina.com.cn/s/blog_672654990100ia6t.html.

12. 李莉. 浅论人的异化 [J]. 时代法学，2002（1）.

13. 先秦文学 [DB/OL]. http：//blog.sina.com.cn/s/blog_6c49cc900100lq3e.html.

14. 行者文化 [DB/OL]. http://blog.sina.com.cn/s/blog_5dbab4950100qvf1.html.

15.〔秘鲁〕略萨. 文学与人生 [DB/OL]. http：//blog.sina.com.cn/s/blog_4949915e 0100mwmj.

html.

16. 叶舒宪. 神话的意蕴与神话学的方法〔DB/OL〕. http：//www.douban.com/group/topic/ 7643839.

17. 叶舒宪：人类学与文化寻根〔DB/OL〕. http：//www.cctv.com/lm/131/61/74007.html.

18. 吕锋，马正平. 在重建中崛起：中国古代写作理论的现代转化——马正平教授访谈录〔J〕. 华东师大，2005（4）.

19. 金道行. 文学写作的高峰体验〔J〕. 写作，1994（02）:24—27.

20. 感动写作〔DB/OL〕. http：//www.tianya.cn/publicforum/Content/poem/1/83971.shtml.

21. 张爱玲〔DB/OL〕. http://culture.people.com.cn/n/2015/0908/c87423−27554152.html.

22. 外国名作家的写作习惯〔DB/OL〕. http：//tieba.baidu.com/f?kz=107719054.

23. 胡象光. 对文学作品语言的敏感性及其训练摭谈〔DB/OL〕. http：//www.5156edu.com/page/11−04−20/65125.html.

24. 莫泊桑〔DB/OL〕. http：//www.paipaitxt.com/r5139557_e.

25. 心理学家发现脚语反映人的情绪和性格〔DB/OL〕. 摘自《北京青年报》.http：//homelife.scol.com.cn/2003/02/11/160433102.html.

26. 罗马式〔DB/OL〕. http：//baike.baidu.com/view/1268923.htm.

27. 文学作品中的摹声艺术欣赏〔DB/OL〕. http：//jsszliuyi.blog.sohu.com/86593191.html.

28. 小说——描写触觉的艺术〔DB/OL〕. http：//blog.sina.com.cn/s/blog_624a1e280100flzu.html.

29. 文学的气味〔DB/OL〕. http：//www.gmw.cn/01ds/2004−09/22/content_105990.htm.

30. 论梦窗词气味描写的艺术〔DB/OL〕. http：//www.duwenzhang.com/plus/view.php?aid=18666.

31. 从食物描写看作家情欲指数〔DB/OL〕. http：//culture.163.com/editor/news/ 050327/050327_138897.html.

32. 文学作品中的美食片段〔DB/OL〕. http://www.cxzw.com/show.php?artid=901316.

33. 烟波轻寒，桐花淡淡〔DB/OL〕. http://wenwen.sogou.com/z/q132268340.htm.

34. 〔德〕海德格尔. 存在与时间〔M〕. 三联书店，1987.

35. 江正云. 空间，文学史的另一叙述视角〔J〕. 湖南第一师范学报，2007（02）.

36. 陆扬. 空间理论和文学空间〔DB/OL〕. http：//www.douban.com/group/topic/9854572.

37. 张晶. 中国古典诗词中的审美空间〔J〕. 文学评论，2008.

38. 包亚明 . 现代性与空间的生产［M］. 上海教育出版社，2003.

39. 张红运 . 古典诗词中空间的基本表现形态［J］. 信阳师范学院学报（哲学社会科学版），2003（03）.

40. 江正云 . 论文学空间及其消费形态 . 湖南第一师范学报［J］，2007（04）.

41. 时间在文学作品中的意义［DB/OL］. http：//blog.sina.com.cn/s/blog_597983750100 aqqd.html.

42. 马大康 . 反抗时间：文学与怀旧［J］. 文学评论，2009（1）.

43. 论小说环境构成中的时间艺术［DB/OL］. http：//www.literature.org.cn/Comments. aspx? ArticleID=31751.

44. 什么叫作文学作品的主题表现形式［DB/OL］. http：//zhidao.baidu.com/question/ 184587758.html.

45. 郝威 . 浅析童年经历对作家的影响［DB/OL］. http：//wenku.baidu.com/view/44f915 cf050876323112124a.html.

46. 朱大可 . 缅怀 80 年代之二：酷语和色语的文化寻租［DB/OL］. http：//blog.sina. com.cn/s/blog_47147e9e010003pd.html.

47. 林贤治 . 中国文学呼唤精神还乡［J］. 现代论坛，2008（02）.

48. 董操，熊海音 . 试论影响文章节奏的几个因素［J］. 湘潭师范学院学报（社会科学版），1995（02）.

49. 薛艳丽 . 文学作品中的空间形式［J］. 长安大学学报（社会科学版），2010（6）.

50. 邱春林 . 文学与时间［J］. 文艺研究，1997（05）.

51. 杨景龙 . "母题""原型"说《乡愁》［J］. 文学鉴赏，2004（11）.

52. "言外之意"探微［DB/OL］. http：//gb.chinareviewnews.com/crn-webapp/cbspub/sec Detail.jsp?bookid=3374&secid=3406.

53. 提高写作的技巧［DB/OL］. http：//bbs.junzhuan.com/thread-851427-1-1.html.

54. 于无声处听惊雷——细节篇［DB/OL］. http：//www.ycy.com.cn/Article/fxzd/kqfd/200612/ 11041_8.html.

55. 高考作文赋形思维模型训练［DB/OL］. http：//www.ruiwen.com/news/24697.htm.

56. 赋形思维模型［DB/OL］. http://blog.sina.com.cn/s/blog_649222390100hps6.html.

57. 小说写作技巧［DB/OL］. http：//www.douban.com/note/101329126.

58. 外国文学史名词解释［DB/OL］. http://wenku.baidu.com/view/a2ac363231126edb6f1

a10a1.htm.

59. 剧本写作技巧（二）[DB/OL].http：//www.niwota.com/submsg/1613831.

60. 冯天策.信仰：人类的精神家园[M].济南出版社，2000.

61. 王守昌，车铭洲.现代西方哲学概论[M].商务印书馆，1983.

62.〔英〕雪莱.为诗辩护.十九世纪英国诗人论诗[M].人民文学出版社，1984.

63. 童庆炳.文学活动的审美维度[M].高等教育出版社，2001.

64.〔奥〕卡夫卡.卡夫卡书信日记选[M].百花文艺出版社，1991.

65. 王岳川.艺术本体论[M].上海三联书店，1994.

66.〔美〕萨林斯.甜蜜的悲哀[M].三联书店，2000.

67. 王文生.二十世纪中国文学研究的回顾与前瞻（上）[J].文艺理论研究，2007（2）.

68. 柳鸣九编选.新小说派研究[M].中国社会科学出版社，1986.

69.〔美〕罗洛·梅.蔡伸章译.爱与意志[M].甘肃人民出版社，1987.

70. 海德格尔.彭富春译.诗·语言·思[M].文化艺术出版社，1991.

71.〔俄〕别尔嘉耶夫.美是自由的呼吸[M].山东友谊出版社，2005.

72.〔加拿大〕弗莱.盛宁译.现代百年[M].辽宁教育出版社，1998.

73. 代显梅.传统与现代之间：亨利·詹姆斯的小说理论[M].社会科学文献出版社
2006.

74.（法）萨特.潘培庆译.词语[M].三联书店，1989.

75. 孙绍振.文学性讲演录[M].广西师范大学出版社，2006（5）.

76. 王宁.文学理论前沿[M].北京大学出版社，2010（6）.

77. 朱国华.文学与权力[M].华东师大范大学出版社，2006（10）.

78. 李林荣.嬗变的文体：社会历史景深中的中国现当代文学[M].社会科学文献出
版社，2006（7）.

79. 钟霓译.视、听、嗅、味、触觉的消费社会学[M].博报堂生活综合研究所，2007（7）.

80. 苏建新.中国才子佳人小说演变史[M].社会科学文献出版社，2006（4）.

81. 朱寿桐.文学与人生十五讲[M].北京大学出版社，2006（1）.

后　记

本书成书前后历时十余载，由于时间久远，加之初期我只是想作为自己的教学资料加以使用，故目前文中所引的个别文字和图片的出处偶有遗漏，令我陷入了心有余而力不足的尴尬。对此，我深表歉意。期待作者主动与我联系，以便以后弥补这个缺憾。

一直以来，我苦于中学作文教学乱象丛生，且无系统、深入的现状介绍，故萌生特为中学作文教学而写一本兼具理论与实践操作的实验教材的想法。

作文教学是中学语文教学的重头戏，将学习性"作文"和原创性的"写作"严格区分，是一种激进的"欲速则不达"的语文教学思想。作文学习应该指向生命的自由发展，应该有"人"的生命意识。记叙文、说明文、议论文更多是"教学性文体"，而小说、散文、剧本、科普小品文、学术论文更属作家和学者的原创性精神生产创造。

目前，由于长期预制板式的教学，学生的写作已日趋僵化。一方面是因为这种理论比较适合教师分模块教学，另一方面也还基于没有探索出特别有效的写作运用知识。因而写作，尤其是通过教学使我们的文学创作上一个台阶就成了奢望，甚至有人直接说，写作人根本无法培养，写作教学开始进入了一种无效或虚无状态，也扼杀了学生的创新能力。

其实，文章的写作教学其实就是教人思维，教人如何驾驭和引导情感。没什么可写，可能是感官钝化了；不知写什么，有时候是思维欠缺；而不知怎么写，才是欠缺技巧或技巧有硬伤。希望本书的问世能够让苦闷的写作变为愉悦的创作。

　　另外，特别感谢我的家人、朋友和学校，给了我时间和机会，让我更好地成长。

2016 年 6 月 12 日于凌江园